古典文獻研究輯刊

十九編

潘美月・杜潔祥 主編

第 15 冊

清代書院課藝考述（下）

魯小俊 著

國家圖書館出版品預行編目資料

清代書院課藝考述（下）／魯小俊 著 -- 初版 -- 新北市：花木
蘭文化出版社，2014〔民103〕
目 4+192 面；19×26 公分
（古典文獻研究輯刊 十九編：第 15 冊）
ISBN 978-986-322-875-2（精裝）
1.書院　2.清代
011.08　　　　　　　　　　　　　　　　　　103013720

ISBN-978-986-322-875-2

古典文獻研究輯刊
十九編　第十五冊　　　　　　ISBN：978-986-322-875-2

清代書院課藝考述（下）

作　　者	魯小俊
主　　編	潘美月　杜潔祥
總 編 輯	杜潔祥
副總編輯	楊嘉樂
編　　輯	許郁翎
企劃出版	北京大學文化資源研究中心
出　　版	花木蘭文化出版社
社　　長	高小娟
聯絡地址	235 新北市中和區中安街七二號十三樓
	電話：02-2923-1455／傳真：02-2923-1452
網　　址	http://www.huamulan.tw 信箱 hml810518@gmail.com
印　　刷	普羅文化出版廣告事業
初　　版	2014 年 9 月
定　　價	十九編 18 冊（精裝）新台幣 32,000 元

清代書院課藝考述（下）

魯小俊　著

上 冊

目
次

今人有著錄者。涉及課藝作者 200 餘人。

清代江浙書院課藝總集至少有 140 種。這些總集的編者、作者，約有三萬多人。其中有不少人寫過小說、戲曲，或者是作品的人物原型，或者與小說戲曲作家有些聯繫。茲就筆者初步考察，撰寫札記數則，以期對清代小說、戲曲史料的拓展小有助益。

著有小說《鄙談一噱》、《表忠觀》、《艮嶽峰》的「烏程蟄園」即費有容（1874～1931），他是畫家費丹旭之孫、費以群之子。早年肄業紫陽書院、崇文書院和詁經精舍。光緒二十八年（1902）中式舉人，次年被斥。宣統間在杭州創辦《危言報》。辛亥以後流寓滬上，進入愛儷園。曾任倉聖明智大學教務長，主編《廣倉學會雜誌》。所著白話小說、書院課藝、報刊詩文之外，又有專書十餘種。

清代書院課藝總集多為連續出版物，或具有連續出版物的刊行初衷。刊期短則一季，多則一年或數年。經費充足與否，會影響刊期。發表周期多為一年至五年，也有十餘年的。用稿率以 10%～20% 居多，刊發頗不容易，偶見「關係稿」。時文的用稿標準是「清真雅正」。題目多為官師所擬。一般是全文刊登，也偶有「論點摘編」。多經潤色，並附錄評點。有的以袖珍本刊行，有的宣稱「翻刻必究」，標出定價，附載廣告。稿費已在膏火費中預支。優秀作品可被轉載。從本質屬性和諸多要素來看，書院課藝總集實開今日「大學學報」、「學術集刊」之先河。在歷代總集中，這是一個特殊的類型。

「功名富貴無憑據」，是明清文學科舉題材的主流表述，其核心問題是文章與科名不符。舉業無憑，可能與「盲試官」有關，也可能與文章不合「風氣」、過於「蘊藉」有關。各體文獻關於學識、姓名、儀表、籍貫等與科名之關係的言說，也可視為科名「偶然」

論的強化和補充。貌似「必然」論的「科名前定」之說，其實仍是一種「偶然」論。從實證的角度討論「必然偶然」，其核心問題是平時成績與錄取率的關係，部分書院課藝總集可以爲實證分析提供合適的樣本。綜合考察課藝作者的科舉經歷，並統計入選篇數與最終科名的關係，我們發現：科舉功名的偶然性，確有很多現實依據；但從宏觀上看，平時成績與錄取率之間存在正比關係，這是一種必然性，它表明科舉考試的客觀性和合理性不容否定。

附　編

硃卷等履歷資料存在的主要問題是，所記生年未必可靠，也即所謂官年現象。若有其他傳紀資料可知生年，宜以傳紀資料爲據，簡稱「傳記優先」。若無其他傳紀資料可知生年，又存在多份硃卷且所記生年不同，宜以所記出生年份最早之硃卷爲依據，簡稱「早歲優先」。對《廣倉學會雜誌》所載 21 位耆老的生年，以及《清代硃卷集成》中有多份硃卷且所記生年不同的 154 人進行分析，可知這兩個原則具有普遍適用性。這同時也反映了清代「官年」現象以「減歲」爲主的事實。

《中國文學家大辭典·清代卷》所誤記或注明「不詳」的作家生卒年，多數已在《清代人物生卒年表》中得到了糾正和考訂。此外，還有少數作家的生卒年，《年表》考訂亦有誤或未予著錄。茲對其中 30 餘位作家的生卒年作了考訂。

《國朝貢舉年表》有兩個版本：申江袖海山房石印本和上海積山書局石印本。前者因《近代中國史料叢刊》的影印而成爲通行本，但其刊刻質量卻遠遜於後者。
《國朝貢舉年表》對《國朝貢舉考略》有所補正，但總體而論，未能後出轉精，其不足之處更爲明顯。

下 編

《清代人物生卒年表》訂補
——以書院課藝作者爲中心

　　江慶柏先生編著的《清代人物生卒年表》（人民文學出版社 2005 年版，以下簡稱《年表》）收錄清代人物約 25000 人，爲清人疑年錄的集大成之作，嘉惠學林，厥功甚偉。在江先生的千辛萬苦中，也偶有疏忽和遺漏。本書以書院課藝總集作者爲中心，列舉若干例，以補江先生的勞苦。

一、生年可訂補者

1、馬沅（P15）。

　　馬沅字湘帆、韋伯，上元人。道光二年（1822）舉人，九年（1829）進士。官戶部主事。著有《駐驪閣文鈔》、《塵定軒詩集》。《鍾山尊經書院課藝補編》收其文。《年表》據《江蘇藝文志‧南京卷》作【？～1850】。按，溫肇江《鍾山草堂遺稿》附錄馬沅祭文：「維道光二十有二年歲在壬寅（1842）八月既望又十日，同里同歲生馬沅謹以庶羞清酒致祭於翰初溫先生之靈。」〔註1〕可知馬沅與溫肇江同歲。溫生於乾隆四十四年（1779），見後文；馬沅亦當生於是年。故可記作【1779～1850】。

2、王鑠桂（P68）

　　王鑠桂字竹樓，上元人。庠生。《鍾山尊經書院課藝合編》、《補編》收其文。《年表》據高德泰撰《傳》作【？～1865】。按，張汝南《江南好詞》王

〔註1〕溫肇江《鍾山草堂遺稿》附刻馬沅祭溫肇江文，《清代詩文集彙編》第 527 冊，第 635 頁。

鑅桂題識署「戊午（1858）暮春王鑅桂讀於吳趣寓舍，時年六十有七」。〔註2〕則其生於乾隆五十七年（1792）。故可記作【1792～1865】。

3、楊鳳苞（P246）

楊鳳苞字傳九，號秋室、荑沚，晚號西圃老人，歸安人。廩生。著有《南疆逸史跋》、《秋室集》。《詁經精舍文集》收其文。《年表》據《清史列傳》本傳作【1757～1816】。按，《清史列傳》本傳：「嘉慶二十一年（1816）卒，年六十。」〔註3〕然其他史料所記楊鳳苞享年與此不同。許宗彥《三文學合傳》：「（楊鳳苞）六十外卒。」〔註4〕沈登瀛《楊秋室先生傳》：「嘉慶丁丑（1817）之春，因與金丈山甫、孫君愈愚約重午之節，先生必歸家，相與造訪。孰意先生已於去歲冬杪竟溘然長逝，是亦瀛等之不幸也夫。卒年六十有四。」〔註5〕楊鳳苞《秋室集》陸心源序：「嘉慶廿一年（1816）卒，年六十四。」〔註6〕據此其生卒年當爲【1753～1816】。又，楊鳳苞《辛未元日雜詩》有句云：「算年五十須除卻，八歲依然就傳時。」〔註7〕「辛未」爲嘉慶十六年（1811）。照此推之，其生年亦當以乾隆十八年（1753）爲近是。

4、楊炎昌（P252）

楊炎昌字鍾武，號少農，一作劭農，江寧人。光緒二十三年（1897）解元。歷任蕭縣書院山長、湖北道府兩師範學堂講席。著有《爲溪齋詩集》。《尊經書院五集課藝》、《鍾山書院乙未課藝》、《文正書院丙庚課藝錄》收其文。《年表》據《江蘇藝文志·南京卷》作【1864～1905】。按，其子楊國鎮《先君事略》：「三十一年乙巳（1905）歿於武昌，時年四十六。」〔註8〕據此其生當在咸豐十年（1860）。又，楊炎昌《和弟一首》：「忽遘終天恨，吾年卅五時。甲午（1894）三月形聲一朝隔，千載不復回。」〔註9〕上推其生年，亦與楊國鎮所記相合。故可記作【1860～1905】。

〔註2〕張汝南《江南好詞》王鑅桂題識，《清代詩文集彙編》第569冊，第564頁。
〔註3〕《清史列傳》卷73，《清代傳記叢刊》第105冊，第36頁。
〔註4〕許宗彥《鑒止水齋集》卷17，《續修四庫全書》第1492冊，第474頁。
〔註5〕沈登瀛《深柳堂文集》，《適園叢書》第12集，第16頁。
〔註6〕楊鳳苞《秋室集》卷首，《續修四庫全書》第1476冊，第1頁。
〔註7〕楊鳳苞《秋室集》卷9，《續修四庫全書》第1476冊，第120頁。
〔註8〕楊炎昌《爲溪齋詩集》卷末，《南京文獻》第2號，第33頁。
〔註9〕楊炎昌《爲溪齋詩集》卷上，《南京文獻》第2號，第6頁。

5、李品芳（P289）

李品芳字增美、潤之，號春皐，東陽人。道光元年（1821）舉人，三年（1823）進士。選庶吉士，散館授編修。歷官雲南學政、內閣學士。《年表》據會試硃卷作【1801～？】。按，硃卷、同年錄、同年齒錄等履歷資料可能存在的官年現象，《年表》所採用的原則值得借鑒：「凡有其他傳紀資料記錄生年的，一般不取履歷；若無其他資料，則仍依履歷所記。」〔註10〕這也是本書所遵循的重要原則。李品芳子李福簡《皇清誥授光祿大夫頭品頂戴內閣學士兼禮部侍郎銜加三級顯考春皐府君行狀》：「府君生於嘉慶己未年（1799）五月廿五日午時，卒於光緒辛巳年（1881）十一月十三日亥時，享壽八十有三。」〔註11〕卒日公曆爲1882年1月2日。故可記作【1799～1882】。

6、李景祥（P295）

李景祥本姓張，原名嘉照，字炳甫，號書雲，鄞縣人。光緒二十年（1894）舉人，二十一年（1895）進士。官奉天廣寧知縣。著有《愛日廬詩鈔》。《崇實書院課藝》收其文。《年表》據《清史列傳》本傳作【？～1903】。按，其鄉試硃卷：「道光二十四年十一月二十三日吉時生。」〔註12〕公曆爲1845年1月1日。故可記作【1845～1903】。

7、何愼修（P333）

何愼修字子永，南陵人。道光十四年（1834）舉人。官內閣中書。《年表》據吳昆田撰小傳作【？～1881】。按，民國《南陵縣志》本傳：「光緒辛巳（1881）卒，年七十五。」〔註13〕則其生在嘉慶十二年（1807）。故可記作【1807～1881】。

8、范鍾（P471）

范鍾字仲琳、仲木、中子，號辰君，通州人。光緒二十年（1894）舉人，二十四年（1898）進士。歷任兩湖書院教習，河南巡撫文案，河南、山西大學堂教習，山西農林學堂教習，鹿邑知縣。《年表》據《江蘇藝文志·南通卷》作【1859～1913】。按，范曾編《南通范氏詩文世家紀事編年》咸豐六年（1856）：「七月，范鍾生於通州。」宣統元年（1909）：「是年，范鍾體弱多病，心情

〔註10〕江慶柏《清代人物生卒年表》，人民文學出版社2005年版，第10頁。
〔註11〕收入《木香李氏宗譜》，承東陽吳立梅先生惠寄影印件，謹致謝忱。
〔註12〕《清代硃卷集成》第287冊，第311頁。
〔註13〕民國《南陵縣志》卷30《人物》，《中國地方志集成·安徽府縣志輯47》，第399頁。

郁郁，卒於河南鹿邑任上，時年五十四。」〔註14〕故可記作【1856～1909】。

9、趙尙輔（P544）

趙尙輔字汝襄，號翼之、逸芝，萬縣人。光緒二年（1876）舉人，九年（1883）進士。選庶吉士，歷官編修、湖北學政。《年表》據會試同年錄作【1854～？】。又，趙尙輔《祭母文》有句云：「兒生己酉二月間。」〔註15〕較同年錄所記爲可信，則其生當在道光二十九年（1849）。故可記作【1849～？】。

10、姚文枏（P592）

姚文枏字子讓、爾梅、農盦，上海人。光緒八年（1882）優貢，十一年（1885）舉人。歷任米業公所董事、廿二鋪小學堂校董、龍門師範學校稽查紳董及附屬小學校董、學海書院時務齋齋長、上海城廂內外總工程局議事會議長、江蘇學務總會董事、勸學所總董、同仁輔元堂董事、浦東中學校董、江蘇諮議局議員。辛亥後任上海縣勸學長、上海市政廳議事會議長、眾議會議員。主纂《上海縣志》、《上海縣續志》。著有《喪服喪禮草案》、《上海金石續志》。《上海求志書院課藝》（丙子夏季、秋季、冬季）收其文。《年表》據秦錫田撰墓誌銘作【？～1933】。按，其優貢硃卷、鄉試硃卷：「咸豐丁巳年（1857）九月初九日吉時生。」〔註16〕《喪服喪禮草案》自序署「中華民國二十一年（1932）九月上海姚文枏自序，時年七十有六」。〔註17〕則其生於咸豐七年（1857）。故可記作【1857～1933】。

11、梅毓（P708）

梅毓字延祖，江都人，植之子。同治九年（1870）舉人。光緒六年（1880）大挑二等，以教諭注選吏部。又二年以疾卒。著有《詩箋》、《楚辭箋注》、《小爾雅箋注》，皆未卒業。又有《劉更生年譜》。《廣陵書院課藝》收其文。《年表》據《江蘇藝文志·揚州卷》作【1842～1882】。按，劉壽曾《梅延祖先生墓誌銘》：「（梅植之）歿之前夕，母黃孺人乃誕君。」〔註18〕光緒《江都縣續

〔註14〕 范曾編《南通范氏詩文世家紀事編年》，河北教育出版社 2004 年版，第 83、175 頁。

〔註15〕 《萬縣市龍寶區文史資料》第 1 輯，龍寶區政協文史委 1993 年印行，第 161頁。

〔註16〕 《清代硃卷集成》第 371 冊，第 215 頁；第 172 冊，第 221 頁。

〔註17〕 姚文枏《喪服喪禮草案》，民國 58 年郁氏印獎會印行，自序。

〔註18〕 《劉壽曾集》文集卷 4，中央研究院中國文哲研究所籌備處 2001 年版，第 181頁。

志》本傳：「（梅植之）子毓，字延祖，生一夕而孤。」〔註19〕可知梅毓之生，
與梅植之之卒僅隔一夕。劉文淇《清故貢士梅君墓誌銘》：「（梅植之）卒於道
光癸卯（1843）九月二十四日。」〔註20〕則梅毓應生於道光二十三年（1843）
九月二十三日。《梅延祖先生墓誌銘》又云：「光緒壬午（1882）卒於家，春
秋四十。」故可記作【1843～1882】。

12、章籛（P727）

章籛原名炳森，字壽人，號椿伯，餘杭人。光緒十四年（1888）舉人。
歷官建德、浦江教諭，嘉興府訓導。選充餘杭教育會長，兼主南湖局事。又
任浙江諮議局議員、餘杭縣議員。《詁經精舍五集》收其文。《年表》據章太
炎《事略》作【1853～1928】。按，章太炎《伯兄教諭君事略》中可推算生年
者凡三處，略有牴牾。「凡八赴鄉試，始中式，時年三十七矣。」章籛爲光緒
十四年（1888）舉人，據此可知其生在咸豐二年（1852）。「（民國）三年（1914），
縣會解散。是時，君年六十三。」亦可推知其生於咸豐二年。「年七十六，卒
於家。時民國十七（1928）年一月也。」〔註21〕《年表》即據此定其生在咸
豐三年（1853）。然「民國十七年一月」，若在 22 日之前，仍爲丁卯年，依傳
統年壽推算方法，其生亦在咸豐二年。較爲保險的記法，可作【1852/1853～
1928】。

13、章錫光（P729）

章錫光原名觀光，字吉臣、績臣、劼臣、劼丞，別號菊臣，會稽人。光
緒十五年（1889）舉人，三十年（1904）進士。歷官湖南興寧、桃源知縣。
辛亥後歸里，自號俙山子僧。著有《俙山遺集》。《學海堂課藝八編》收其文。
《年表》據章錫光《西園記》、《俙山文集》倪文瀾跋作【1862～1920】，注：
「其會試卷履歷作同治五年十二月二十六日，公曆爲 1867 年 1 月 31 日。」
按，《西園記》：「光緒二十六年庚子（1900）八月，余春秋三十有九。碌碌半
生，足跡不出里井。」〔註22〕題下注云：「代克安宗叔作」，則「三十有九」
當係代「克安宗叔」而言。又，章錫光《先室杜夫人行狀》：「子僧鄉舉後，

〔註19〕光緒《江都縣續志》卷 25 上《列傳五上》，《中國地方志集成・江蘇府縣志輯
67》，第 292 頁。
〔註20〕劉文淇《青溪書屋文集》卷 10，《續修四庫全書》第 1517 冊，第 72 頁。
〔註21〕章太炎《太炎文錄續編》卷 4，《近代中國史料叢刊續輯》第 13 輯，第 19 頁。
〔註22〕章錫光《俙山遺集》卷 2，民國 10 年家刻本，第 25 頁。

頻不得志於南宮，十餘年來講學四方。」〔註 23〕與《西園記》所云「碌碌半生，足迹不出里井」不合，亦可知《西園記》所記非子僧自述，故而不能據此定其生年。可以履歷爲據，記作【1867～1820】。

14、蔣國亮（P756）

蔣國亮字新皆，號信儕；改名智由，號觀雲，諸暨人。光緒二十三年（1897）舉人。二十八年（1902）赴日本，先後參與《新民叢報》、政聞社。晚寓滬上。著有《居東集》、《蔣觀雲先生遺詩》。梁啓超（1873～1929）推崇其爲「詩界三傑」之一。《紫陽書院課藝八集》收其文。《年表》據章乃羹《蔣觀雲先生傳》作【？～1929】。按，其鄉試硃卷：「同治五年（1866）十一月初八日吉時生。」〔註24〕故可記作【1866～1929】。

二、多份硃卷、同年錄、同年齒錄所記生年不同者

硃卷、同年錄、同年齒錄等履歷資料所記生年，可能存在官年現象。本書據此著錄人物生年，遵從兩個原則：「傳記優先」和「早歲優先」。〔註25〕

1、王慶平（P45）

王慶平字克寬、祐宸，號侍芸、粗雲，諸暨人。同治九年（1870）舉人，官內閣中書。光緒十六年（1890）進士，選庶吉士。歷官禮部主事、員外郎、郎中，浙江鹽運使、布政使，山西按察使、布政使、巡撫。《年表》據會試硃卷作【1855～？】。按，其會試硃卷：「咸豐乙卯年（1855）十一月十八日吉時生。」鄉試硃卷：「道光庚戌年（1850）十一月十八日吉時生。」〔註26〕又，王燮功《王粗雲方伯傳》：「庚申（1920）九月初一日歿。」〔註27〕故可記作【1850～1920】。

2、孔昭乾（P95）

孔昭乾字伯南，號椆園、九緣、經鉏，吳縣人。光緒五年（1879）舉人，六年（1880）進士。官刑部主事。遊歷英法，卒於英國。著有《海外鴻泥日

〔註23〕章錫光《儁山遺集》卷 2，民國 10 年家刻本，第 3 頁。

〔註24〕《清代硃卷集成》第 128 冊，第 85 頁。

〔註25〕詳見本書附編《「傳記優先」和「早歲優先」：依據硃卷履歷著錄生年的兩個原則》。

〔註26〕《清代硃卷集成》第 71 冊，第 253 頁；第 155 冊，第 247 頁。

〔註27〕卞孝萱、唐文權編《民國人物碑傳集》卷 13，團結出版社 1995 年版，第 898頁。

記》、《英政備考》、《印政備考》。《正誼書院課選》、《正誼書院課選三集》收其文。《年表》據會試硃卷作【1856～？】。按，其會試硃卷：「咸豐丙辰年（1856）八月十七日吉時生。」鄉試硃卷：「咸豐癸丑年（1853）八月十七日吉時生。」〔註28〕又，《劉中丞（芝田）奏稿》：「臣於光緒十四年（1888）十一月十三日在法國使館，接遊歷英法兩國兵部主事劉啓彤、刑部主事李瀛瑞、工部主事陳爔唐等十一月十二日自英國倫敦來函，據稱遊歷官刑部主事孔昭乾瘋疾加重……。十四日又接劉啓彤等函，稱孔昭乾……至十二日亥刻，聲息漸微，奄然而歿。」〔註29〕則其卒於光緒十四年（1888）。故可記作【1853～1888】。

3、葉如圭（P109）

葉如圭字榮甫，號梧生、蓉浦，衢州西安人。同治六年（1867）舉人，十三年（1874）進士。官刑部主事、江西知府。著有《存素堂詩存》、《吳穀人駢文注釋》。《詁經精舍三集》收其文。《年表》據會試同年齒錄作【1843～？】。按，其會試硃卷：「道光癸卯年（1843）七月十八日吉時生。」鄉試硃卷：「道光己亥年（1839）七月十八日吉時生。」〔註30〕故可記作【1839～？】。

4、田我霖（P114）

田我霖字雨田，號少坪，祥符人。同治三年（1864）舉人，十年（1871）進士。官刑部主事、員外郎，監察御史。《年表》據會試同年齒錄作【1848～？】。按，其會試硃卷：「道光戊申年（1848）八月二十八日吉時生。」鄉試硃卷：「道光丙午相（1846）八月二十八日吉時生。」〔註31〕又，田氏後人田禾先生據1921年所修家譜函告：田我霖生於道光二十三年（1843）八月二十八日，卒於光緒二十一年（1895）年九月二十五日。〔註32〕故可記作【1843～1895】。

5、包宗經（P123）

包宗經字廼畬，號伯琴，鎮海人。光緒五年（1879）舉人，九年（1893）進士。歷官安徽涇縣、懷寧、宣城知縣。《學海堂課藝七編》收其文。《年表》

〔註28〕《清代硃卷集成》第55冊，第417頁；第167冊，第415頁。
〔註29〕劉瑞芬《劉中丞（芝田）奏稿》卷3，《近代中國史料叢刊》第61輯，第249頁。
〔註30〕《清代硃卷集成》第36冊，第115頁；第254冊，第79頁。
〔註31〕《清代硃卷集成》第35冊，第267頁；第225冊，第143頁。
〔註32〕此承裴元秀教授引介，謹向裴元秀教授和田禾先生致謝。

據會試硃卷作【1850～？】。按，其會試硃卷：「道光庚戌年（1850）八月二十五日吉時生。」鄉試硃卷：「道光戊申年（1848）八月二十五日吉時生。」〔註33〕又，民國《鎮海縣志》本傳：「（光緒）十九年（1893）調宣城，甫數月卒，年四十九。」〔註34〕則其卒當在光緒十九年或二十年，鄉試硃卷所記生年亦爲官年。故可記作【1845/1846～1893】。

6、朱福詵（P156）

朱福詵字策一、叔基，號桂卿，海鹽人。光緒五年（1879）舉人，六年（1880）進士。選庶吉士，散館授編修。後任河南、貴州學政。《年表》據會試同年齒錄作【1850～？】，注：「生於道光二十九年十一月二十一日，公曆爲1850年1月3日。」按，其會試硃卷：「道光己酉年（1849）十一月二十一日吉時生。」拔貢硃卷：「道光甲辰年（1844）十一月二十一日吉時生。」〔註35〕朱彭壽《清代人物大事紀年》：道光二十二年（1842）十一月二十一日生；民國八年（1919）十月二十七日卒，年七十八。〔註36〕又，張謇《爲朱桂卿同年弟七子題村午飯香圖》詩，作於宣統三年（1911）六月三十日，有句云：「復翁（桂卿晚年號）七十謝明光。」〔註37〕可知朱彭壽所記近是。又，《澂浦鎮志》、《張元濟全集》第1卷《書信》皆記作「1841～1919」〔註38〕，未知所據，姑附於此。

7、朱鏡清（P156）

朱鏡清字鏡卿、至堂，號平華、頻華，歸安人。同治九年（1870）舉人，光緒二年（1876）進士。官江蘇知縣。著有《駿迦山館駢體文存》、《至堂暫存詩》、《曼睩詞》、《珍髩詞》、《花間集箋》。《詁經精舍三集》收其文。《年表》據會試同年齒錄作【1849～？】。按，其會試硃卷：「道光己酉年（1849）正月十九日吉時生。」鄉試硃卷：「道光乙巳年（1845）正月十九日吉時生。」〔註39〕故可記作【1845～？】。

〔註33〕 《清代硃卷集成》第52冊，第423頁；第270冊，第37頁。

〔註34〕 民國《鎮海縣志》卷27《人物傳六》，民國20年鉛印本，第37頁。

〔註35〕 《清代硃卷集成》第46冊，第301頁；第395冊，第123頁。

〔註36〕 朱彭壽《清代人物大事紀年》，北京圖書館出版社2005年版，第1330頁。

〔註37〕 《張謇全集》第5卷《藝文下》，江蘇古籍出版社1994年版，第157頁。

〔註38〕 《澂浦鎮志》卷10《人物》，中華書局2001年版，第442頁；《張元濟全集》第1卷《書信》，商務印書館2007年版，第388頁。

〔註39〕 《清代硃卷集成》第39冊，第103頁；第258冊，第147頁。

8、劉至喜（P181）

劉至喜字慶農，號玉延，上海人。同治三年（1864）舉人，四年（1865）進士。官工部主事、江西崇仁知縣。《年表》據會試硃卷作【1842～？】。按，其會試硃卷：「道光壬寅年（1842）五月十七日卯時生。」鄉試硃卷：「道光庚子年（1840）五月十七日卯時生。」〔註40〕民國《上海縣續志》本傳：「卒年七十有一。」〔註41〕故可記作【1840～1910】。

9、劉宗標（P188）

劉宗標原名有科，字學典，號海臣，賀縣人。同治元年（1862）舉人，光緒二年（1876）進士。選庶吉士，散館授編修。後官浙江衢州知府。《年表》據會試同年齒錄作【1833～？】。按，其會試硃卷：「道光癸巳年（1833）九月初二日吉時生。」鄉試硃卷：「道光壬辰年（1832）九月初二日吉時生。」〔註42〕《清代人物大事紀年》：道光十二年（1832）生。〔註43〕未注月日，當非據鄉試硃卷。又，《八桂四百年詩詞選》記作「1828～1919」。〔註44〕

10、孫廷翰（P222）

孫廷翰原名起煥，字運章、文棨，號文卿、問清，諸暨人。光緒十一年（1885）舉人，十五年（1889）進士。歷官檢討、國史館纂修、文淵閣校理。《詁經精舍五集》收其文。《年表》據會試同年錄、《中國美術家人名辭典》作【1866～1917】。按，《中國美術家人名辭典》記其卒年爲1917年，或據《海上墨林》：「宣統辛亥後六年卒」。〔註45〕又，其會試硃卷：「同治丙寅（1866）十月初十日吉時生。」鄉試硃卷：「咸豐辛酉年（1861）十月初十日吉時生。」〔註46〕故可記作【1861～1917】。

11、孫祖華（P226）

孫祖華原名祖英，字午樓，會稽人。光緒五年（1879）舉人，九年（1883）進士。官興寧知縣。《學海堂課藝五編》收其文。《年表》據會試同年齒錄作

〔註40〕《清代硃卷集成》第27冊，第325頁；第143冊，第352頁。
〔註41〕民國《上海縣續志》卷18《人物》，民國7年鉛印本，第29頁。
〔註42〕《清代硃卷集成》第41冊，第145頁；第105冊，第57頁。
〔註43〕朱彭壽《清代人物大事紀年》，北京圖書館出版社2005年版，第1250頁。
〔註44〕鍾家佐主編《八桂四百年詩詞選》，廣西師範大學出版社2008年版，第614頁。
〔註45〕楊逸、高邕《海上墨林》卷3《寓賢》，上海古籍出版社1989年版，第88頁。
〔註46〕《清代硃卷集成》第第64冊，第335頁；272冊，第301頁。

【1852～？】。按，其鄉試硃卷：「道光丙午年（1846）正月初四日吉時生。」
〔註47〕故可記作【1846～？】。

12、貢璜（P230）

貢璜字以黼，號荊山、掌梅，湯溪人。道光十七年（1837）拔貢，二十
年（1840）舉人，二十五年（1845）進士。選庶吉士，散館授編修。官至山
東布政使。《年表》據會試硃卷作【1813～？】。按，其會試、鄉試硃卷：「嘉
慶癸酉年（1813）十一月初四日吉時生。」拔貢硃卷：「嘉慶丙寅年（1806）
十一月初四日生。」〔註48〕又，民國《湯溪縣志》本傳：「同治丁卯（1867），
畿輔旱荒，以賑撫積勞，卒於龐谷莊差次，年六十二。」〔註49〕可知其生在
嘉慶十一年（1806），拔貢硃卷所記爲是。故可記作【1806～1867】。

13、楊家驥（P255）

楊家驥字德生，號德孫，慈谿人。光緒十一年（1885）舉人，十六年（1890）
進士。歷官編修，國史館、編書處、武英殿協修官，國史館纂修官，翰林院
撰文。《學海堂課藝六編》收其文。《年表》據會試硃卷作【1872～？】，注：
「生於同治十年十二月十七日，公曆爲 1872 年 1 月 26 日。」按，其鄉試硃
卷：「同治戊辰年十二月十七日吉時生。」〔註50〕公曆爲 1869 年 1 月 29 日。
又，《澄齋日記》光緒三十一年十二月十七日：「祝楊德孫四十壽。」〔註51〕
則其生於同治五年十二月十七日，公曆爲 1867 年 1 月 22 日。《江北歷代詩選》
據《慈谿赭山楊氏宗譜》選其詩 1 首，並記其生卒年爲「1866～1922」〔註52〕，
當爲可信。唯生年需要轉換公曆，故可記作【1867～1922】。

14、楊鴻元（P256）

楊鴻元原名恒源，字臚伯，號澹泉，仁和人。同治三年（1864）優貢，
十二年（1873）舉人，光緒二年（1876）進士。官主事，以道員分發江蘇，
辦理海運、糧儲事。著有《四素居集》。《東城講舍課藝》收其文。《年表》據

〔註47〕《清代硃卷集成》第 269 冊，第 75 頁。
〔註48〕《清代硃卷集成》第 14 冊，第 135、139 頁；第 394 冊，第 3 頁。
〔註49〕民國《湯溪縣志》卷 10《人物上》，《中國方志叢書·華中地方》第 210 號，
第 930 頁。
〔註50〕《清代硃卷集成》第 272 冊，第 347 頁。
〔註51〕《惲毓鼎澄齋日記》，浙江古籍出版社 2004 年版，第 289 頁。
〔註52〕江北區史志辦編《江北如此多嬌：江北歷代詩選》，寧波出版社 2008 年版，
第 189 頁。

會試同年齒錄作【1836～？】。按，其鄉試硃卷：「道光丙戌年（1826）正月十六日吉時生。」又，戈鯤化《楊澹泉太史（鴻元）招飲寓齋賦謝，九疊前韻》其四「君長十年合兄事」句原注：「去夏承和四十自述詩，有『叨長十年同介壽』之句。」〔註53〕戈鯤化生於道光十六年（1836）〔註54〕，楊鴻元長其十歲，則鄉試硃卷所記可靠。故可記作【1826～？】。

15、李士瓚（P269）

李士瓚字秬尊，號玉舟，昭文人。同治九年（1870）舉人，光緒二年（1876）進士。官禮部主事、江西建昌知府。《年表》據會試硃卷作【1834～？】。按：其會試硃卷：「道光甲午年（1834）五月十六日吉時生。」鄉試硃卷：「道光丙申年（1836）五月十六日吉時生。」〔註55〕龐鴻書《清故禮部郎中建昌府知府李君墓誌銘》：「歲在壬子（1912）十月朔以疾終，年七十有九。」〔註56〕上推其生年，可知會試硃卷所記不誤。故可記作【1834～1912】。

16、李鵬飛（P297）

李鵬飛字雲九，號梅孫，仁和人。光緒五年（1879）解元，十五年（1889）進士。官江蘇昭文知縣。《學海堂課藝五編》、《六編》、《七編》收其文。《年表》據會試同年齒錄作【1867～？】。按，其鄉試硃卷：「咸豐庚申年（1860）十月初三日吉時生。」〔註57〕故可記作【1860～？】。

17、李福簡（P298）

李福簡字子修，號竹書、廉叔，東陽人，品芳子。光緒十一年（1885）舉人，官甘肅知縣。二十四年（1898）進士，選庶吉士，未散館而卒。《詁經精舍五集》收其文。《年表》據會試硃卷作【1861～？】。按，其會試硃卷：「咸豐辛酉年（1861）十一月十二日吉時生。」鄉試硃卷：「咸豐丁巳年（1857）十一月十二日吉時生。」〔註58〕吳品珩《誥授奉直大夫翰林院庶吉士李子修太史行傳》：「君體素豐碩，倏於辛丑（1901）之四月間猝中風痰，遽不起，其年只四十有七。」〔註59〕故可記作【1855～1901】。

〔註53〕　張宏生編著《戈鯤化集》，江蘇古籍出版社2000年版，第76頁。
〔註54〕　周振鶴《戈鯤化的生年月日及其他》，《知者不言》，三聯書店2008年版，第5頁。
〔註55〕　《清代硃卷集成》第41冊，第169頁；第109冊，第3頁。
〔註56〕　《北京圖書館藏中國歷代時刻拓本彙編》第91冊，第64頁。
〔註57〕　《清代硃卷集成》第267冊，第339頁。
〔註58〕　《清代硃卷集成》第87冊，第117頁；第274冊，第73頁。
〔註59〕　《木香李氏宗譜》。這條資料承東陽吳立梅先生惠寄，謹致謝忱。

18、吳炳（P303）

吳炳字珠浦，號子蔚，保山人。光緒元年（1875）副貢，十一年（1885）舉人，十二年（1886）進士。選庶吉士，散館授編修。《年表》據會試硃卷作【1860～?】。按，其會試硃卷：「咸豐庚申年（1860）六月二十日吉時生。」副貢硃卷：「咸豐己未年（1859）六月二十日吉時生。」〔註60〕故可記作【1859～?】。又，《惲毓鼎澄齋日記》光緒二十九年（1903）二月十一日：「寫吳子蔚兄墓誌。」〔註61〕其卒當在此年或稍前。

19、吳大衡（P308）

吳大衡字正之，號誼卿，吳縣人。同治三年（1864）舉人，光緒三年（1877）進士。選庶吉士，散館授編修。《年表》據會試同年齒錄作【1838～?】，注：「生於道光十七年十二月二十二日，公曆為1838年1月17日。」按，其會試硃卷：「道光丁酉年（1837）十二月二十二日吉時生。」鄉試硃卷：「道光己亥年（1839）十二月二十二日吉時生。」〔註62〕吳本齊《吳大衡墓誌銘》：「（光緒）二十二年（1896）十一月二十四日卒，距生道光十七年（1837）十二月二十二日，春秋六十。」〔註63〕故可記作【1838～1896】。

20、吳品珩（P319）

吳品珩字韻瑝，號佩蒽、蒽然、緯蒼、亦園，東陽人。光緒二年（1876）副榜，八年（1882）舉人，十二年（1886）進士。歷官總理各國事務衙門章京，刑部主事、員外郎，外務部員外郎、幫提調、主稿、郎中、掌印，湖北荊宜道，安徽按察使、提法使、布政使。民國初官浙江政務廳長。著有《亦園日記》、《逸園日記》、《定農日記》。《詁經精舍五集》收其文。《年表》據會試同年錄作【1859～?】。按，其會試硃卷：「咸豐己未年（1859）九月十一日吉時生。」鄉試硃卷：「咸豐丁巳年（1857）九月十一日吉時生。」〔註64〕又，其子吳昌鼎《訃聞》：「佩蒽府君痛於民國十七年（1928）夏正閏二月十九日申時壽終正寢，距生於清咸豐六年丙辰（1856）九月十一日酉時，享壽七十有三歲。」吳士鑒《清故誥授榮祿大夫賞戴花翎安徽布政使吳公墓誌銘》：

〔註60〕《清代硃卷集成》第60冊，第373頁；第354冊，第295頁。

〔註61〕《惲毓鼎澄齋日記》，浙江古籍出版社2004年版，第210頁。

〔註62〕《清代硃卷集成》第42冊，第177頁；第144冊，第419頁。

〔註63〕《蘇州史志資料選輯》，蘇州市方志辦、政協文史委2003年印行，第138頁。

〔註64〕《清代硃卷集成》第58冊，第265頁；第271冊，第143頁。

「戊辰（1928）閏二月十九日卒，距其生咸豐丙辰（1856）九月十一日，春秋七十有三。」〔註65〕故可記作【1856～1928】。

21、何元泰（P327）

何元泰字階平，號濟廬，會稽人。光緒十四年（1888）舉人，二十四年（1888）進士。選庶吉士，散館授知縣。官江蘇東臺知縣。《年表》據會試硃卷作【1868～？】。按，其會試硃卷：「同治戊辰年（1868）閏四月十一日吉時生。」鄉試硃卷：「同治庚午年（1870）四月十一日吉時生。」〔註66〕又，竺可楨《日記》1943 年 8 月 19 日：「得霞姊函，……知何元泰於本年正月去世。」〔註67〕故可記作【1868～1943】。

22、沈巍皆（P369）

沈巍皆字講虞，號舜卿、樸齋，六安人。嘉慶十八年（1813）解元，二十二年（1817）進士。歷官編修、御史、刑部員外郎。歷主山東、山西各書院。《年表》據會試硃卷作【1787～？】。按，其會試硃卷：「乾隆丁未年（1787）十月二十一日吉時生。」鄉試硃卷：「乾隆甲辰年（1784）十月二十一日吉時生。」〔註68〕祁寯藻《朱履詩，沈舜卿先生爲其弟春湖觀察作也……》注：「舜翁、質翁今年均七十有五。」詩作於丙辰年（1856）。〔註69〕可知其生年爲乾隆四十七年（1782）。又，同治《六安州志》本傳：「卒年七十六。」〔註 70〕其卒當在咸豐七年（1857）。故可記作【1782～1857】。

23、張雲望（P388）

張雲望字泰封，號椒岩，婁縣人。道光十四年（1834）舉人，三十年（1850）進士。選庶吉士，歷官編修、御史、山東候補道。歸主景賢書院。《云間求忠課藝合刊》收其文。《年表》據會試硃卷作【1817～？】，注：「生於嘉慶二十一年十一月二十三日，公曆爲 1817 年 1 月 10 日。」按，其會試硃卷：「嘉慶丙子十一月二十三日吉時生。」鄉試硃卷：「嘉慶辛未年十一月廿三日吉

〔註65〕 這兩條資料承東陽吳立梅先生惠寄，謹致謝忱。
〔註66〕《清代硃卷集成》第 87 冊，第 173 頁；第 278 冊，第 51 頁。
〔註67〕《竺可楨全集》第 8 卷《日記》，上海科技教育出版社 2006 年版，第 619 頁。
〔註68〕《清代硃卷集成》第 6 冊，第 31 頁；第 132 冊，第 3 頁。
〔註69〕 祁寯藻《𩜹欨亭後集》卷 7，《續修四庫全書》第 1522 冊，第 138 頁。
〔註70〕 同治《六安州志》卷 27《人物志二·宦績》，《中國地方志集成·安徽府縣志輯 18》，第 424 頁。

時生。」公曆爲 1812 年 1 月 7 日。〔註71〕王韜《後聊齋誌異》：「年七十有九。」〔註72〕則其卒當爲光緒十五年（1889）。故可記作【1812～1889】。

24、張頡輔（P412）

張頡輔原名福駿，字述英，號采南、采楠，莒南，吳縣人，原籍陽湖。光緒八年（1882）舉人，十五年（1889）進士。官吏部主事。《紫陽書院課藝九編》、《十一編》收其文。《年表》據會試硃卷作【1861～？】。按，其會試硃卷：「咸豐辛酉年（1861）三月初一日吉時生。」鄉試硃卷：「咸豐辛巳年（1857）三月初一日吉時生。」〔註73〕故可記作【1857～？】。

25、陸壽臣（P423）

陸壽臣字廉史、蓮詩，號枚生，山陰人。同治十二年（1873）舉人，光緒十二年（1886）進士。官刑部主事。《學海堂課藝三編》、《五編》收其文。《年表》據會試同年錄作【1851～？】。按，其會試硃卷：「咸豐辛亥元年（1851）正月初二日吉時生。」鄉試硃卷：「道光辛丑年（1841）正月初二日吉時生。」〔註74〕故可記作【1841～？】。

26、陳邦瑞（P443）

陳邦瑞字輯侯，號瑤圃，慈谿人。光緒元年（1875）舉人，二年（1876）進士。官至戶部、吏部、度支部侍郎。《年表》據會試同年齒錄作【1855～？】按，其會試硃卷：「咸豐乙卯年（1855）五月十五日吉時生。」鄉試硃卷：「咸豐甲寅年（1854）五月十五日吉時生。」〔註75〕章梫《陳瑤圃侍郎六旬壽序》作於庚戌年（1910）。〔註76〕可推知其生在咸豐元年（1851）。故可記作【1851～？】。

27、陳光宇（P444）

陳光宇字御三，號玉珊，江寧人。光緒十一年（1885）拔貢，十四年（1888）舉人，十五年（1889）會試中式，十六年（1890）補殿試，成進士。官編修。《尊經書院課藝四刻》、《五刻》、《六刻》收其文。《年表》據會試同年齒錄作

〔註71〕《清代硃卷集成》第 16 冊，第 149 頁；第 135 冊，第 169 頁。
〔註72〕王韜《後聊齋誌異》卷 12，巴蜀書社 1991 年版，第 458 頁。
〔註73〕《清代硃卷集成》第 66 冊，第 143 頁；第 116 冊，第 437 頁。
〔註74〕《清代硃卷集成》第 58 冊，第 33 頁；第 261 冊，第 25 頁。
〔註75〕《清代硃卷集成》第 41 冊，第 405 頁；第 264 冊，第 75 頁。
〔註76〕章梫《一山文存》卷 12，民國 7 年嘉業堂刊本，第 19 頁。

【1860～？】。按，其鄉試硃卷：「咸豐庚申年（1860）十一月初一日吉時生。」拔貢硃卷：「咸豐己未年（1859）十一月初一日吉時生。」〔註77〕又，奭良有《甲辰挽陳御三》聯，〔註78〕可知其卒於光緒三十年（1904）。故可記作【1859～1904】。

28、周來賓（P510）

周來賓原名寶琦、恭壽、奎吉，字秋垣，號葅君、雪昀，山陰人。光緒二年（1876）舉人，十五年（1889）進士。官刑部主事。《姚江龍山課藝初刻》卷首有其《句餘書院掌教記》。《年表》據會試同年齒錄作【1846～？】。按，其會試硃卷：「道光丙午年（1846）十月二十九日吉時生。」鄉試硃卷：「道光己亥年（1839）十月二十九日吉時生。」〔註79〕故可記作【1839～？】。

29、周晉麒（P514）

周晉麒字玉臣、玉麐，號珊梅、雨膣，慈谿人。同治三年（1864）副貢，十二年（1873）舉人，十三年（1874）進士。選庶吉士，散館授編修。《年表》據會試同年齒錄作【1845～？】。按，其會試硃卷：「道光乙巳（1845）九月初一日吉時生。」副貢硃卷：「道光癸卯（1843）九月初一日吉時生。」〔註80〕又，光緒《慈谿縣志》列傳附編：「（光緒）六年（1880）五月卒於都，年四十四。」〔註81〕可知其生於道光十七年（1837）。故可記作【1837～1880】。

30、趙鼎仁（P547）

趙鼎仁字承哉、者安，號琴齋、靜山，鄞縣人。光緒十一年（1885）舉人，十八年（1892）進士。歷官戶部主事，福建古田、永泰知縣。《崇實書院課藝》收其文。《年表》據會試硃卷作【1867～？】，注：「生於同治五年十二月二十二日，公曆爲 1867 年 1 月 27 日。」按，其會試硃卷：「同治丙寅年十二月二十二日生。」鄉試硃卷：「咸豐辛酉年十二月二十二日吉時生。」〔註82〕據後者，公曆爲 1862 年 1 月 21 日。故可記作【1862～？】。又，《四

〔註77〕《清代硃卷集成》第 177 冊，第 371 頁；第 386 冊，第 75 頁。
〔註78〕奭良《野棠軒獻酬集》，《近代中國史料叢刊》第 17 輯，第 456 頁。
〔註79〕《清代硃卷集成》第 65 冊，第 189 頁；第 265 冊，第 293 頁。
〔註80〕《清代硃卷集成》第 38 冊，第 145 頁；第 354 冊，第 107 頁。
〔註81〕光緒《慈谿縣志》列傳附編，《中國方志叢書・華中地方》第 213 號，第 1240 頁。
〔註82〕《清代硃卷集成》第 73 冊，第 355 頁；第 275 冊，第 3 頁。

明書畫家傳》記作「1866～1899」〔註83〕，誤。據民國《古田縣志》、《永泰縣志》，趙鼎仁光緒二十六年（1900）署古田知縣，二十七年（1901）任永泰知縣。〔註84〕可知其1901年尚在世。

31、胡履吉（P561）

胡履吉原名家錕，字吾山、道坦，號荔紳、理生，青浦人。道光五年（1825）舉人，咸豐二年（1852）進士。選庶吉士，旋乞假歸。後值咸豐兵亂，參與募勇防剿，以勞致疾卒。著有《理生居詩稿》。《紫陽正誼課藝合選》、《紫陽正誼課藝合選二集》收其文。《年表》據會試同年齒錄作【1808～？】。按，其會試硃卷：「嘉慶戊辰年（1808）八月十六日生。」鄉試硃卷：「嘉慶乙丑年（1805）八月十六日生。」〔註85〕又，光緒《青浦縣志》本傳：「同治壬戌（1862）七月十四日攻城，冒暑得霍亂疾回郡，甫聞城復而卒，年六十。」〔註86〕則其鄉試硃卷所記亦為官年。故可記作【1803～1862】。

32、柯劭憼（P562）

柯劭憼字敬儒，號麟伯，膠州人。光緒元年（1875）舉人，十五年（1889）進士。官安徽貴池、太湖知縣。《年表》據會試硃卷作【1847～？】。按，其會試硃卷：「道光丁未年（1847）八月初三日吉時生。」鄉試硃卷：「道光丙午年（1846）八月初一日吉時生。」〔註87〕又，吳汝綸《柯敬儒六十壽序》作於光緒二十五年（1899）。〔註88〕可知其生年為道光二十年（1840）。故可記作【1840～？】。

33、相燮堃（P562）

相燮堃原名清，字理卿、玉如，號寅甫、瀛府、阮琴，仁和人，道光十九年（1839）舉人，咸豐二年（1852）進士。官工部主事。《鴛湖書院課藝》收其文。《年表》據會試同年齒錄作【1818～？】。按，其會試硃卷：「嘉慶戊寅年（1818）二月初六日吉時生。」鄉試硃卷：「嘉慶戊辰年（1808）二月初

〔註83〕 洪可堯主編《四明書畫家傳》，寧波出版社2005年版，第243頁。

〔註84〕 民國《古田縣志》卷13《職官志》，《中國地方志集成·福建府縣志輯15》，第425頁；民國《永泰縣志》卷5《職官志》，《中國地方志集成·福建府縣志輯19》，第112頁。

〔註85〕 《清代硃卷集成》第17冊，第417頁；第133冊，第389頁。

〔註86〕 光緒《青浦縣志》卷19《人物三·文苑傳》，光緒4年刊本，第49頁。

〔註87〕 《清代硃卷集成》第63冊，第385頁；第220冊，第1頁。

〔註88〕 《吳汝綸全集·文集箋證》，黃山書社2002年版，第381頁。

六日吉時生。」〔註89〕故可記作【1808～？】。

34、柳思誠（P565）

柳思誠字心繹、善詳，號省吾，萍鄉人。同治十二年（1873）舉人，光緒九年（1883）進士。官山東安丘知縣。《年表》據會試同年齒錄作【1845～？】。按，其會試硃卷：「道光乙巳年（1845）五月十四日吉時生。」鄉試硃卷：「道光癸卯年（1843）五月十四日吉時生。」〔註90〕《上栗縣志》記作【1840～1909】。〔註91〕

35、姚櫺（P591）

姚櫺改名士璋，字厚載，號椷卿、公艷，仁和人。同治六年（1867）優貢，十二年（1873）舉人，光緒十五年（1889）進士。官至贊善。晚主海州石室書院。《東城講舍課藝》、《學海堂課藝三編》、《正誼書院課選》、《惜陰書院西齋課藝》收其文。《年表》據會試同年齒錄作【1855～？】。按，其會試硃卷：「咸豐乙卯年（1855）八月十一日吉時生。」鄉試硃卷：「道光戊申年（1848）八月十一日吉時生。」〔註92〕故可記作【1848～？】。

36、姚丙然（P592）

姚丙然字菊仙，一作菊坡，號澹人，錢塘人。光緒五年（1879）舉人，十二年（1886）進士。歷官編修、國史館協修、洗馬、侍讀、山東學政。民國初參與發起孔教會，任蘇州支會、杭州支會會長。《詁經精舍四集》、《學海堂課藝五編》、《六編》收其文。《年表》據會試同年錄作【1859～？】。按，其會試硃卷：「咸豐己未年（1859）九月二十八日吉時生。」鄉試硃卷：「咸豐甲寅年（1854）九月二十八日吉時生。」〔註93〕又，《孔教會追悼姚菊坡先生演說詞（丙辰七月之望）》陳煥章演說詞：「先生於壬子（1912）之歲，年已六十有二。」姚文棟（1852～1829）演說詞：「菊坡先生長於予一歲。」林傳甲《追悼姚菊坡詞》：「（菊坡）六十有六，乃遘閔凶。」〔註94〕皆可推知其生卒年爲【1851～1916】。

〔註89〕《清代硃卷集成》第 18 冊，第 61 頁；第 238 冊，第 357 頁。
〔註90〕《清代硃卷集成》第 52 冊，第 343 頁；第 309 冊，第 113 頁。
〔註91〕《上栗縣志》第 42 篇《人物》，方志出版社 2005 年版，第 556 頁。
〔註92〕《清代硃卷集成》第 63 冊，第 431 頁；第 261 冊，第 311 頁。
〔註93〕《清代硃卷集成》第 58 冊，第 317 頁；第 268 冊，第 103 頁。
〔註94〕《宗聖學報》第 2 卷第 5 期（1916 年），第 3～5 頁。

37、敖右賢（P603）

敖右賢本姓朱，字子尚，號秋田、養拙，榮昌人。道光八年（1828）舉
人，十六年（1836）進士。官貴州綏陽、桐梓知縣。《年表》據會試硃卷作【1810
～？】。按，其會試硃卷：「嘉慶庚午年（1810）二月初七日吉時生。」鄉試
硃卷：「嘉慶己巳年（1809）二月初七日丑時生。」〔註95〕又，朱彭壽《清代
人物大事紀年》：嘉慶十年（1805）二月初七日生，享年五十。〔註96〕故可記
作【1805～1854】。

38、徐琪（P640）

徐琪字涵齋，號花農，仁和人。光緒元年（1875）舉人，六年（1880）
進士。歷官編修、廣東學政、內閣學士、兵部侍郎。著有《漢書天文五行溝
洫志考》、《性理卮言》、《似玉盦駢體文存》、《香海盦詩詞類稿》、《粵軺集》、
《日邊酬唱集》。《詁經精舍四集》、《東城講舍課藝續編》、《上海求志書院課
藝》（丙子夏季、秋季、丁丑夏季）收其文。《年表》據鄉試硃卷和《清人詩
集敘錄》作【1852～1918】，注：「生於咸豐元年十二月二十九日，公曆爲1852
年2月18日。」按，其會試硃卷：「咸豐戊午年十二月二十九日吉時生。」
公曆爲1859年2月1日。鄉試硃卷：「咸豐辛亥年十二月二十九日吉時生。」
公曆爲1852年2月18日。〔註97〕以鄉試硃卷爲據，較會試硃卷更可靠。然
《清人詩集敘錄》云：「卒於1918年，年七十。」〔註98〕據此則應生於道光
二十九年（1849），鄉試硃卷所記或亦爲官年。又，《清代人物大事紀年》謂
其道光二十九年十二月二十九日生，享年七十。〔註99〕其生之日，公曆爲1850
年2月10日。故可記作【1850～1918】。

39、殷李堯（P656）

殷李堯字寅生、瀛琛，號厚培，昭文人。同治十二年（1873）舉人，
光緒二年（1876）進士。歷官編修，武英殿、國史館協修官，翰林院撰文，
武英殿、功臣館纂修官，庶常館提調官，山東道、四川道監察御史，戶部、
禮部給事中，四川鹽茶道，湖北督糧道。著有《退晚堂詩草》、《補讀軒詩

〔註95〕《清代硃卷集成》第10冊，第229頁；第331冊，第191頁。
〔註96〕朱彭壽《清代人物大事紀年》，北京圖書館出版社2005年版，第1034頁。
〔註97〕《清代硃卷集成》第46冊，第181頁；第263冊，第163頁。
〔註98〕袁行雲《清人詩集敘錄》卷79，文化藝術出版社1994年版，第2730頁。
〔註99〕朱彭壽《清代人物大事紀年》，北京圖書館出版社2005年版，第1374頁。

稿》。《紫陽書院課藝四編》收其文。《年表》據會試同年齒錄作【1845～？】，注：「生於道光二十四年十一月二十六日，公曆爲 1845 年 1 月 4 日。」按，其會試硃卷：「道光甲辰年十一月二十六日吉時生。」鄉試硃卷：「道光壬寅年（1842）十一月二十六日吉時生。」〔註100〕又，鄉試硃卷謂其字寅生，或即寓指壬寅年生（會試卷改作「字瀛琛」）。故可記作【1842～？】。

40、黃光焯（P696）

黃光焯字望崙，號槐江，金山人，原籍休寧。嘉慶二十三年（1818）副貢，道光元年（1821）舉人，三年（1823）進士。官戶部主事。《年表》據姚椿撰傳作【？～1841】。按，其會試硃卷：「嘉慶庚申年（1800）八月初五生。」副貢硃卷：「嘉慶戊午年（1798）八月初五日吉時生。」又，《中國年譜辭典》著錄《黃槐江自訂年譜》，並記作「1797～？」。〔註102〕則其生年爲嘉慶二年（1797）。故可記作【1797～1841】。

41、黃毓恩（P704）

黃毓恩字澤臣，號介生，鍾祥人。同治元年（1862）舉人，四年（1865）進士。選庶吉士，散館授編修，官至福建布政使。《年表》據會試硃卷作【1840～？】。按，其會試硃卷：「道光庚子年（1840）八月二十四日吉時生。」鄉試硃卷：「道光乙未年（1835）八月廿四日吉時生。」〔註103〕又，《湖北省志·人物》記作【1832～1897】。〔註104〕

42、曹楙（P709）

曹楙字嘉徵，號戟三，上海人。道光元年（1821）舉人，九年（1829）進士。官河南新野知縣，改江寧府教授。《年表》據會試硃卷作【1785～？】。按，其會試硃卷：「乾隆乙巳年（1785）七月二十四吉時生。」鄉試硃卷：「乾隆丙申（1776）七月二十四日生。」〔註105〕同治《上海縣志》本傳：「年近七十卒於任。」《列女傳》：「王氏，進士曹楙妾，道光二十二年（1842）楙亡，氏年三十。」〔註106〕由其卒年上推，當以鄉試硃卷所記爲近是。故

〔註100〕《清代硃卷集成》第 40 冊，第 29 頁；第 157 冊，第 51 頁。
〔註101〕《清代硃卷集成》第 7 冊，第 79 頁；第 355 冊，第 305 頁。
〔註102〕黃秀文主編《中國年譜辭典》，百家出版社 1997 年版，第 501 頁。
〔註103〕《清代硃卷集成》第 27 冊，第 419 頁；第 104 冊，第 409 頁。
〔註104〕《湖北省志·人物（下）》，湖北人民出版社 2000 年版，第 1544 頁。
〔註105〕《清代硃卷集成》第 8 冊，第 7 頁；第 133 冊，第 3 頁。
〔註106〕同治《上海縣志》卷 21《人物四》，同治 11 年刊本，第 43 頁；卷 24《列女

可記作【1776～1842】。

43、龔顯曾（P717）

龔顯曾字毓沂，號詠樵、薇農，晉江人。咸豐九年（1859）舉人，同治二年（1863）進士。選庶吉士，散館授編修，官至詹事府贊善。《年表》據會試硃卷作【1841～？】。按，其會試硃卷：「道光辛丑年（1841）五月初五日吉時生。」鄉試硃卷：「道光甲辰年（1844）五月初五日吉時生。」〔註107〕又，龔顯曾《短歌行》題下署「戊午（1858），時年十八。」〔註108〕則其生於道光二十一年（1841），會試硃卷所記爲是。關於其卒年，《晉江歷代文選》記作「1841～1885」，《清詩話考》記作「1841～1884」。〔註109〕按，孫衣言《聞龔詠樵太史亡》詩作於丁亥年（1887）。〔註110〕孫得訃音似不當在兩年或三年後，疑龔之卒即在光緒十三年（1887）或前一年（1886）。故可記作【1841～1886/1887】。

44、盛沅（P718）

盛沅原名愷華，字平之、子彬、萍旨，號評芝，秀水人。光緒元年（1875）舉人，十二年（1886）進士。歷官刑部主事、山西夏縣知縣、江蘇候補道。《學海堂課藝三編》收其文。《年表》據會試同年錄作【1855～？】。按，其會試硃卷：「咸豐乙卯年（1855）六月二十七日吉時生。」鄉試硃卷：「道光戊申（1848）六月二十七日吉時生。」〔註111〕又，陶玉珂《蘭薰館遺稿》盛沅序署：「夏正丁巳（1917）五月，浙西七十二老民同社姻弟盛沅謹序。」〔註112〕王邁常《部昀府君年譜》民國七年（1918）：「盛（沅）七十三。」民國十一年（1922）：「盛萍旨丈七十七。」〔註113〕則其生於道光二十六年（1846）。又據《清代人物大事紀年》，盛沅卒於民國二十三年（1934），年八十九。〔註114〕故可記作【1846～1934】。

傳》，第 120 頁。

〔註107〕《清代硃卷集成》第 25 冊，第 239 頁；第 337 冊，第 51 頁。

〔註108〕龔顯曾《薇花吟館詩存》卷 1，光緒 7 年刻本，第 1 頁。

〔註109〕蔡景康選注《晉江歷代文選》，廈門大學出版社 2002 年版，第 280 頁；蔣寅《清詩話考》，中華書局 2004 年版，第 605 頁。

〔註110〕孫衣言《遜學齋詩續鈔》卷 5，《續修四庫全書》第 1544 冊，第 252 頁。

〔註111〕《清代硃卷集成》第 60 冊，第 343 頁；第 263 冊，第 393 頁。

〔註112〕陶玉珂《蘭薰館遺稿》，民國 7 年上海聚珍仿宋印本，卷首。

〔註113〕王邁常《部昀府君年譜》，《北京圖書館藏珍本年譜叢刊》第 181 冊，第 489、492 頁。

〔註114〕朱彭壽《清代人物大事紀年》，北京圖書館出版社 2005 年版，第 1737 頁。

45、章洪鈞（P729）

章洪鈞字夢所，號琴生，績溪人。同治三年（1864）優貢，六年（1867）舉人。十年（1871）會試中式，十三年（1874）補殿試，成進士。歷官編修、宣化知府。《惜陰書院東齋課藝》、《惜陰書院西齋課藝》收其文。《年表》據會試硃卷作【1846～？】。按，其會試硃卷：「道光丙午年（1846）四月二十四日吉時生。」鄉試硃卷：「道光壬寅年（1842）四月二十四日吉時生。」〔註115〕又，李鴻章《吳煥采署理宣化知府折》：「（章洪鈞）光緒十二年（1886）四月蒙簡放宣化府知府，旋即到任。……偶染時症，於十三年十二月二十日在任病故。」〔註116〕卒日爲公曆1888年2月1日。故可記作【1842～1888】。又，《安徽歷史名人詞典》記作【1840～1887】〔註117〕，卒年公曆需轉換，生年未知何據，姑錄於此。

46、童祥熊（P781）

童祥熊字小鎔，號次山，鄞縣人。同治九年（1870）舉人，光緒九年（1883）進士。選庶吉士，散館授編修。官至安徽道臺、山東勸業道道臺。《年表》據會試同年齒錄作【1854～？】。按，其會試硃卷：「咸豐甲寅年（1854）九月二十三日吉時生。」鄉試硃卷：「道光甲辰年（1844）九月二十三日吉時生。」〔註118〕《清代人物大事紀年》：道光二十四年（1844）九月二十三日生。〔註119〕陳雋如《記清季遺老眞率會》引勞乃宣十老圖跋：「（甲寅，1914），趙（爾巽）、童（祥熊）、李（思敬）皆七十一。」〔註120〕可知鄉試硃卷、朱彭壽所記不誤。故可記作【1844～？】。

47、樓守愚（P797）

樓守愚字木安，諸暨人。光緒十四年（1888）舉人，二十年（1894）進士。歷官兵部主事，廣西平樂、恭城知縣。民國初在浙江都督府任機要職務，後官杭關稅捐局、常關稅捐局長，浙江蘭溪、廣東揭陽知事。《學海堂課藝八編》收其文。《年表》據會試硃卷作【1871～？】。按，其會試硃卷：「同治辛

〔註115〕《清代硃卷集成》第32冊，第269頁：第149冊，第417頁。
〔註116〕顧廷龍、戴逸主編《李鴻章全集》12《奏議十二》，安徽教育出版社2008年版，第333頁。
〔註117〕《安徽歷史名人詞典》，安徽教育出版社2008年版，第408頁。
〔註118〕《清代硃卷集成》第55冊，第101頁：第258冊，第245頁。
〔註119〕朱彭壽《清代人物大事紀年》，北京圖書館出版社2005年版，第1340頁。
〔註120〕《天津文史資料選輯》第35輯，天津人民出版社1986年版，第128頁。

未年（1871）九月十七日吉時生。」鄉試硃卷：「同治丙寅年（1866）九月十七日吉時生。」〔註121〕又，蔡元培《樓木安家傳》：「民國七年（1918）卒，春秋五十有二。」〔註122〕推算其生年，當爲同治六年（1867）；抑或蔡元培所云乃實歲，則其生於同治五年（1866）。要之，以鄉試硃卷所記爲近是。故可記作【1866/1867～1918】。

三、卒年可訂補者

1、王煜（P30）

王煜字絅齋，滁州人。道光二年（1822）進士。歷官編修、侍講、庶子、右中允、國子監司業、祭酒。後主鍾山書院。著有《筆耕書屋詩賦草》。《金陵惜陰書舍賦鈔》收其文。《年表》據會試同年齒錄作【1795～？】。按，光緒《滁州志》本傳：「咸豐二年（1852）卒。」〔註123〕故可記作【1795～1852】。

2、王大經（P34）

王大經字經畬，號夢蓮、曉蓮，平湖人。道光二十三年（1843）舉人。入福濟戎幕，擢道員，乞假歸。後官江蘇按察使、布政使、江安糧道，湖北按察使、布政使。著有《哀生閣初稿》、《續稿》。《鴛湖書院課藝》收其文。《年表》據《哀生閣初稿》卷二《先太夫人行略》作【1810～？】。按，光緒《平湖縣志》本傳：「以疾卒，年七十有五。」〔註124〕故可記作【1810～1884】。

3、方克猷（P84）

方克猷又名鳳池，字祖叔，號子壯，於潛人。光緒十一年（1885）拔貢，十五年（1889）舉人，十六年（1890）進士。歷官刑部主事、總理各國事務衙門章京、熱河理刑司員外郎。著有數學著述多種。《紫陽書院課藝八集》收其文。《年表》據《歷代名人生卒年表補》作【1870～1890】。《中國歷代科技人物生卒年表》所記相同。〔註125〕按，光緒十六年（1890）方克猷成進士，

〔註121〕《清代硃卷集成》第 81 冊，第 347 頁；第 275 冊，第 199 頁。

〔註122〕高平叔編《蔡元培全集》第 6 卷，中華書局 1988 年版，第 616 頁。

〔註123〕光緒《滁州志》卷 7 之 4《列傳四‧文苑》，《中國地方志集成‧安徽府縣志輯 34》，第 445 頁。

〔註124〕光緒《平湖縣志》卷 16《人物‧列傳二》，《中國地方志集成‧浙江府縣志輯 20》，第 397 頁。

〔註125〕李迪、查永平《中國歷代科技人物生卒年表》，科學出版社 2002 年版，第 135 頁。

其後在多處做官，不可能卒於當年。檢孫寶瑄《忘山廬日記》丁未年（1907）
七月十八日：「薄晚，至余浙新館，聞方子壯之死。」〔註126〕許寶蘅《許寶蘅
日記》光緒三十三年（1907）八月十二日（9月19日）：「到龍泉寺弔方子壯。」
〔註127〕故可記作【1870～1907】

4、方家澍（P85）

方家澍字雨亭，侯官人。光緒八年（1882）舉人，十八年（1892）進士。
入翰林，尋改官兵部。以選得桐鄉知縣，調秀水。《致用書院文集》收其文。
《年表》據會試同年齒錄作【1858～？】。按，林紓《誥授奉政大夫桐鄉縣知
縣侯官方公墓誌銘》：「光緒某年某月某日卒於官，年四十六歲。」〔註128〕以
此推之，其卒於光緒二十九年（1903）。故可記作【1858～1903】。

5、孔廣鍾（P93）

孔廣鍾原名廣彪，字虞廷，號贊唐、醉棠，元和人。同治十二年（1873）
舉人，光緒六年（1880）會試中式，九年（1883）補殿試，成進士。官奉化
知縣。《正誼書院課選》收其文。《年表》據會試同年齒錄作【1839～？】。按，
光緒《奉化縣志》：「孔廣鍾，江蘇元和人。十二年（1886）四月到任，十三
年（1887）五月卒於官。」〔註129〕故可記作【1839～1887】。

6、葉爾愷（P109）

葉爾愷字悌君，號柏皋，仁和人。光緒十五年（1889）舉人，十八年（1892）
進士。歷官編修，甘肅、雲南、陝西學政。辛亥後寓居滬上。《學海堂課藝
七編》收其文。《年表》據會試硃卷作【1864～？】。按，《中國近現代書法
家辭典》、《沈曾植年譜長編》記作「1864～1937」〔註130〕，《浙江圖書館館
藏名人手箚選》記作「1864～約1937」〔註131〕，皆誤。《高燮集》「1938，

〔註126〕孫寶瑄《忘山廬日記》，上海古籍出版社1983年版，第1065頁。
〔註127〕許恪儒整理《許寶蘅日記》第1冊，中華書局2010年版，第144頁。
〔註128〕林紓《林琴南文集・畏廬文集》，北京市中國書店1985年據商務印書館1916
　　　　年版影印，第41頁。
〔註129〕光緒《奉化縣志》卷16《職官表上》，《中國方志叢書・華中地方》第204號，
　　　　第924頁。
〔註130〕周斌主編《中國近現代書法家辭典》，浙江人民出版社2009年版，第96頁；
　　　　許全勝《沈曾植年譜長編》附錄《寐叟交遊人物小傳》，華東師大博士論文
　　　　2004年博士論文，第22頁。
〔註131〕《浙江圖書館館藏名人手箚選》，浙江人民出版社2000年版，第303頁。

戊寅」有《歲暮無俚，辱葉柏皋（爾愷）聞敝藏書及拙稿被劫，馳函垂詢，並寄詩見慰，次韻奉答》詩〔註132〕；《張元濟年譜》1939 年 5 月 14 日：「邀鄉試同年金兆蕃、葉伯皋、盧悌君、蔡原青、沈淇泉來寓所聚餐，並攝影留念。」〔註133〕可知葉爾愷 1939 年尚在世。又，張元濟 1945 年 2 月《挽盧悌君》小序：「猶憶六年前君與蔡原青、葉伯皋、沈淇泉、金籛孫諸同年集余家小酌攝影。未及兩載，伯皋先逝。」〔註134〕則其卒當在 1940 年或 1941年。故可記作【1864～1940/1941】。

7、劉顯曾（P189）

劉顯曾字誠甫，號橙浦，儀徵人。光緒十四年（1888）舉人，十八年（1892）進士。歷官吏部主事、員外郎、郎中，甘肅道監察御史。民國初遯迹泰州。《惜陰書院東齋課藝》、《惜陰書院西齋課藝》、《梅花書院課藝三集》收其文。《年表》據會試同年齒錄作【1851～？】。按，民國《江都縣新志》本傳：「戊辰（1928）三月卒，年七十有八。」〔註135〕故可記作【1851～1928】。

8、孫榮枝（P225）

孫榮枝字仲華、念椿、桂林、縮卿，別號希聃古民，仁和人。光緒十七年（1891）舉人，二十一年（1895）進士，授戶部主事。後官法部主事。《紫陽書院課藝六集》、《八集》、《崇文書院課藝九集》、《十集》、《學海堂課藝八編》收其文。《年表》據硃卷履歷作【1854～？】。按，高燮《挽孫念椿》作於 1912 年。〔註136〕其卒當在是年。故可記作【1854～1912】。

9、杜聯（P238）

杜聯字耀川，號蓮衢，會稽人。道光二十四年（1844）舉人，三十年（1850）進士。歷官編修、侍講、侍讀、右春坊右庶子、左春坊左庶子、侍講學士、侍讀學士、實錄館纂修、國史館協修、功臣館纂修、咸安宮總裁、起居注總辦、翰林院撰文、日講起居注官、詹事府少詹事、廣東學政、內閣學士、禮部侍郎。晚主杭州學海堂。嘗序《學海堂課藝續編》、《三編》。《年表》據其

〔註132〕高銛等編《高燮集》，中國人民大學出版社 1999 年版，第 652 頁。
〔註133〕張樹年主編《張元濟年譜》，商務印書館 1991 年版，第 467 頁。
〔註134〕《張元濟全集》第 4 卷《詩文》，商務印書館 2007 年版，第 141 頁。
〔註135〕民國《江都縣新志》卷 8《人物傳三》，《中國地方志集成‧江蘇府縣志輯 67》，第 871 頁。
〔註136〕高銛等編《高燮集》，中國人民大學出版社 1999 年版，第 857 頁。

自訂年譜作【1804～？】。按：俞樾《右臺仙館筆記》：「至庚辰（1880）歲，蓮衢亦歸道山。」〔註137〕故可記作【1804～1880】。

10、吳肇嘉（P324）

吳肇嘉字君夏、元況，號仲懿，一作中懿，如皋人。光緒十四年（1888）舉人，十五年（1889）會試中式。《南菁講舍文集》收其文。《年表》據會試同年齒錄作【1862～？】。按，檢《明清進士題名碑錄索引》、《清朝進士題名錄》，光緒十五年（1889）進士名單中無吳肇嘉。又，范當世有《叔節將行，爲余題大橋遺照，悲吳仲懿之早亡，重以逝者之可哀，益覺生存之可寶，疊併字韻以送之》詩，收在《范伯子詩集》卷六。范詩編年排列，本卷爲光緒十六年（1890）十月至十七年（1891）正月所作。〔註138〕據此可推知，吳肇嘉會試中式後，未參與殿試。其卒疑即在當年，最遲不晚於次年。故可記作【1862～1889/1890】。

11、余弼（P335）

余弼原名君弼，字仲亮，號右軒，仁和人，原籍休寧。同治六年（1867）舉人，十年（1871）進士。嘗主勺庭書院。著有《痁枕草芬若吟》。《學海堂課藝》收其文。《年表》據會試硃卷作【1831～？】。按，《國朝杭郡詩三輯》：「卒年五十二。」〔註139〕故可記作【1831～1882】。

12、鄒志初（P340）

鄒志初字菽原，號粟園，錢塘人。道光十四年（1834）優貢，十七年（1837）舉人。官西安學博。著有《墨稼檣齋稿》。《詁經精舍續集》、《敬修堂詞賦課鈔》收其文。《年表》據汪遠孫輯《清尊集》作【1797～？】。按，《清代人物大事紀年》謂其同治五年（1866）卒，年七十。〔註140〕故可記作【1797～1866】。

13、汪詒年（P352）

汪詒年字仲策，號頌閣、仲谷，錢塘人，汪康年弟。廩生。光緒二十七年（1901）保薦經濟特科，未與試。協助汪康年主持、經營《時務報》、

〔註137〕俞樾《右臺仙館筆記》卷16，上海古籍出版社1986年版，第430頁。
〔註138〕范當世《范伯子詩文集》詩集卷6，上海古籍出版社2003年版，第104頁。
〔註139〕丁申、丁丙輯《國朝杭郡詩三輯》卷86，光緒19年刊本，第2頁。
〔註140〕朱彭壽《清代人物大事紀年》，北京圖書館出版社2005年版，第1513頁。

《中外日報》。歷任商務印書館交通科長、校史處負責人。著有《汪穰卿先生傳記》、《汪穰卿先生年譜》，編有《汪穰卿先生遺文》。《崇文書院課藝十集》收其文。《年表》據《汪穰卿先生年譜》作【1866～？】。按，張元濟《挽汪仲谷》作於 1941 年 7 月 4 日。〔註 141〕其卒當在是年。故可記作【1866～1941】。

14、陸春官（P425）

陸春官字春生，一作椿生，號悔庵，江寧人。光緒八年（1882）優貢、舉人，二十四年（1898）進士。官安徽知縣。著有《陔餘雜著》、《思過軒日記》。《尊經書院課藝五刻》、《六刻》、《文正書院丙庚課藝錄》收其文。《年表》據會試硃卷作【1858～？】，注：「生於咸豐七年十二月十四日，公曆爲 1858 年 1 月 28 日。」按，蔣國榜《陸椿生先生傳》：「卒年正五十。」〔註 142〕則其卒於光緒三十二年（1906）。故可記作【1858～1906】。

15、陳榮昌（P455）

陳榮昌字桐村，號小圃、虛齋，晚號困叟，昆明人。光緒五年優貢第 1 名，八年（1882）解元。九年（1883）會試中式第 94 名，覆試一等 6 名，殿試二甲 21 名，朝考一等 55 名，選庶吉士。歷官編修、貴州學政、國史館纂修、武英殿協修、昆明經正書院山長、雲南高等學堂總教習、雲南教育總會會長、山東提學使。民國初回滇，任雲南國學專修館館長、《雲南叢書》名譽總纂。門人私謚文貞。輯有《滇詩拾遺》，著有《虛齋文集》、《詩集》。選編《經正書院課藝二集》、《三集》。《年表》據方樹梅《滇賢生卒考》作【1860～1936】。按，方樹梅又有《陳榮昌年譜》，筆者未見。然李生莊《陳榮昌傳略》係據《陳榮昌年譜》而成，所記更詳：「1935 年 9 月 17 日午時，先生德佩呂夫人病故，先生極爲傷感，越三日（20 日亥時）而卒，其天性篤厚如此，終年 76 歲。」〔註 143〕再檢方樹梅自訂年譜《臞仙年錄》民國二十四年（1935）：「九月二十日，陳虛齋病故，生咸豐庚申六月十四日，年七十六，門人私謚文貞，梅有詩四首哭之。」〔註 144〕故可記作【1860～1935】。

〔註 141〕《張元濟全集》第 4 卷《詩文》，商務印書館 2007 年版，第 96 頁。
〔註 142〕陸春官《陔餘雜著》卷首，《叢書集成續編》第 197 冊，第 663 頁。
〔註 143〕《雲南文史資料選輯》第 36 輯，雲南人民出版社 1989 年版，第 31 頁。
〔註 144〕方樹梅《筆記二種·臞仙年錄》，雲南人民出版社 2010 年版，第 240 頁。

16、陳咸慶（P455）

陳咸慶原名之幹，字采卿，儀徵人。光緒二年（1876）名舉人，九年（1883）進士。官刑部主事、員外郎。《梅花書院課藝三集》收其文。《年表》據會試同年齒錄作【1835～？】。按，民國《江都縣續志》本傳：「改國後七年卒，年八十有四。」〔註145〕故可記作【1835～1918】。

17、陳重慶（P456）

陳重慶字黼卿，號默齋，晚號甦叟，儀徵人。光緒元年（1875）舉人。官至武昌鹽法道臺。著有《默齋詩稿》。《梅花書院課藝三集》收其文。《年表》據《默齋詩稿》詩稿自序作【1846～？】。按，民國《江都縣新志》本傳：「戊辰（1928）十月卒，年八十有三。」〔註146〕故可記作【1846～1928】。

18、范淩霄（P475）

范淩霄字雨村，號膏庵，甘泉人。應南北鄉試二十次，屢薦不售。同治間主廣陵書院。著有《湖東集》。《年表》據《湖東集》自序、《江蘇藝文志‧揚州卷》作【1792～1877】。按，《湖東集》自序署「咸豐十一年歲次辛酉（1861）仲冬，湖東七十老人范淩霄識」。〔註147〕《江蘇藝文志‧揚州卷》謂其「年八十四卒」〔註148〕，當據光緒《增修甘泉縣志》本傳所云「卒年八十有四」〔註149〕。由生年推知，其卒當在光緒元年（1875），而非三年（1877）。故可記作【1792～1875】。

19、林揚光（P479）

林揚光字孕熙，號勝莊，甌寧人，林則徐侄孫。光緒十七年（1891）舉人，二十年（1894）進士。官陝西安康知縣、興安知府。民國間回閩，任南平、邵武知事，福建經學會教授，福建禁煙局總辦。著有《農學僉載》、《勝莊詩文鈔》。《致用書院文集》收其文。《年表》據《勝莊文鈔》卷首年譜作【1855

〔註145〕民國《江都縣續志》卷27《寓賢》，《中國地方志集成‧江蘇府縣志輯67》，第782頁。

〔註146〕民國《江都縣新志》卷8《人物傳三》，《中國地方志集成‧江蘇府縣志輯67》，第869頁。

〔註147〕范淩霄《湖東集》自序，《清代詩文集彙編》第578冊，第424頁。

〔註148〕南京師大古籍所編《江蘇藝文志‧揚州卷》，江蘇人民出版社1995年版，第290頁。

〔註149〕光緒《增修甘泉縣志》卷12《人物志下》，《中國地方志集成‧江蘇府縣志輯43》，第528頁。

～？】。按，潘亮《林則徐早年教學處補梅書屋》：「林揚光先生於 1920 年在其福州寓所勝莊別墅病逝。」〔註150〕故可記作【1855～1920】。

20、季念詒（P493）

季念詒字鈞謀、君梅、艿伯，晚號頤叟，江陰人，芝昌子。道光二十九年舉人。三十年（1850）進士，選庶吉士，散館授編修。丁憂居鄉，參與辦理團練。優游林下二十餘年，歷主紫琅、求志、禮延書院。嘗修通州及江陰志，又輯庚申（1860）以來江陰死難者爲《忠義錄》十四卷。嘗序《游文書院課藝》。《年表》據《江蘇藝文志·無錫卷》作【1813～？】。按，《翁同龢日記》光緒十二年丙戌（1886）十月二十日：「季君梅於本月初六日逝世。」〔註151〕又，民國《江陰縣續志》本傳：「卒年七十有四。」則其生卒年爲【1813～1886】。〔註152〕

21、竺麐祥（P493）

竺麐祥字靜甫，號潯賦，奉化人。光緒八年（1882）舉人，三十年（1904）進士。官至檢討。嘗任奉化鳳麓學堂總教習。著有《毓秀草堂詩鈔》。《浙東課士錄》、《崇實書院課藝》收其文。《年表》據會試同年齒錄作【1864～？】。按，《四明清詩略續稿》：「年十九，登賢書」，「比通籍，年已四十一」，「年六十二，完髮以終」。〔註153〕「登賢書」、「通籍」之年齡，與會試同年錄所記生年亦相合。故可記作【1864～1925】。

22、金鉽（P495）

金鉽字範才、式金，號蘅意、陶宦，泰興人。光緒十九年（1893）舉人，二十一年（1895）進士。官編修。歸主泰興襟江學堂、泰州縣立中學堂、如皋安定書院、江蘇全省高等學堂（原南菁書院）。民國間官泰興民政長、江西彭澤知事。著有《江蘇藝文志》、《江蘇地理沿革考》、《江山小閣詩文集》。《南菁講舍文集》、《南菁文鈔二集》收其文。《年表》據沙元炳《志頤堂詩文集》金鉽序作【1869～？】。按，朱世源《文史學家金鉽》：「同治八年（1869）五月二十三日，金鉽生於泰興縣城南草巷。」「1949 年，金鉽在家中風，延至次

〔註150〕《福州晚報》2006 年 11 月 13 日《文化周刊》。

〔註151〕《翁同龢日記》，中華書局 1992 年版，第 2059 頁。

〔註152〕民國《江陰縣續志》卷 16《人物·政績》，《中國地方志集成·江蘇府縣志輯 26》，第 199 頁。

〔註153〕董沛、忻江明《四明清詩略續稿》卷 6，民國 19 年中華書局刊本，第 21 頁。

年夏去世，享年 82 歲。」〔註 154〕故可記作【1869～1950】。

23、龐際雲（P519）

龐際雲原名震龍，字省三，寧津人。道光二十三年（1843）舉人，咸豐二年（1852）進士。官至湖南巡撫、雲南布政使。嘗任清河崇實書院山長。著有《十五芝山房文集》。《年表》據會試同年齒錄作【1823～？】。按，其卒年，今人著述多作光緒十年（1884）。〔註 155〕所據者似爲《大清畿輔先哲傳》本傳：「十年（1884），署湖南巡撫。奏捐絹私經費萬餘金，優詔褒之。旋調雲南布政使，抵任廉得銅務積弊，力除中飽，以積勞成疾，卒。」〔註 156〕這條資料實未明言調任雲南及去世之年份。按龐際雲履歷，光緒十一年（1885），「現年六十三歲」，「四月三十日，奉旨調補雲南布政使」。〔註 157〕又，譚宗濬《荔村草堂詩續鈔·于滇集》爲光緒十一年（1885）五月迄十三年（1887）十二月詩，《丙戌除夕》詩後第二首爲《挽龐省三方伯前輩（際雲）》〔註 158〕，則其卒當在十三年丁亥（1887）。故可記作【1823～1887】。

24、趙鉞（P537）

趙鉞原名春沂，改名，字霽門、星甫，仁和人。嘉慶十三年（1808）舉人，十六年（1811）進士。官湖北咸寧知縣，江蘇溧水知縣、泰州知州。著有《唐御史臺精舍題名考》、《唐尙書省郎官石柱題名考》（勞格續成之）。《詁經精舍文集》收其文。《年表》據汪遠孫輯《清尊集》作【1778～？】。按，勞檢《亡弟季言司訓事略》：「（趙鉞）道光二十九年（1849）卒，年七十二。」〔註 159〕故可記作：【1778～1849】。

〔註 154〕泰州市政協編《泰州歷代名人·續集》，江蘇人民出版社 2005 年版，第 153、162 頁。

〔註 155〕邱樹森主編《中國歷代人名辭典》，江西教育出版社 1989 年版，第 1094 頁；李盛平主編《中國近現代人名大辭典》，中國國際廣播出版社 1989 年版，第 474 頁；莊漢新、郭居園《中國古今名人大辭典》，警官教育出版社 1991 年版，第 440 頁；王新生、孫啓泰主編《中國軍閥史詞典》，國防大學出版社 1992 年版，第 420 頁；傅潔琳等《中國進士全傳·山東卷》，泰山出版社 2007 年版，第 397 頁。

〔註 156〕徐世昌《大清畿輔先哲傳》卷 35，北京古籍出版社 1993 年版，第 1253 頁。

〔註 157〕《清代官員履歷檔案全編》第 4 冊，第 337 頁。

〔註 158〕譚宗濬《荔村草堂詩續鈔·于滇集》，《續修四庫全書》第 1564 冊，第 306 頁。

〔註 159〕勞格《讀書雜識》卷首，《續修四庫全書》第 1163 冊，第 190 頁。

25、聞福增（P582）

聞福增字新甫，號挹卿、眉川，太倉人。肄業蘇州正誼、上海龍門、敬業書院。同治十二年（1873）舉人，光緒二年（1876）進士。官四川慶符知縣。著有《退庵詩稿》。《正誼書院課選》、《正誼書院課選二集》收其文。《年表》據會試同年齒錄作【1837～？】。按，《退庵詩稿》聞福圻序：「君長余三歲。」《年表》據《歷代名人生卒年表補》著錄聞福圻生卒年為「1840～1915」，由此檢《年表》所記聞福增生年，亦相合。又，《退庵詩稿》聞錫奎跋：「癸未（1883）冬卸篆，赴省就醫，猶日事吟詠。」詩稿編年排列，止於甲申年（1884）。《清人詩文集總目提要》、《清人別集總目》謂其「卒年四十八」〔註160〕，未知何據。若確，其卒即在光緒十年（1884）。故可記作【1837～1884】。又，聞福圻序：「今距君下世二十年矣。」聞錫奎跋：「自棄養迄今已二十年。」序、跋皆作於光緒三十二年（1906）。「二十年」之謂，或舉成數而言歟？

26、夏之森（P615）

夏之森字曉岩，嘉善人。光緒十一年（1885）舉人，十六年（1890）進士。官江西廣豐知縣。《學海堂課藝六編》收其文。《年表》據會試硃卷作【1866～？】。按，《清代人物大事紀年》謂其光緒二十八年（1902）十一月卒，年三十七。〔註161〕故可記作【1866～1902】。

27、唐壬森（P675）

唐壬森原名楷，字叔未、學庭，號根石，蘭溪人。道光十四年（1834）優貢，十九年（1839）舉人，二十七年（1847）進士。歷官編修、江南道監察御史、禮科給事中、通政使司參議、大理寺少卿、光祿寺卿、宗人府府丞、左副都御史。光緒三年（1877）假歸，旋以目疾請開缺，不復出。《詁經精舍續集》、《敬修堂詞賦課鈔》、《學海堂課藝五編》收其文。《年表》據光緒《蘭溪縣志》唐壬森序作【1805～？】。按，《兩浙輶軒續錄》：「辛卯（1891）五月卒於家，年八十七。」〔註162〕《清國史》本傳：「（光緒）十七年（1891）卒於家。」〔註163〕故可記作【1805～1891】。

〔註160〕柯愈春《清人詩文集總目提要》，北京古籍出版社2002年版，第1800頁；李靈年、楊忠主編《清人別集總目》，安徽教育出版社2000年版，第1664頁。
〔註161〕朱彭壽《清代人物大事紀年》，北京圖書館出版社2005年版，第1691頁。
〔註162〕潘衍桐輯《兩浙輶軒續錄》補遺卷5，《續修四庫全書》第1687冊，第364頁。
〔註163〕《清國史》第11冊，中華書局1993影印嘉業堂鈔本，第134頁。

28、黄炳垕（P701）

黄炳垕字蔚廷，號蔚亭，晚號耊翁，餘姚人。同治九年（1870）優貢、舉人。嘗任辨志文會天文算學齋齋長。著有《黄黎洲先生年譜》、《黄忠端公年譜》、《交食捷算》、《測地志要》、《方平儀象》、《誦芬詩略》。《辨志文會課藝初集》算學評閱者。《年表》據黄炳垕《八旬自述百韻詩》、黄鍾駿《疇人傳四編》作【1815～1884】。按，《疇人傳四編》黄炳垕傳後附胡秉成傳，「卒於甲申（1884）人日」之語，乃指胡秉成，《年表》誤作黄炳垕。〔註164〕黄既有《八旬自述百韻詩》，其壽不當僅有七十歲。又，據《八旬自述百韻詩》前四句自注，其生於「嘉慶乙亥（1815）七月二十七日」。〔註165〕光緒《餘姚縣志》本傳：「十九年（1893）冬卒於家，年七十有九。」〔註166〕《八旬自述百韻詩》當爲近八旬而作。故可記作【1815～1893】。

29、曹森（P709）

曹森字寶書，上元人。嘉慶二十三年（1818）舉人，道光二年（1822）進士。歷官山西榆次知縣、忻州知州、大同知府。以母老乞歸。《鍾山尊經書院課藝合編》收其文。《年表》據會試同年齒錄作【1790～？】。按，同治《續纂江寧府志》本傳：「咸豐三年（1853）春，粤寇東下，江寧戒嚴。兩江總督陸建瀛以森有吏材，奏請留辦籌防局。……二月初十日，儀鳳門地道火發，城垣毀。……城遂陷。森知事不可爲，入莊恪公祠，奮身投池。池水淺，不得死，遂與妻李氏對縊桑樹下。」〔註167〕故可記作【1790～1853】。

30、端木杰（P816）

端木杰字俊民，號過庭，江寧人。嘉慶十二年（1807）優貢，十八年（1813）舉人，十九年（1814）進士。官編修。《鍾山尊經書院課藝合編》收其文。《年表》據會試同年齒錄作【1776～？】。按，《金陵文徵小傳彙刊》：「年四十九，卒於官。」〔註168〕故可記作【1776～1823】。

〔註164〕黄鍾駿《疇人傳四編》卷8，《清代傳記叢刊》第34冊，第462頁。

〔註165〕黄炳垕《八旬自述百韻詩》，《晚清名儒年譜》第8冊，第125頁。

〔註166〕光緒《餘姚縣志》卷23《列傳十六》，《中國方志叢書·華中地方》第500號，第686頁。

〔註167〕同治《續纂江寧府志》卷14之10上《人物》，《中國地方志集成·江蘇府縣志輯2》，第305頁。

〔註168〕張熙亭等《金陵文徵小傳彙刊》，《中國古代地方人物傳記彙編》第16冊，第490頁。

31、繆祐孫（P823）

繆祐孫字孚民、稚鵠、柚岑、柚塍、檵岑，江陰人。光緒八年（1882）舉人，十二年（1886）進士。官戶部主事、總理衙門章京。著有《俄遊彙編》、《漢書引經異文錄證》。《惜陰書院東齋課藝》、《惜陰書院西齋課藝》、《尊經書院課藝四刻》收其文。《年表》據會試同年錄作【1851～？】。按，民國《江陰縣續志》本傳：「中風疾而卒，年甫四十有四。」〔註169〕故可記作【1851～1894】。

32、潘昌煦（P831）

潘昌煦字春暉，號由笙、芯廬，元和人。光緒二十年（1894）舉人，二十四年（1898）進士。官編修。留學日本，回國後任大理院庭長、院長、燕京大學教授。著有《芯廬遺集》。《南菁文鈔二集》收其文。《年表》據會試硃卷作【1873～？】。按，陸承曜《憶潘昌煦先生》：「昌煦先生逝世於一九五八年一月三日，時年八十有六。」〔註170〕故可記作【1873～1958】。

33、戴錫鈞（P842）

戴錫鈞字毅夫，號藝郛、藝甫、刈蕪，長洲人。同治六年（1867）舉人，十三年（1874）進士。歷官吏部主事、員外郎、郎中，工部寶源局監督，大名知府。著有《不薄今齋初二集》、《采百集》。《紫陽書院課藝》收其文。《年表》據會試同年齒錄作【1846～？】。按，民國《吳縣志》本傳：「庚子（1900）京察一等，出守大名。……明年苦旱，禱雨烈日中，感暑熱。先因亂時募兵捐廉濟餉，心血大虧，又會府試，疲甚，一夕遽卒。」〔註171〕故可記作【1846～1901】。

四、生年卒年皆可訂正者

1、卜葆鈖（P7）

卜葆鈖字尹甫，號達庵、玉生，平湖人。道光十九年（1839）舉人，二十年（1840）進士。歷官四川彭山、大邑知縣。《鴛湖書院課藝》收其文。《年

〔註169〕民國《江陰縣續志》卷15《人物·文苑》，《中國地方志集成·江蘇府縣志輯26》，第194頁。
〔註170〕《文史資料選輯》第14輯，蘇州市政協文史委編1985年印行，第171頁。
〔註171〕民國《吳縣志》卷68上《列傳六》，《中國地方志集成·江蘇府縣志輯12》，第164頁。

表》據會試硃卷作【1805～？】。按，光緒《嘉興府志》本傳：「甲辰（1844）題補大邑。……乙巳（1845）以勞瘵卒於任。」〔註172〕光緒《平湖縣志》：「甲辰（1844）題補大邑。……逾年卒，年四十三。」〔註173〕故可記作【1803～1845】。

2、葉大華（P107）

葉大華字黻恭，號淑瑞，閩縣人。光緒十九年（1893）舉人，三十年（1904）進士。歷官刑部主事、廣東茂名知縣、高州知府。《致用書院文集》收其文。《年表》據會試同年齒錄作【1867～？】。按，葉氏後裔葉于敏女士函告：查《三山葉氏族譜》，葉大華「咸豐庚申（1860）六月十九日生，民國癸亥（1923）九月十七日卒」。故可記作【1860～1923】。

附及，《年表》（P108）著錄同榜進士葉天章（1865～？），與葉大華同族，名誤，當爲「葉大章」。葉于敏女士函告：葉大章「咸豐庚申（1860）九月初七日生，民國乙丑（1925）閏四月初六日卒」。故可記作【1860～1925】。

3、葉元階（P108）

葉元階一作元堦，又名元增，字仲蘭，號心水，慈谿人。諸生。著有《赤菫遺稿》、《鶴臯詩傳》、《葉氏一家言》。《德潤書院課藝》收其文。《年表》據《赤菫遺稿》厲志序作【1803～？】。按，慈谿市方志辦童銀舫先生函告：查《鳴鶴葉氏宗譜》，葉元階「生於嘉慶甲子年十二月初四日巳時，卒於道光己亥年十二月十八日辰時」。生日公曆爲 1805 年 1 月 4 日；卒日公曆爲 1840 年 1 月 22 日。故可記作【1805～1840】。

4、朱成熙（P148）

朱成熙字孚吉，號緝甫、保如，新陽人。道光十七年（1837）拔貢，二十四年（1844）舉人，同治十年（1871）進士。歷官編修、武英殿協修、國史館協修。歸主瀛洲、登瀛、玉山書院。《紫陽正誼兩書院課藝合選二集》收其文。《年表》據會試硃卷作【1817～？】。按，李縋撰墓誌銘：「光緒十三年（1887）七月初八日卒，距生於嘉慶二十一年（1816）十月二十九日，春秋

〔註172〕光緒《嘉興府志》卷 58《平湖列傳》，《中國方志叢書・華中地方》第 53 號，第 1682 頁。

〔註173〕光緒《平湖縣志》卷 16《人物・列傳二》，《中國地方志集成・浙江府縣志輯 20》，第 396 頁。

七十有二。」〔註174〕故可記作【1816～1887】。

5、伊樂堯（P166）

伊樂堯字遇羹，錢塘人。咸豐元年（1851）舉人。官仙居訓導。著有《孝經指解補正》、《孝經辨異》、《五經補綱》。《詁經精舍續集》收其文。《年表》據《清史稿》本傳作【？～1861】。按，《清史稿》本傳謂其與邵懿辰（1810～1861）「同殉節死」，《年表》以此定其卒年。方宗誠《伊孝廉傳》：「十一年（1861）冬十一月，賊再陷杭州。數受賊刃，不屈。奉繼母出，乞食山中，安貧守約，不改其素志。同治元年（1862）正月十九日，竟以寒餓致疾卒，年五十有三。」〔註175〕又，其鄉試硃卷：「嘉慶庚午年（1810）十月初十日吉時生。」〔註176〕故可記作【1810～1862】。

6、楊福臻（P258）

楊福臻字駢卿，號聽梧，高郵人。同治十二年（1873）舉人，光緒六年（1880）進士。歷官檢討、監察御史、兵科給事中。著有《漢書志疑》、《漢書通假字考》、《漢郡守分郡考》、《歙竹軒詩存》、《享帚詞》、《竹屏詞》、《蕉蘿詞》。《梅花書院課藝三集》收其文。《年表》據《江蘇藝文志·揚州卷》作【1836～1908】。疑《揚州卷》所據者為民國《三續高郵州志》本傳：「光緒末卒於家，年七十有三。」〔註177〕以「光緒末」為三十四年（1908），從而推知。然而「光緒末」可指一時間段，未必即為光緒間最後一年。按，楊福臻會試硃卷：「道光癸巳年（1833）九月初五日吉時生。」〔註178〕硃卷所記生年若為官年，例作減歲；此處所記，比《揚州卷》所推者反增三歲。依據「早歲優先」的原則，當更為可信。結合其得年，可記作【1833～1905】。

7、吳引孫（P310）

吳引孫字福茨、仲申，儀徵人。光緒五年（1879）舉人。歷官刑部員外郎，浙江寧紹臺道，廣東按，察使，甘肅、新疆布政使，新疆巡撫，湖南、浙江布政使。辛亥後為遺民。《廣陵書院課藝》收其文。《年表》據蔡貴華所

〔註174〕民國《昆新兩縣續補合志》卷5《冢墓》，《中國方志集成·江蘇府縣志輯17》，第371頁。

〔註175〕《續碑傳集》卷71，《清代傳記叢刊》第119冊，第155頁。

〔註176〕《清代硃卷集成》第244冊，第1頁。

〔註177〕民國《三續高郵州志》卷4《人物志上·列傳》，《中國地方志集成·江蘇府縣志輯47》，第391頁。

〔註178〕《清代硃卷集成》第50冊，第27頁。

撰文作【1848～1917】。按，潘建國先生在上海圖書館發現吳引孫手稿《詳細履歷底稿》和《自述年譜》，知其生於咸豐元年（1851）六月十六日。《年譜》止於民國九年（1920）。〔註179〕可知卒於 1917 年之說有誤。又，民國《江都縣新志》本傳：「年七十卒。」〔註180〕以生年推知，其卒即在民國九年（1920）。故可記作【1851～1920】。

8、忻江明（P343）

忻江明字祖年、谷堂，號紹如、兆曙，晚號鶴巢，鄞縣人。光緒二十八年（1902）舉人，三十年（1904）進士。歷官安徽桐城、望江、寧國、潛山知縣。辛亥後返里，編校《四明清詩略》。晚乃出滬客授。著有《鶴巢詩文存》。《崇實書院課藝》收其文。《年表》據《重修浙江通志》本傳作【1874～1940】，注：「忻江明生年，其《鶴巢文存》卷首張壽鏞序作同治十一年（1872）。」按，高振霄《忻君紹如明府家傳》：「丁丑（1937）七月滬戰作，遂解館歸里。逾年疾作，歿於港陸里第，實戊寅（1938）十一月十一日也，春秋六十有七。」張壽鏞在追悼特刊上所撰誄辭序：「忻君紹如，長余四歲，余兄事之。」（《年表》著錄張壽鏞生卒年爲「1876～1945」）又，忻江明《先文學府君家傳》：「江明不幸生十七歲而孤」，「（府君）光緒十四年（1888）六月十七日卒」。《先母陳太恭人行述》：「（先母）二十六，不孝江明生」，「（先母）以宿疾卒於家，實辛酉（1921）六月四日也，年七十有五」。〔註181〕皆可推算其生年爲同治十一年（1872）。又，其卒日公曆爲 1939 年 1 月 1 日。故可記作【1872～1939】。

9、沈濤（P357）

沈濤原名爾振，又名爾政，字西雝、季壽，號匏廬，嘉興人。嘉慶十五年（1810）舉人。官如皋知縣，擢守燕北各郡。以觀察指發江西，歷署鹽法、糧儲。授福建興泉永道，未到官。改發江蘇，卒於泰州。著有《常山貞石誌》、《十經齋文集》、《柴辟亭詩集》、《九曲漁莊詞》、《柴辟亭讀書記》、《易音補遺》、《匏廬詩話》。《詁經精舍文集》收其文。《年表》據其履歷檔案作【1792

〔註179〕潘建國《晚清揚州吳引孫測海樓及所藏通俗小說考》，《上海師範大學學報》哲社版 2003 年第 1 期，第 65 頁。

〔註180〕民國《江都縣新志》卷 8《人物傳三》，《中國地方志集成·江蘇府縣志輯 67》，第 866 頁。

〔註181〕忻江明《鶴巢詩文存》附錄，黃山書社 2006 年版，第 270、274 頁；文存卷 3，第 124、139 頁。

～？〕。又，《中國目錄學家辭典》作【約 1786～1850】。〔註 182〕按，詁經精舍創建於嘉慶六年（1801），《詁經精舍文集》亦刊於是年。收有沈爾振（沈濤）《大獮禮成頌並序》，若履歷檔案所記生年可靠，則其十歲即在詁經精舍肄業，可能性較小。又，《大獮禮成頌並序》後收入《十經齋遺集》，有自記云：「此詁經精舍課題也，時余年十五。」〔註 183〕則其生於乾隆五十二年（1787）。又，其外孫勞乃宣《韌叟自訂年譜》咸豐十一年（1861）：「在泰州。外祖卒。」〔註 184〕故可記作【1787～1861】。

10、沈璋寶（P368）

沈璋寶字步歐，號達夫，秀水人。同治九年（1870）舉人。官烏程教諭。著有《警庵文存》。《學海堂課藝續編》收其文。《年表》據沈曾植撰《墓誌銘》作【1836～1883】。按，沈曾植《沈達夫先生墓誌銘》：「癸未（1883）得君書，蒼古若國初逸民，所以期勉者，愧無以副君意。越九年，太夫人卒於烏程官舍，君扶柩歸里。積毀摧傷，神形俱瘁，逾祥而卒，年四十八。」〔註 185〕據文意，當為【1845～1892】。

11、張炳堃（P407）

張炳堃原名瀛皋，字鶴甫，號鹿仙，平湖人。道光二十年（1840）舉人，二十七年（1847）進士。歷官編修、湖北督糧道。參與增訂《國朝詞綜續編》。著有《抱山樓詩錄》、《抱山樓詞》。《鴛湖書院課藝》收其文。《年表》據會試同年齒錄作【1817～？】。按，胡丹鳳《祝張鹿仙都轉六十壽序》作於同治十一年（1872），〔註 186〕則其生當在嘉慶十八年（1813）。又，胡丹鳳光緒六年（1880）所作《榕城同聲集序》：「庚辰（1880）首夏，薄遊閩南。……在閩聞高滋園、鄭譜香兩都轉，次日又聞張鹿仙觀察，均逝世，二友一親，曷勝歎惜！」〔註 187〕（高滋園，名卿培，《年表》記其生卒年為「1815～1880」。）張炳堃當即卒於是年，享壽六十八。又，光緒《平湖縣志》本傳：「卒年六十八。」〔註 188〕與

〔註 182〕申暢等編《中國目錄學家辭典》，河南人民出版社 1988 年版，第 212 頁。

〔註 183〕沈濤《十經齋遺集·十經齋文二集》，中國書店 1990 年影印本，第 12 頁。

〔註 184〕勞乃宣《韌叟自訂年譜》，《北京圖書館藏珍本年譜叢刊》第 180 冊，第 314 頁。

〔註 185〕沈璋寶《警庵文存》卷首，民國 9 年嘉善張氏《娟鏡樓叢刻》本（甲帙）。

〔註 186〕胡丹鳳《退補齋文存》卷 5，《續修四庫全書》第 1552 冊，第 338 頁。

〔註 187〕胡丹鳳《退補齋文存二編》卷 3，《續修四庫全書》第 1552 冊，第 540 頁。

〔註 188〕光緒《平湖縣志》卷 16《人物·列傳二》，《中國地方志集成·浙江府縣志輯 20》，第 398 頁。

前述推算亦相合。故可記作【1813～1880】。

12、張德鳳（P418）

張德鳳字子韶、梧岡，江寧人。嘉慶十三年（1808）舉人，二十五年（1820）進士。《鍾山尊經書院課藝合編》收其文。《年表》據《金陵通傳》作【？～1835】。按，《金陵通傳》本傳：「二十五年（1820）成進士，選庶吉士，散館改歸本班。主講鍾吾書院，歷十五年，始選廣東仁化知縣。沰任甫四月而卒。」〔註189〕疑《年表》將「歷十五年」誤讀爲「道光十五年」；或者以其散館在1820年，再加15年即爲1835年。然而庶吉士在館，通常有一段時間，不應是成進士之當年。檢同治《上江兩縣志》本傳：「壬午（1822）散館，以謄眞一字之訛歸班。」〔註190〕由此加15年，當爲道光十七年（1837）。又，《金陵文徵小傳彙刊》：「散館歸班，又十五年，乃選授廣東仁化縣知縣，履任甫四月而疾卒，年五十八。」〔註191〕以此推知其生年爲乾隆四十五年（1780）。又，張德鳳履歷：道光十四年（1834），「年五十五歲」。〔註192〕上推生年，亦爲1780年。故可記作【1780～1837】。

13、范鎧（P471）

范鎧字秋門，號酉君，通州人。光緒二十三年（1897）拔貢。官山東德平、壽光知縣，濮州知州。著有《南通縣圖志》（張謇續纂）。《南菁講舍文集》收其文。《年表》據《江蘇藝文志·南通卷》作【1869～1924】。按，《江蘇藝文志》所記生年似據其拔貢硃卷：「同治己巳年（1869）十月十二日吉時生。」〔註193〕又，宣統二年（1910）《山東巡撫孫寶琦奏請以范鎧補濮州牧折》：「正途候補知州范鎧，年四十八歲。」〔註194〕據此推算，生年爲同治二年（1863）。關於其卒年，陳三立《散原精舍詩集》編年排列，《范秋門客死濟南悼以此詩》在《丙辰元日陰雨逢日食》和《丁巳元旦雪晴》之間，詩當作於丙辰年（1916）。〔註195〕

〔註189〕光緒《金陵通傳》卷35，光緒33年刊本，第7頁。

〔註190〕同治《上江兩縣志》卷24中《耆舊》，《中國地方志集成·江蘇府縣志輯4》，第588頁。

〔註191〕張熙亭等《金陵文徵小傳彙刊》，《中國古代地方人物傳記彙編》第16冊，第523頁。

〔註192〕《清代官員履歷檔案全編》第29冊，第445頁。

〔註193〕《清代硃卷集成》第390冊，第27頁。

〔註194〕《政治官報》第34冊，文海出版社影印本，第285頁。

〔註195〕陳三立《散原精舍詩文集》詩續集卷下，上海古籍出版社2003年版，第515頁。

又，張謇《日記》民國五年（1916）二月七日：「弔范秋門有聯。」〔註196〕可知其卒當在此之前，而不可能遲至 1924 年。又，范曾編《南通范氏詩文世家紀事編年》：咸豐十一年（1861）「十月十二日辰時，范鎧生於通州」；民國四年（1915）「（十二月）二十七日丑時，范鎧卒於山東交涉公署任上，時年五十五」。〔註197〕未知「十二月二十七日」為公曆還是陰曆，若為陰曆，公曆當為 1916 年 1 月 31 日。故可知拔貢硃卷和孫寶琦奏摺所記皆為官年。故可記作【1861～1915/1916】。

14、趙有淳（P542）

趙有淳改名祐宸，字仲淳、粹甫、粹夫，號蕊史、鶴生，鄞縣人。道光二十年（1840）優貢。咸豐二年（1852）舉人，六年（1856）進士。歷官編修、武英殿協修，國史官協修、纂修、總纂，起居注協修，翰林院撰文，山東學政，左春坊左贊善，日講起居注官，江寧、鎮江、松江知府，江南鹽巡道，江安督糧道，直隸大順廣道，大理寺卿。著有《平安如意室詩文鈔》。《月湖書院課藝》收其文。嘗序《雲間郡邑小課合刻》。《年表》據會試同年齒錄作【1821～？】。按，《翁同龢日記》光緒十二年八月十六日（1886 年 9 月 13 日）：「飯罷弔趙粹甫，粹甫卒三日矣，藥誤，可歎！」〔註198〕《鄞縣通志·人物編》本傳：「年七十卒於任。」〔註199〕故可記作【1817～1886】。

15、胡琨（P552）

胡琨字次瑤，仁和人。道光十七年（1837）優貢，二十四年（1844）舉人，候選教諭。《詁經精舍續集》、《敬修堂詞賦課鈔》收其文。《年表》據《浙江忠義錄》作【？～1861】。按《浙江忠義錄》本傳：「咸豐十年（1860）二月，賊犯杭州。盡載其孥，出自艮山水門。門閉，不得出，因呼曰：『城破矣，樂哉！此清流也。吾得死所矣。』遂投水死。妻孫氏、妾方氏、女和從之。十一年（1861）城再陷，從兄珣率諸子慶曾、榮曾、曜曾罵賊被戕，一家男婦死者十五人。」〔註200〕則胡琨之卒當在咸豐十年（1860）。

〔註196〕《張謇全集》第 6 卷《日記》，江蘇古籍出版社 1994 年版，第 714 頁。

〔註197〕范曾編《南通范氏詩文世家紀事編年》，河北教育出版社 2004 年版，第 83、182 頁。

〔註198〕《翁同龢日記》，中華書局 2006 年版，第 2043 頁。

〔註199〕民國《鄞縣通志·人物編》，鄞縣通志館臨時抽印本，第 341 頁。

〔註200〕浙江採訪忠義局編《浙江忠義錄》卷 7，《清代傳記叢刊》第 61 冊，第 475 頁。

又，胡珵《誥授朝議大夫翰林院侍講學士書農府君年譜》「甲戌（1814）四十六歲」：「七月，子琨生於京寓。」〔註201〕其生年爲嘉慶十九年（1814）。故可記作【1814～1860】。

16、梅啟照（P708）

梅啓照字小岩，一作筱岩，南昌人。道光二十六年（1846）舉人，咸豐二年（1852）進士。歷官吏部主事、浙江道監察御史、惠州知府、廣州知府、長蘆鹽運使、廣東按察使、江寧布政使、浙江巡撫、禮部侍郎、東河總督。以事罷職。著有《學強恕齋筆算》、《測量淺說》、《明史約》、《梅氏驗方新編》、《強恕齋吟草》。嘗序《詁經精舍四集》。《年表》據會試同年齒錄作【1827～？】。按，文廷式《吳輈日記》癸巳（1893）七月二十三日：「聞淮安知府言，梅小岩姻伯已於六月間去世，聞之黯然。……小岩河帥年六十九，其生在道光乙酉（1825），與先君同庚。」〔註202〕故可記作【1825～1893】。

17、崧駿（P721）

崧駿字鎮青，鑲藍旗人。咸豐八年（1858）舉人。歷官主事、員外郎，廣東高州、山東濟南知府，山東督糧道，廣西按察使，直隸布政使，漕運總督，江蘇、浙江巡撫。嘗序《學海堂課藝七編》。《年表》據《清史稿》本傳作【？～1891】。按，《中國考試史文獻集成》收錄《光緒十九年（1893）浙江巡撫崧駿關於請將函託考官賄囑關節之周福清即行革職歸案審訊的奏摺》，〔註203〕則卒於1891年之說必誤。又，據其履歷檔案，光緒七年（1881）四十九歲，〔註204〕則其生於道光十三年（1833）。《清國史》本傳：「（光緒）十九年（1893）十一月卒於任。」〔註205〕故可記作【1833～1893】。

18、蔣廷黻（P755）

蔣廷黻字稚鶴，號盟盧，海寧人。光緒二年（1876）舉人。十六年（1890）會試中式，十八年（1892）補殿試，成進士。歷官吏部主事、員外郎、郎

〔註201〕胡珵《誥授朝議大夫翰林院侍講學士書農府君年譜》，《北京圖書館藏珍本年譜叢刊》第 131 冊，第 403 頁。
〔註202〕《李宗侗文史論集》附錄，中華書局 2011 年版，第 516 頁。
〔註203〕楊學爲主編《中國考試史文獻集成》第 9 卷《圖片》，高等教育出版社 2003 年版，第 103 頁。
〔註204〕《清代官員履歷檔案全編》第 4 冊，第 25 頁。
〔註205〕《清國史》第 11 冊，中華書局 1993 影印嘉業堂鈔本，第 169 頁。

中、記名御史、廣東韶州知府。著有《讀史兵略綴言》、《讀左雜詠》、《鹽廬遺著》、《看鏡詞》。《學海堂課藝三編》、《五編》、《六編》收其文。《年表》據履歷檔案作【1857～？】。按，民國《海寧州志稿·志餘》本傳：「幼時遭粵寇，避亂桐鄉王家村祠堂，時年十一，手執《通鑑》，且行且讀。」〔註206〕太平軍攻入海寧，時在咸豐十一年（1861）。〔註207〕據此推之，履歷檔案所記當爲官年。又，《清代人物大事紀年》謂其道光三十年十二月十五日生，享年六十三。〔註208〕生之日公曆爲 1851 年 1 月 16 日。故可記作【1851～1912】。

19、溫肇江（P787）

溫肇江字翰初，上元人。嘉慶十八年（1813）拔貢。道光八年（1828）舉人，十二年（1832）進士。官戶部主事、主稿。著有《鍾山草堂遺稿》。《鍾山尊經書院課藝合編》收其文。《年表》據黃釗《聞溫翰初農部之訃》作【1783～1843】。按，黃釗詩作於癸卯年（1843），又有句云：「五十才登第。」〔註209〕由成進士之年推之，知其生於乾隆四十八年（1783）。然夏塽挽溫肇江七律四首序云：「道光二十有二年（1842）八月二十二日，翰初溫先生卒於京師。」「先生生六十有四矣。」馬沅祭文亦云：「維道光二十有二年歲在壬寅（1842）八月既望又十日，同里同歲生馬沅謹以庶羞清酒致祭於翰初溫先生之靈。」〔註210〕可知其卒在道光二十二年（1842），上推其生年，當爲乾隆四十四年（1779）。則黃釗聞溫肇江之訃，是在第二年；「五十才登第」，當指五十歲中舉而非成進士。故可記作【1779～1842】。

20、謝輔坫（P793）

謝輔坫字愷賓，號鞠堂，鎮海人。道光二十三年（1843）舉人，九年（1859）進士。官工部主事。《月湖書院課藝》收其文。《年表》據會試同年齒錄作【1809～？】。按，《四明清詩略》：「同治戊辰（1868）歾於官，年六十一。」〔註211〕故可記作【1808～1868】。

〔註206〕民國《海寧州志稿·志餘》，民國 11 年鉛印本，第 2 頁。
〔註207〕民國《海寧州志稿》卷 40，民國 11 年鉛印本，第 26 頁。
〔註208〕朱彭壽《清代人物大事紀年》，北京圖書館出版社 2005 年版，第 1381 頁。
〔註209〕黃釗《讀白華草堂詩·首蓿集》，《續修四庫全書》第 1516 冊，第 29 頁。
〔註210〕溫肇江《鍾山草堂遺稿》附刻《親友挽先嚴詩文楹聯》，《清代詩文集彙編》
　　　　第 527 冊，第 634、635 頁。
〔註211〕董沛《四明清詩略》卷 28，民國 19 年中華書局刊本，第 9 頁。

21、管禮耕（P814）

管禮耕字申季，號操觡，元和人。歲貢生。治三禮，精算術，與王頌蔚、葉昌熾齊名。著有《操觡齋遺書》。《正誼書院課選》、《二集》、《三集》、《紫陽書院課藝》、《十二編》、《十三編》、《十四編》收其文。《年表》據《江蘇藝文志·蘇州卷》作【1841～？】。按，葉昌熾《緣督廬日記鈔》光緒十三年（1887）二月十五日：「得家書，知操觡初八卯刻竟逝。」〔註212〕民國《吳縣志》本傳：「汪柳門視學廣東，招往襄校。以病歸，旋卒，年四十。」〔註213〕故可記作【1848～1887】。

22、熊祖詒（P821）

熊祖詒字翼儒，號鞠生，一作鞠孫，青浦人。光緒元年（1875）舉人，二年（1876）進士。歷官安徽旌德、青陽、懷寧、懷遠、鳳陽知縣，廣德、滁州、六安、泗州知州。著有《東籬剩稿》。年表據會試同年齒錄作【1854～？】。按，《廣倉學會雜誌》第2期《耆老攝影·熊鞠生先生影》注云：「年六十七歲。」時爲丁巳年（1917）。〔註214〕則其生當在咸豐元年（1851）。又，民國《青浦縣續志》本傳：「卒年六十有八」。〔註215〕故可記作【1851～1918】。

23、戴兆春（P841）

戴兆春字青來，號展韶，錢塘人。肄業蘇州紫陽、正誼書院，杭州詁經精舍。同治九年（1870）副榜，十二年（1873）舉人，光緒三年（1877）進士。歷官編修、陝西陝安道。嘗主棨珠書院。輯有《四書五經類典集成》。《學海堂課藝續編》、《三編》、《紫陽書院課藝》收其文。《年表》據會試同年齒錄作【1848～？】。按，《清代人物大事紀年》：道光二十六年（1846）十二月初四日生，公曆爲1847年1月20日。光緒三十一年（1905）以心疾投水卒，年六十。〔註216〕故可記作【1847～1905】。

〔註212〕葉昌熾《緣督廬日記鈔》卷4，《續修四庫全書》第576冊，第423頁。
〔註213〕民國《吳縣志》卷68下《列傳七》，《中國地方志集成·江蘇府縣志輯12》，第172頁。
〔註214〕《廣倉學會雜誌》第2期，1917年10月。
〔註215〕民國《青浦縣續志》附編，民國23年刊本，第6頁。
〔註216〕朱彭壽《清代人物大事紀年》，北京圖書館出版社2005年版，第1357、1707頁。

24、魏家驊（P847）

魏家驊字梅村、梅蓀、景皋、員辰，晚號剛長居士，江寧人。光緒十四年（1888）優貢，十七年（1891）舉人，二十四年（1898）進士。歷官編修、山東學務處提調、東昌知府、雲南督署總文案、迤東兵備道、提法使、迤西兵備道。辛亥後家居念佛，從事慈善。《尊經書院課藝六刻》收其文。《年表》據會試硃卷作【1865～？】。按，魏家驊《剛長居士自述》：「同治二年癸亥（1863）八月，予生於如皋。」〔註217〕又，《清代人物大事紀年》記其卒於民國二十一年（1932），年六十九。〔註218〕疑此處所記享年爲實歲。故可記作【1863～1932】。

五、進士可補者

根據凡例，《年表》收錄人物的一般條件包括「考中進士者」，故而以下人物應該予以收錄。

1、萬青藜

萬青藜字照齋、文甫，號藕舲，德化人。道光二十年（1840）進士。官至兵部、禮部、吏部尚書。諡文敏。按，朱彭壽《清代大學士部院大臣總督巡撫全錄》：嘉慶十三年十二月二十三日生（公曆爲1809年2月7日），光緒九年（1883）二月二十五日卒，年七十六。〔註219〕故可記作【1809～1883】。

2、王同

王同字肖蘭、同伯，號呂廬，仁和人。同治六年（1867）舉人，光緒三年（1877）進士。官刑部主事。歷主梅青、龜山、紫陽書院及塘棲棲溪講舍，嘗爲詁經精舍監院。又嘗協助丁丙補抄文瀾閣《四庫全書》。著有《唐棲志》、《杭州三書院紀略》、《石鼓文集聯》。參與校勘《詁經精舍五集》。《東城講舍課藝》、《續編》、《學海堂課藝》、《續編》、《三編》收其文。按，《中華書法篆刻大辭典》、《中國書畫藝術辭典·篆刻卷》皆記作【1839～1903】。〔註220〕

〔註217〕江寧縣文獻委員會編《江寧碑傳初輯》，民國37年刊本，第16頁。
〔註218〕朱彭壽《清代人物大事紀年》，北京圖書館出版社2005年版，第1736頁。
〔註219〕朱彭壽《清代大學士部院大臣總督巡撫全錄》，國家圖書館出版社2010年版，第150頁。
〔註220〕李國鈞主編《中華書法篆刻大辭典》，湖南教育出版社1990年版，第988頁；王崇人主編《中國書畫藝術辭典·篆刻卷》，陝西人民美術出版社2002年版，第168頁。

3、王金鎔

王金鎔字鑄顏，號匪石，樂亭人。同治九年（1870）舉人，光緒九年（1883）進士。歷官刑部主事、郎中，江南、浙江、山東、湖廣道監察御史，禮部給事中。按，其鄉試硃卷：「道光丁未年（1847）十二月初五日吉時生。」〔註 221〕履歷檔案：宣統三年（1911），「現年六十四歲」。〔註 222〕推知其生當在道光二十八（1848）。又，王金鎔《三秋圖》題署「庚子（1900）中秋前三日摹新羅老人畫意」，「寫於京師部次六十有五老人王金鎔醉塗」。〔註 223〕則其生於道光十六年（1836）。鄉試硃卷、履歷檔案所記生年皆爲官年。然硃卷所記月份、日期當較可信，其生或即爲道光十六年（1836）十二月初五日，公曆爲 1837年 1 月 11 日。故可記作【1837～？】。

4、王修植

王修植字菀生，自號儼盦居士，定海人。光緒十一年（1885）優貢、舉人，十六年（1890）進士。歷官編修、直隸道員。創辦水師學堂、北洋西學官書局。任北洋大學堂總辦，創辦《國聞報》。回鄉協辦定海廳立中學堂、申義蒙學堂。著有《行軍工程測繪》。《詁經精舍六集》、《學海堂課藝六編》收其文。按，其會試硃卷：「咸豐庚申年（1860）五月二十七日吉時生。」〔註 224〕故可記作【1860～？】。又，《文化記憶》記作「約 1858～1903」〔註 225〕，未知何據，姑附於此。

5、王履咸

王履咸原名禮賢，字澤山，號子謙，蕭山人。光緒十一年（1885）舉人，十六年（1890）進士。官工部、外務部主事。《學海堂課藝七編》收其文。按，其鄉試硃卷：「咸豐乙卯年（1855）正月初三日吉時生。」〔註 226〕故可記作【1855～？】。

6、方觀旭

方觀旭字升卿，一作升齋，錢塘人。嘉慶十三年（1808）舉人，十六年

〔註 221〕《清代硃卷集成》第 108 冊，第 243 頁。
〔註 222〕《清代官員履歷檔案全編》第 8 冊，第 743 頁。
〔註 223〕張哲明主編《冀東古近代書畫集》，中國文聯出版社 2005 年版，第 72 頁。
〔註 224〕《清代硃卷集成》第 69 冊，第 295 頁。
〔註 225〕李義丹、王杰主編《文化記憶》，天津大學出版社 2011 年版，第 31 頁。
〔註 226〕《清代硃卷集成》第 274 冊，第 391 頁。

（1811）進士。官廣西武緣知縣。著有《論語偶記》。《詁經精舍文集》收其文。按，《清代人物大事紀年》謂其乾隆三十七年（1772）正月十八日生。〔註227〕故可記作【1772～？】。

7、葉大年

葉大年字廉卿，號梅珊，同安人。光緒十七年（1891）舉人，十八年（1892）進士。選庶吉士，散館授編修。庚子之變，歸里董禾山書院事。後主持上海泉漳會館，任廈門官立中學堂總董。按，其會試硃卷：「同治癸亥年（1863）十月初十日吉時生。」何丙仲《民國年間廈門書畫家傳略》記作【1863～1909】。〔註228〕

8、葉維幹

葉維幹字槐生，仁和人。同治十二年（1873）舉人，光緒六年（1880）會試中式，未與殿試。候選主事。主講上海敬業書院。平生精力，專治《晉書》及歐、薛二《史》。《敷文書院課藝二集》收其文。按，譚獻《復堂日記》：「今年悼亡歸里，過從，神情蕭索，遽捐館舍，可謂有才無命矣。」〔註229〕此條記於己丑年（1889），葉維幹當即卒於是年。樊增祥《樊山續集》卷二十五《挽葉槐生進士》注：「君庚辰（1880）中雋後，未與殿試，歸主敬業書院者十年。」〔註230〕以其成進士之年推之，亦合。（《樊山續集》卷二十五「起甲午（1894）七月訖乙未（1895）四月」，《挽葉槐生進士》非作於葉氏去世之當年。此詩前後分別為《挽朱曼君孝廉》、《挽朱蓉生侍御》、《挽同年羊辛眉太守》等，當是一時懷友之作。是集又有《比年朋舊凋謝，同輩中如羊辛楣、朱鼎父、葉槐生、黃再同、王可莊，俱年不過五十，朱曼君不盈四十，鄧鐵香齒稍長，亦不及六十而殤，感賦》，可以參看。）又，《兩浙輶軒續錄》：「（槐生）顧以劬學，又抱騎省之悼，嘔血數升而卒。年僅四十有三。」〔註231〕推其生年，當為道光二十七年（1847）。故可記作【1847～1889】。

〔註227〕朱彭壽《清代人物大事紀年》，北京圖書館出版社2005年版，第796頁。

〔註228〕《廈門文史資料》第17輯，廈門市政協文史委1990年印行，第192頁。

〔註229〕譚獻《復堂日記》卷8，《叢書集成續編》第218冊，第183頁。

〔註230〕樊增祥《樊山續集》卷25，《近代中國史料叢刊續編》第16輯，第1060頁。

〔註231〕潘衍桐輯《兩浙輶軒續錄》卷50，《續修四庫全書》第1687冊，第114頁。

9、呂存德

呂存德字子恒，鶴慶人。光緒十八年（1892）進士。按，呂存德《尙志齋愼思、訟過記》吳國鏞序：「今夏四月十一日，子恒卒，年才二十有八耳。」序作於光緒二十二年（1896）。〔註232〕《惲毓鼎澄齋日記》光緒二十三年（1897）正月初三日：「呂君爲大兄壬辰同年，去夏病歿，年才二十八。」〔註233〕故可記作【1869～1896】。

10、朱寶璿

朱寶璿譜名大受，字慕護，號荷尹，嘉興人，原籍安徽涇縣。光緒二十八年（1902）舉人，二十九年（1903）進士。入爲內閣中書，旋赴東瀛習法政。歸國後官河南項城知縣。民國間官江陰、南匯知事。年六十，予告歸，號菲溪漁父，以詩文自娛。《嘉會堂課選》收其文。按，其鄉試硃卷：「同治六年（1867）六月初七日吉時生。」褚問鵑《先舅父慕萱公傳》：「卒於家，年七十有二。」〔註234〕故可記作【1867～1938】。

11、孫祿增

孫祿增字叔茀，號鏡江，歸安人。同治九年（1870）舉人，十年（1871）進士。官吏部主事、江西宜春知縣。著有《金石文跋尾》。《詁經精舍三集》、《愛山書院課藝》收其文。按，據其履歷檔案，光緒九年（1883）三十二歲。〔註235〕則其生年爲咸豐二年（1852）。故可記作【1852～？】。

12、吳雷川

吳雷川本名震春，字雷川，以字行，杭縣人。光緒十九年（1893）舉人，二十四年（1898）進士。歷任浙江高等學堂監督、燕京大學校長、教育部次長。按，趙紫宸《吳雷川小傳》：「生於公曆 1870 年。」〔註236〕李韋《吳雷川的生平及著作》：「1944 年 10 月 26 日吳雷川因中風逝世，享年 75 歲。」〔註237〕故可記作【1870～1944】。

〔註232〕呂存德《尙志齋愼思、訟過記》，《叢書集成續編》第 43 冊，第 159 頁。

〔註233〕《惲毓鼎澄齋日記》，浙江古籍出版社 2004 年版，第 116 頁。

〔註234〕褚問鵑《禾廬文錄》，中央圖書出版社 1972 年版，第 95 頁。這條資料承蔣國強先生惠寄，謹致謝忱。

〔註235〕《清代官員履歷檔案全編》第 27 冊，第 551 頁。

〔註236〕《趙紫宸文集》第 3 卷，商務印書館 2007 年版，第 716 頁。

〔註237〕趙士林等主編《基督教在中國：處境化的智慧》，宗教文化出版社 2009 年版，第 162 頁。

13、何國澧

何國澧字定怡，號蘭陔，一作蘭愷，順德人，國澄（字清伯）弟。光緒十四年（1888）舉人，二十一年（1895）會試中式。二十四年（1898）補殿試，成進士，選庶吉士。歷官翰林院編修、國史館纂修、武英殿協修。嘗主順德鳳山書院。著有《易闡微》、《古鏡妄言》。按，《順德書畫人物錄》記作【1859～1937】。〔註238〕

14、鄒壽祺

鄒壽祺原名維祺，又名安，字介眉，號景叔，海寧人。光緒十七年（1891）優貢、舉人。二十四年（1898）會試中式，二十九年（1903）補殿試，成進士。官浙江衢縣、江蘇丹陽知縣。後任蘇州高等學堂監督、預備立憲公會會員、倉聖明智大學教授。曾引薦王國維進入哈同花園。編有《古石抱守錄》、《廣倉研錄》、《周金文存》、《藝術類徵》。《詁經精舍七集》、《八集》收其文。按，其鄉試硃卷：「同治丙寅年（1866）八月二十一日吉時生。」〔註239〕《中國近現代書法家辭典》記作【1864～1940】。〔註240〕

15、汪繼培

汪繼培字厚叔，號蘇潭，蕭山人，輝祖子。嘉慶九年（1804）舉人，十年（1805）進士，官吏部主事。輝祖晚年所著《遼金元三史同名錄》、《九史同名錄》未成而逝，皆繼培為續成之。著有《潛夫論箋》，輯有《尸子》。《詁經精舍文集》收其文。《中國藏書家通典》記作「約1751～約1819」，〔註241〕誤。按，汪輝祖《病榻夢痕錄》乾隆四十年（1775）：「七月十四日第四男繼培生。」〔註242〕故可記作【1775～？】。

16、張元濟

張元濟字筱齋，號菊生，海鹽人。光緒十五年（1889）舉人，十八年（1892）進士。選庶吉士，歷任刑部主事、總理各國事務衙門章京。後長期主持商務印書館。按，據《張元濟年譜》，其生於同治六年（1867）九月二十八日，卒

〔註238〕順德市博物館編《順德書畫人物錄》，中山大學出版社2001年版，第32頁。
〔註239〕《清代硃卷集成》第282冊，第239頁。
〔註240〕周斌主編《中國近現代書法家辭典》，浙江人民出版社2009年版，第326頁。
〔註241〕李玉安、黃正雨《中國藏書家通典》，中國國際文化出版社（香港）2005年版，第469頁。
〔註242〕汪輝祖《病榻夢痕錄》卷2，《北京圖書館藏珍本年譜叢刊》第107冊，第89頁。

於 1959 年 8 月 14 日。〔註 243〕故可記作【1867～1959】。

17、陳枬

陳枬字守拙，夢生，號巽倩，嘉定人。光緒十九年（1893）舉人，二十一年（1895）進士。官翰林院編修，因案褫職。嘉定光複時任軍政分府司令。總纂《嘉定縣續志》。《當湖書院課藝二編》收其文。按，《廣倉學會雜誌》第 1 期《耆老攝影・陳巽倩先生像》注云：「年六十二歲。」時爲丁巳年（1917）。〔註 244〕沈其光《瓶粟齋詩話初編》：「丁卯（1927）之變，各地耆宿平昔與鄉里異趣者，亂民無不目爲土豪劣紳，加以戳辱。嘉定陳巽倩太史枬之爲地痞張某槍殺，其一也。……遂遇害，年已七十二矣。此丁卯春初事也。」〔註 245〕又，鄭逸梅《藝林散葉續編》：「陳巽倩名枬，……年七十二卒。」〔註 246〕可推知其生卒年爲【1856～1927】。

18、陳模

陳模原名星模，字季範，號式庵，諸暨人。同治九年（1870）舉人，光緒二十一年（1895）進士。歷官山西介休、壺關、潞城、陽城、萬泉知縣。《學海堂課藝續編》、《三編》收其文。《陳洪綬家世》記作【1842～1907】。〔註 247〕

19、邵世恩

邵世恩字伯棠，號子端、棠甫，錢塘人。同治四年（1865）舉人，十年（1871）進士。歷官湖北通山、漢川、天門知縣，四川保寧知府。《東城講舍課藝》、《學海堂課藝》收其文。按，其會試硃卷：「道光甲辰年（1844）五月十四日吉時生。」鄉試硃卷：「道光辛丑年（1841）五月十四日吉時生。」〔註 248〕故可記作【1841～？】。

20、林景綬

林景綬原名棨載，字志颺，號朵峰，鄞縣人。光緒十九年（1893）舉人，二十四年（1898）進士。官福建壽寧知縣。著有《禮本堂詩集》。寧波《崇實書院課藝》收其文。按，其鄉試硃卷：「咸豐丙辰（1856）七月二十日吉時生。」

〔註 243〕張樹年主編《張元濟年譜》，商務印書館 1991 年版，第 5、583 頁。
〔註 244〕《廣倉學會雜誌》第 1 期，1917 年 9 月。
〔註 245〕沈其光《瓶粟齋詩話初編》卷 6，《民國詩話叢編》第 5 冊，第 547 頁。
〔註 246〕《鄭逸梅選集》第 3 卷，黑龍江人民出版社 1991 年版，第 540 頁。
〔註 247〕楊士安《陳洪綬家世》，北京出版社 2004 年版，第 146 頁。
〔註 248〕《清代硃卷集成》第 32 冊，第 103 頁；第 250 冊，第 241 頁。

〔註249〕故可記作【1856～？】。

21、周兆熊

周兆熊原名秉讓，字六謙，廣西上林人。道光十四年（1834）舉人，十五年（1835）進士。歷官江西石城、南城、宜黃、龍南、鉛山、會昌知縣，贛州府通判。參與選編《鵝湖課士錄》。按，《壯族百科辭典》、《廣西少數民族人物志》記作【1806～1859】。〔註250〕

22、周頊

周頊字子愉，一作子瑜，貴築人。嘉慶二十四年（1819）舉人，二十五年（1820）進士，選庶吉士，散館改部曹。由員外擢御史，以兵科給事中簡常鎮通海兵備道，有治績。以英人內犯鎮江失守罷官，居泰州。歷主揚通書院講席，而在泰州胡公書院最久。參與評選《安定書院小課二集》。按，平步青《霞外攟屑》卷二《光緒己卯（1879）科重赴鹿鳴者九人》：「周頊（年八十三）。」〔註251〕可推知其生在嘉慶二年（1797）。又，民國《續纂泰州志》本傳：「年九十卒於泰寓。」〔註252〕故可記作【1797～1886】。

23、趙延泰

趙延泰字階六，號嘉樂，仁和人。光緒十五年（1889）舉人，二十四（1898）進士。官安鄉知縣。《學海堂課藝七編》收其文。按，其鄉試硃卷：「同治乙丑年（1865）九月二十六日吉時生。」〔註253〕故可記作【1865～？】。

24、俞麟振

俞麟振字友聲、厚生，山陰人。同治六年（1867）舉人。光緒三年（1877）會試中式，六年（1880）補殿試，成進士。仍以知縣原班分發江蘇。《學海堂課藝續編》、《三編》收其文。按，其鄉試硃卷：「道光己亥年（1839）三月二十八日吉時生。」〔註254〕《春在堂楹聯錄存》：「卒於杭州，年五十三。」

〔註249〕《清代硃卷集成》第 286 冊，第 321 頁。

〔註250〕《壯族百科辭典》，廣西人民出版社 1993 年版，第 721 頁；莫文軍主編《廣西少數民族人物志》，廣西民族出版社 1998 年版，第 10 頁。

〔註251〕平步青《霞外攟屑》，上海古籍出版社 1982 年版，第 125 頁。

〔註252〕民國《續纂泰州志》卷 28《人物·流寓》，《中國地方志集成·江蘇府縣志輯 50》，第 778 頁。

〔註253〕《清代硃卷集成》第 279 冊，第 127 頁。

〔註254〕《清代硃卷集成》第 256 冊，第 373 頁。

〔註255〕故可記作【1839～1891】。

25、洪起鬳

洪起鬳原名起濤，字文波，號舵鄉，鄞縣人。道光十一年（1831）舉人，二十年（1840）進士。官臨淄知縣。《月湖書院課藝》收其文。按，其鄉試硃卷：「嘉慶庚午年（1810）四月十五日吉時生。」〔註256〕故可記作【1810～？】。

26、都守仁

都守仁字子恒，號潮孫、韶笙，桐鄉人。光緒八年（1882）舉人，二十一年（1895）進士。官江蘇知縣。《學海堂課藝七編》收其文。按，其鄉試硃卷：「咸豐甲寅年（1854）六月十九日吉時生。」〔註257〕《春在堂楹聯錄存》：「生於咸豐四年（1854）六月十九，卒於光緒二十八年（1902）六月二十三。」〔註258〕故可記作【1854～1902】。

27、夏樹立

夏樹立字經畬，號亭玉、仲劬，錢塘人。光緒十一年（1885）優貢，十七年（1891）舉人。十八年（1892）會試中式，二十年（1894）補殿試，成進士。歷官江西雩都、湖北恩施知縣。《詁經精舍五集》、《六集》收其文。按，其優貢硃卷：「咸豐丙辰年（1856）三月初二日吉時生。」〔註259〕又，其履歷檔案，光緒三十年（1904）四十九歲。〔註260〕故可記作【1856～？】。

28、錢保衡

錢保衡，會試榜名葆鋆，鄉試榜名楨，字貞木、平伯、心餘，號秋訪、少莩，會稽人。咸豐元年（1851）舉人，同治四年（1865）進士。官江西上高、江蘇常熟知縣。按，其鄉試硃卷：「道光壬辰年（1832）三月二十三日吉時生。」會試硃卷：「道光丙申年（1836）三月二十三日吉時建生。」〔註261〕故可記作【1832～？】。

〔註255〕俞樾《春在堂楹聯錄存》卷2，光緒10年志古堂刻本，第18頁。
〔註256〕《清代硃卷集成》第235冊，第347頁。
〔註257〕《清代硃卷集成》第271冊，第281頁。
〔註258〕俞樾《春在堂楹聯錄存》卷5，光緒10年志古堂刻本，第22頁。
〔註259〕《清代硃卷集成》第376冊，第369頁。
〔註260〕《清代官員履歷檔案全編》第29冊，第523頁。
〔註261〕《清代硃卷集成》第243冊，第95頁；第26冊，第181頁。

29、徐宗源

徐宗源字左泉、述樵，別號惠波，仁和人。光緒十七年（1891）舉人，二十年（1894）進士。官郵傳部主事。《學海堂課藝八編》收其文。按，其鄉試硃卷：「同治丁卯年（1867）二月十八日吉時生。」〔註262〕故可記作【1867～？】。

30、徐彭齡

徐彭齡字商賢，號企商，青浦人。光緒二十八年（1902）優貢、舉人，二十九年（1903）進士。官刑部主事。青浦光復，任民政長。旋赴京任大理院第三庭庭長。因病離職，寄寓蘇州休養。後為律師。《南菁文鈔三集》收其文。按，《青浦縣志》記作【1872～1929】，又云：「民國18年（1929）夏，徐彭齡辦案赴滬調查，旅途勞累，肺病復發，於9月不治逝世，終年57歲。」〔註263〕

31、翁有成

翁有成字魯儕、志吾，仁和人。光緒十七年（1891）舉人，二十年（1894）進士。官江蘇知縣。《學海堂課藝八編》收其文。按，其鄉試硃卷：「同治己巳年（1869）正月十三日吉時生。」〔註264〕故可記作【1869～？】。

32、黃傳鼎

黃傳鼎榜名黃韓鼎，字調甫，仁和人，原籍蕭山。光緒十四年（1888）舉人。二十四年（1898）會試中式，二十九年（1903）補殿試，成進士。官城武知縣。《學海堂課藝七編》收其文。按，其鄉試硃卷：「同治戊辰年（1868）十月二十日吉時生。」〔註265〕故可記作【1868～？】。

33、黃傳耀

黃傳耀字輔臣，號子眉，仁和人。光緒二年（1876）舉人，三年（1877）進士。官章丘知縣，遽發痰疾，仰藥而卒。《東城講舍課藝》收其文。按，其鄉試硃卷：「道光甲辰年十二月初二日吉時生。」〔註266〕公曆為1845年1月9日。故可記作【1845～？】。

〔註262〕《清代硃卷集成》第284冊，第227頁。
〔註263〕《青浦縣志》第34篇《人物》，上海人民出版社1990年版，第784頁。
〔註264〕《清代硃卷集成》第282冊，第275頁。
〔註265〕《清代硃卷集成》第277冊，第141頁。
〔註266〕《清代硃卷集成》第266冊，第295頁。

34、蕭良城

蕭良城字漢溪，黃陂人。道光元年（1821）舉人，十三年（1833）進士。歷官翰林院編修、詹事府詹事、右春坊右庶子、日講起居注官、咸安宮總裁、湖南學政、翰林院侍讀。歷主河南大梁、嶨山、河陽書院，湖北龍泉、晴川書院。按，其子蕭延福（字子錫）《晴川書院課藝序》：「先君宮庶公以丙寅（1866）就聘郡之晴川，余奉慈諱得隨侍。是秋先君棄養。」〔註267〕曾國藩《復唁蕭子受蕭子錫》（同治五年十一月初四日）：「子受、子錫世兄大人閣下：十月二十七日接奉訃函，驚悉尊甫心如老前輩大人示疾漢陽，騎箕仙逝，駭愕曷任！」〔註268〕又，同治《黃陂縣志》本傳：「卒年七十。」〔註269〕則其生卒年爲【1797～1866】。

35、曹元弼

曹元弼字谷孫、師鄭、懿齋，號叔彥，晚號復禮老人、新羅仙史，吳縣人。光緒十一年（1885）拔貢、舉人。二十年（1894）會試中式，明年補殿試，成進士，授內閣中書。後主講兩湖書院，又任存古學堂經學總教。著有《古文尚書鄭氏注箋釋》、《禮經校釋》、《禮經學》、《孝經學》、《復禮堂文集》。《紫陽書院課藝十二編》、《十四編》、《十五編》收其文。按，王大隆《吳縣曹先生行狀》：「卒於農曆癸巳（1953）九月十五日丑時，距生於清同治六年丁卯（1867）正月初八日酉時，享年八十有七。」〔註270〕故可記作【1867～1953】。

36、蓋紹曾

蓋紹曾，字唯吾，號鳳西，萊陽人。同治元年（1862）舉人，十年（1871）進士。官四川黔江、雅安知縣。按，其鄉試硃卷：「道光丁亥年（1827）二月初九日吉時生。」會試硃卷：「道光癸巳年（1833）二月初九日吉時生。」〔註271〕故可記作【1827～？】。

37、屠佩環

屠佩環又名長松，字仰琴，號肖樓，蕭山人。光緒十四年（1888）舉人，

〔註267〕《晴川書院課藝》，同治 7 年刊本，蕭延福序。

〔註268〕《曾國藩全集・書信八》，嶽麓書社 1994 年版，第 6023 頁。

〔註269〕同治《黃陂縣志》卷 8《人物志》，《中國方志叢書・華中地方》第 336 號，第 932 頁。

〔註270〕卞孝萱、唐文權編《民國人物碑傳集》卷 7，團結出版社 1995 年版，第 522 頁。

〔註271〕《清代硃卷集成》第 213 冊，第 397 頁；第 34 冊，第 451 頁。

二十四年（1898）進士。官陝西知縣。後爲蕭山教育會首任會長。《學海堂課藝八編》收其文。按，其鄉試硃卷：「同治己巳年（1869）十一月初一日吉時生。」〔註272〕故可記作【1869～？】。

38、程其珏

程其珏字序東，宜黃人。同治三年（1864）舉人，十三年（1874）進士。歷官嘉定、婁縣、吳江、元和知縣，太倉直隸州知州。主修《嘉定縣志》、《婁縣續志》。嘗序《雲間郡邑小課合刻》。《嘉定縣簡志》記作【1834～1895】。〔註273〕

39、童璜

童璜字碯珍，號望軒，山陰人。嘉慶六年（1801）拔貢、舉人，十年（1805）進士。官禮部主事。著有《海雲書屋詩文集》。《詁經精舍文集》收其文。《紹興縣志資料》本傳：「嘉慶十七年（1812）卒。」〔註274〕故可記作【？～1812】。

六、公曆農曆需轉換者

《年表》特別注意到需要轉換公曆、農曆的人物，均用附注的形式列出其農曆年月日，並轉換成相應的公曆年月日。這一做法是非常合理可行的。可以補充者還有：

1、王元穉（P36）

王元穉原名穉，字師徐，號子孺、少樵，杭州人，寄籍閩縣。光緒十五年（1889）副榜。幕遊臺灣，歷任鳳山縣學教諭、臺灣府學訓導、臺灣縣學教諭、臺北府學教授。著有《致用書院文集》、《致用書院文集續存》，爲其肄業致用書院時所作課藝之合集。《年表》據《清人詩文集總目提要》作【1843～？】。按，王元穉又有《夜雨燈前錄》，《中國歷代人物年譜考錄》著錄：「道光二十二年壬寅十二月二十九日生。」〔註275〕公曆爲1843年1月29日，依《年表》體例，需要加注說明。

〔註272〕《清代硃卷集成》第277冊，第369頁。

〔註273〕倪所安主編《嘉定縣簡志》卷32《人物》，方志出版社2008年版，第291頁。

〔註274〕《紹興縣志資料》第1輯《人物列傳》第二編，民國26～28年鉛印本，第13頁。

〔註275〕謝巍《中國歷代人物年譜考錄》，中華書局1992年版，第598頁。

2、王慶麟（P45）

王慶麟字治祥，號澹淵，婁縣人。嘉慶十二年（1807）舉人。大挑知縣，分發河南。與修省志，未蕆事卒。著有《洞庭集》。《雲間書院古學課藝收其文》。《年表》作【1787～？】，《清人詩文集總目提要》作【1784～？】〔註 276〕，所據皆爲《洞庭集・孫季子傳》評語。按，評語：「王慶麟曰：予今年三十，季子亦四十矣。」〔註 277〕《洞庭集》中之文，多於題下標明所作年份，然《孫季子傳》卻未標年份。《清人詩文集總目提要》稱「嘉慶十八年（1813）所作《孫季子傳》」，未知何據。此文前兩篇分別標「甲戌（1814）」、「癸酉（1813）」，後兩篇亦分別標「甲戌（1814）」、「癸酉（1813）」。「嘉慶十八年」之說，本於此歟？又，孫季子即孫憲儀。梅曾亮《贈孫秋士序》作於「乙未（1835）」，有云：「今先生年六十矣。」〔註 278〕可知孫憲儀生於乾隆四十一年（1776）。王慶麟晚生十年，則其生於乾隆五十一年（1786）。又，其鄉試硃卷：「乾隆丙午年（1786）十一月十四日生。」可知硃卷所記可信。公曆爲 1787 年 1 月 3 日。故可記作【1787～？】，並加注說明。

3、王英冕（P51）

王英冕字曼卿，一作邁卿，丹陽人。光緒十七年（1891）舉人，二十年（1894）進士，選庶吉士。以哭弟觸疾卒。著有《賞析齋類稿》。《南菁文鈔二集》收其文。《年表》據《賞析齋類稿》王同翰跋作【1869～1894】。按，馮煦《王邁卿傳》：「（甲午）秋弟純冕以疾卒。……邁卿初以痛父故致弱疾，至是益瘁，十二月亦卒。」〔註 279〕吳稚暉《乙未日記》正月初八日：「傍晚魏比部閬屏來，述曼卿病狀：十一月中旬，每日作熱，家人以瘧治之。至十二月初，加泄疾，耳亦重聽，喀血如故，疾大劇，仍以瘧治之，日益加甚。至十三日遂卒。」〔註 280〕其卒在甲午年十二月十三日，公曆爲 1895 年 1 月 8 日。故可記作【1869～1895】。

〔註 276〕柯愈春《清人詩文集總目提要》，北京古籍出版社 2002 年版，第 1178 頁。
〔註 277〕王慶麟《洞庭集》，《清代詩文集彙編》第 553 冊，第 36 頁。
〔註 278〕梅曾亮《柏梘山房全集》文集卷 3，《續修四庫全書》第 1513 冊，第 625 頁。
〔註 279〕馮煦《蒿盦續稿》卷 3，《近代中國史料叢刊》第 33 輯，第 1864 頁。
〔註 280〕《吳稚暉先生全集》卷 11《山川人物》，中國國民黨中央委員會黨史史料編
　　　　委會 1969 年版，第 415 頁。

4、王葆心（P63）

王葆心譜名茂桂，字季馨、季薌，羅田人。肄業經心書院、兩湖書院。光緒二十年（1894）優貢第 1 名，二十九年（1903）舉人。歷任郢中博通、潛江傳經、羅田義川書院山長，漢陽晴川書院、漢陽府中學堂、民辦中學堂、兩湖優級師範學堂教習。歷官禮部總務司審定科行走兼圖書總纂、學部主事、湖南官書局總纂、京師圖書館總纂、湖北國學館館長、武昌高師教授、國立武漢大學教授、湖北通志館總纂、羅田縣志館館長。著有《古文辭通義》、《方志學發微》、《漢口小志》、《續漢口叢談》等，編有《虞初支志》。《黃州課士錄》收其文。《年表》據《民國人物碑傳集》（川）所收傳記作【1868～1944】。按，其優貢硃卷：「同治七年十二月初七日吉時生。」〔註281〕王延傑《我的叔父王葆心》：「老人距生於前清同治七年戊辰十二月初七，卒於民國三十三年二月二十一日，終年七十七歲。」〔註282〕生日公曆爲 1869 年 1 月 19 日。故可記作【1869～1944】。

5、李善蘭（P295）

李善蘭字壬叔，號秋紉，海寧人。曾任同文館天文算學館總教習。《年表》據李儼《李善蘭年譜》作【1810～1882】。按，《年譜》（修訂本）：「是年夏曆十二月八日（2/1/1811）生。」〔註283〕可記作【1811～1882】。

6、沙元炳（P355）

沙元炳字健庵，晚號碼髯，如皋人。光鍇十七年（1891）舉人，十八年（1892）會試中式，二十年（1894）補殿試，成進士。官編修。告歸後創設學校，興辦實業。民國間任如皋縣民政長、江蘇省議長、如皋縣水利及附設測繪局會長、醫學研究社會長。著有《志頤堂詩文集》。《南菁講舍文集》收其文。《年表》據項本源撰《事略》作【1864～1926】。按，項本源《先師沙碼髯先生事略》：「先生年二十八，舉辛卯科鄉試」，「年六十三卒」。〔註284〕又，沙彥高《沙元炳（健庵）先生事略》：「1926 年秋末得病。……於農曆 12 月 26 日逝世，享年 63 歲。」〔註285〕卒日公曆爲 1927 年 1 月 29 日。故可記作【1864～1927】。

〔註281〕《清代硃卷集成》第 379 冊，第 233 頁。
〔註282〕《羅田文史資料》第 1 輯，羅田縣政協文史委 1987 年印行，第 10 頁。
〔註283〕李儼《中算史論叢》第 4 集，科學出版社 1955 年版，第 332 頁。
〔註284〕沙元炳《志頤堂詩文集》附錄，《近代中國史料叢刊續編》第 42 輯，第 1047 頁。
〔註285〕《如皋文史資料》第 3 輯，如皋縣政協文史委 1987 年印行，第 6 頁。

7、張集馨（P413）

張集馨字椒雲，儀徵人。道光二年（1822）舉人，九年（1829）進士。選庶吉士，散館授編修，官至陝西巡撫。後主金臺書院。《年表》據薛福成撰墓誌銘作【1800～1878】。按，其外甥詹嗣賢《時晴齋主人年譜》：「（光緒四年）十二月，感微寒，患痰嗽喘逆。十一日子刻，公卒於京邸。」〔註286〕公曆爲 1879 年 1 月 3 日。故可記作【1800～1979】。

8、陳偉（P429）

陳偉原名湯瑋，字耐安，一作耐庵，諸暨人。同治十二年（1873）拔貢，光緒元年（1875）舉人。著有《耐安類稿》。《詁經精舍四集》收其文。《年表》據《耐安類稿》陳瀚跋作【1839～1889】。按，其拔貢硃卷、鄉試硃卷：「道光己亥年十一月三十日吉時生。」〔註287〕公曆爲 1840 年 1 月 4 日。故可記作【1840～1889】。

9、陳鍾英（P455）

陳鍾英字槐亭，後改懷庭，衡山人。道光二十九年（1849）舉人。官浙江富陽、烏程、蘭溪、安吉等縣知縣。《年表》據陳鼎等《懷庭府君年譜》作【1824～1880】按，陳鼎等《懷庭府君年狀》：「道光四年甲申十二月二十四日亥時，府君生。」公曆爲 1825 年 2 月 11 日。又：「（光緒六年十二月）十四日飯後……竟棄不孝等而長逝矣。」〔註288〕公曆爲 1881 年 1 月 13 日。故可記作【1825～1881】。

10、范本禮（P473）

范本禮字荔泉，號滌新，上海人。光緒十四年（1888）優貢，考取教職。尋入江南製造局翻譯館，又入臺撫邵友濂幕。著有《吳疆域圖說》、《陸戰新法》、《師曾室文集》。《上海求志書院課藝》（丙子夏季）收其文。《年表》據民國《上海縣續志》本傳作【1854～1894】。按本傳：「甲午（1894）七月，聞繼母訃，冒海警歸，以毀卒，年止四十有一。」〔註289〕又，其優貢硃卷：「咸豐甲寅年十一月二十二日吉時生。」〔註290〕其生之日，公曆爲 1855 年 1 月

〔註286〕張集馨《道咸宦海見聞錄》附錄，中華書局 1981 年版，第 488 頁。
〔註287〕《清代硃卷集成》第 396 冊，第 415 頁；第 263 冊，第 99 頁。
〔註288〕《北京圖書館藏珍本年譜叢刊》第 116 冊，第 149、228 頁。
〔註289〕民國《上海縣續志》卷 18《人物》，民國 7 年鉛印本，第 43 頁。
〔註290〕《清代硃卷集成》第 372 冊，第 1 頁。

10 日。故可記作【1855～1894】。

11、易佩紳（P487）

易佩紳字秉良、笏山，號健齋，晚號遯叟，湖南龍陽人。咸豐五年（1855）優貢。考取八旗官學教習，先後充補正藍旗、鑲黃旗教習。八年（1858）順天鄉試中式舉人。從軍，轉戰數千里。同光間官貴州安順知府、貴東道、按察使，山西、四川、江蘇布政使。著有《通鑑觸緒》、《詩義擇從》（皆收入《四庫未收書輯刊》）、《函樓詩鈔》、《詞鈔》、《文鈔》。嘗序《尊經書院初集》。《年表》據《函樓詩鈔・三十有二初度述懷》、《清人詩集敘錄》作【1826～1906】。按，易順鼎《先府君行狀》：「府君以道光六年十二月八日生於縣城之居第。」「以微疾卒，時光緒三十二年七月十二日也。」〔註291〕生日公曆爲 1827 年 1月 5 日。故可記作【1827～1906】。

12、蔣師轍（P754）

蔣師轍字紹由、遯庵，號潁香，上元人。光緒十七年（1891）副貢。遊幕江蘇、山東、臺灣諸省，援例爲安徽知州，歷壽州、鳳陽、桐城、無爲，卒於官。著有《青溪詩存》、《詞存》、《詩話》、《雜記》、《臺遊日記》。《惜陰書院西齋課藝》收其文。《年表》據鄧嘉緝撰墓誌銘作【1847～1904】。按，鄧嘉緝《安徽無爲州知州蔣君墓誌銘》：「以光緒三十年（1904）三月二十七日卒，年五十有八。」未言出生日期。馮煦《安徽無爲州知州蔣君傳》：「君生道光丁未十二月二十一日，卒光緒甲辰（1904）三月二十七日，年五十有八。」〔註292〕其生之日，公曆爲 1848 年 1 月 26 日。故可記作【1848～1904】。

13、程先甲（P768）

程先甲字鼎臣，號一夔，江寧人。光緒十七年（1891）舉人，二十九年（1903）舉經濟特科。歷主江南高等學堂、簡字學堂、國學專修館。著有《千一齋全書》。《鍾山書院乙未課藝》收其文。《年表》據潘宗鼎撰《墓誌銘》作【1871～1932】。按，潘宗鼎《私諡懿文程一夔先生墓誌銘》：「生於同治十年十二月二十五日。」〔註293〕公曆爲 1872 年 2 月 3 日。故可記作【1872～1932】。

〔註291〕《易順鼎詩文集》卷 37，湖南人民出版社 2010 年版，第 1753 頁。

〔註292〕江寧縣文獻委員會編《江寧碑傳初輯》，民國 37 年刊本，第 12、8 頁。

〔註293〕卞孝萱、唐文權編《民國人物碑傳集》卷 7，團結出版社 1995 年版，第 530 頁。

七、公曆農曆轉換中的一種特殊情況

珠卷履歷所記生年可能是官年，故而《年表》以「傳記優先」爲原則，非常合理。不過，珠卷履歷中的出生月份和日期，往往是可信的。在涉及公曆、農曆轉換問題時，出生月份和日期可資參考。

1、任瑑（P161）

任瑑字似莊，號秋田，會稽人。光緒五年（1879）舉人，六年（1880）進士。歷官戶部主事，貴州安平、貴築、遵義知縣，下江廳通判。致仕後掌教龍山書院，又爲紹興中西學堂首任總校。著有《倚舵吟稿》、《聞妙香室刪餘文鈔》。《蕺山書院課藝》收其文。《年表》據任瑑《戊子八月初九日生子》、馬綱章《先友記略》作【1836～1900】。按，其鄉試珠卷：「道光庚子年（1840）十二月初二日吉時生。」〔註294〕珠卷所記生年當是官年，但日期可靠。道光十六年十二月初二日，公曆爲 1837 年 1 月 8 日。又，章景鄂《記紹興中西學堂》：「光緒二十五年（1899）七月」，「總校任秋田先生病故，由蔡總理兼職。」〔註295〕高平叔《蔡元培年譜長編》光緒二十五年（1899）七月廿八日（9 月 2 日）：「與學堂諸教習及諸學生到任宅，公祭總校任秋田。任『於廿二日卒，其恭人以廿三日卒』。（《日記》）」〔註296〕。故可記作【1837～1899】。

2、楊德鑅（P259）

楊德鑅字仲琪，號耀珊，上海人。光緒五年（1879）舉人，十五年（1889）進士。歷官四川三臺知縣、安徽涇縣知縣。《榮珠書院課藝》收其文。《年表》據民國《上海縣志》本傳作【1853～1927】。按，本傳：「民國十六年（1927）年卒，年七十五。」〔註297〕則其生於咸豐三年（1853）。又，其鄉試、會試珠卷：「咸豐乙卯年（1855）十二月二十五日吉時生。」〔註298〕珠卷所記年份當是官年，但日期可靠。可知其生於咸豐三年十二月二十五日，公曆爲 1854 年 1 月 23 日。故可記作【1854～1927】。

〔註294〕《清代珠卷集成》第 268 冊，第 383 頁。
〔註295〕湯志鈞、陳祖恩編《中國近代教育史資料彙編‧戊戌時期教育》，上海教育出版社 1993 年版，第 228 頁。
〔註296〕高平叔《蔡元培年譜長編》上冊，人民教育出版社 1996 年版，第 158 頁。
〔註297〕民國《上海縣志》卷 15《人物下》，《中國地方志集成‧上海府縣志輯 4》，第 257 頁。
〔註298〕《清代珠卷集成》第 167 冊，第 287 頁；第 65 冊，第 437 頁。

3、張鳴珂（P403）

張鳴珂字公束、玉珊，嘉興人。同治四年（1865）拔貢。官江西餘干、上饒、德興知縣。輯有《國朝駢體正宗續編》，著有《說文佚字考》、《寒松閣談藝瑣錄》、《寒松閣詩》、《寒松閣詞》、《寒松閣駢體文》、《疑年賡錄》。《詁經精舍三集》收其文。《年表》據《寒松閣談藝瑣錄》吳受福跋作【1829～1908】。按，《寒松閣談藝瑣錄》自序署「光緒戊申（1908）元夕，寒松老人記於秋涇老圃，時年政八十」。〔註299〕《寒松閣詩》卷首有甲辰（1904）八月「寒松老人七十六歲小影」。〔註300〕可知其生於道光九年（1829）。又，其拔貢硃卷：「道光甲午年（1834）十二月二十日吉時生。」〔註301〕硃卷所記年份當是官年，但日期可靠。則其生於道光九年十二月二十日，公曆爲 1830 年 1 月 14 日。又，《寒松閣談藝瑣錄》吳受福跋：「是書斷手於戊申（1908）之春。……老人旋於是秋返道山矣。」〔註302〕故可記作【1830～1908】。

八、有歧說尚待考訂者

1、劉傳福（P183）

劉傳福字康百，號雅賓，吳縣人。同治三年（1864）副榜，九年（1870）舉人，十三年（1874）進士。歷官編修，武英殿提調官，福建延平知府，四川敘州、綏定知府。後回鄉任蘇州府中學堂監督、蘇州總商會會長。《紫陽書院課藝》收其文。《年表》據會試同年齒錄作【1847～？】。按，《清代人物大事紀年》謂其「道光二十五年（1845）十月初六日生」。〔註303〕

2、許指嚴（P212）

許指嚴名國英，字志毅，號甦齋，別署指嚴、耕硯樓主，武進人。嘗執教於上海南洋公學，繼任商務印書館編輯，編纂中學國文、歷史教科書。南社早期成員。民國初任金陵女子高等師範學校教員，後爲北京財政部秘書。辭官歸上海，賣文爲生。著有《清史講義》、《清鑒易知錄》、《南巡秘記》、《十葉野聞》、《復辟半月記》、《民國十周紀事本末》、《新華秘記》、《民國春秋演義》、《近十年之怪現狀》等，又嘗杜撰《石達開日記》。《龍城書院課藝》收

〔註299〕張鳴珂《寒松閣談藝瑣錄》自序，《清代傳記叢刊》第 74 冊，第 5 頁。
〔註300〕張鳴珂《寒松閣詩》卷首，《清代詩文集彙編》第 710 冊，第 71 頁。
〔註301〕《清代硃卷集成》第 395 冊，第 97 頁。
〔註302〕張鳴珂《寒松閣談藝瑣錄》吳受福跋，《清代傳記叢刊》第 74 冊，第 219 頁。
〔註303〕朱彭壽《清代人物大事紀年》，北京圖書館出版社 2005 年版，第 1349 頁。

其文。《年表》據《中國近現代人物名號大辭典》作【1875～1923】。按，范煙橋《中國小說史》：「（指嚴）中華民國十四年（1925）卒。」〔註304〕鄭逸梅《許指嚴飲酒渡僧橋》：「指嚴於民國十四年（1925）死。」〔註305〕

3、張景祁（P413）

張景祁原名左鉞，字鐵生、蘩甫，號韻梅、玉湖，錢塘人。同治四年（1865）拔貢、舉人，十三年（1874）進士。歷官福建武平、淡水、晉江、連江、仙遊、福安、浦城知縣。著有《擎雅堂詩文集》、《新衡詞》。《東城講舍課藝》、《續編》收其文。《年表》據張景祁《冬月十日為余七十弧辰》詩作【1828～？】。按，《擎雅堂詩》中可推算生年之詩有兩首。《和徐毓才觀察重遊泮水詩十絕句》之十注：「道光甲辰（1844），祁年十五。」又，《冬月十日為余七十五弧辰，家人傳歌稱頌，卻之不獲，席間戲作》作於壬寅年（1902）。〔註306〕分別可算出其生年為道光十年（1830）和道光八年（1828）。又，其會試硃卷：「道光戊戌年（1838）十一月初十日吉時生。」鄉試、拔貢硃卷：「道光庚寅年（1830）十一月初十日吉時生。」〔註307〕會試硃卷所記當為官年，「1830年」與「1828年」之說何者為是，遽難論定。故可記作【1828/1830～？】。

4、陳宧（P432）

陳宧原名寬培，字養鉐，號二庵，安陸人。肄業安陸漢東書院、武昌經心書院、湖北武備學堂。光緒二十三年（1897）拔貢。民國間歷任參謀次長、四川成武將軍兼巡按使。晚年隱居。著有《念園詩詞稿》。《經心書院續集》收其文。《年表》據鄧之誠撰《傳》作【1869～1939】。按，鄧之誠《陳二庵將軍小傳》：「己卯（1939）十月，竟以憂卒，年七十。」〔註308〕鄧與陳為摯友，所記可信。《年表》前言：「我們在推算人物年齡時，如原文獻沒有特別說明，則通常以虛齡相計。」若據此通則，其生年當記為同治九年（1870）。按陳宧之生年，歷來有二說。如《辭海》作「1869年」，《安陸近現代人物傳》

〔註304〕范煙橋《中國小說史》，蘇州秋葉社民國16年版，第265頁。
〔註305〕鄭逸梅《逸梅札記》，齊魯書社1985年版，第35頁。
〔註306〕張景祁《擎雅堂詩》卷9、卷11，《北京師範大學圖書館藏稀見清人別集叢刊》第28冊，第83、104頁。
〔註307〕《清代硃卷集成》第37冊，第369頁；第250冊，第219頁；第395冊，第71頁。
〔註308〕《陳宧研究資料》，安陸市政協文史資料委員會1987年印行，第2頁。

謂其「1870 年 3 月 16 日生」。〔註309〕何者爲是，難以遽斷。又，其履歷謂宣統二年（1910），「現年三十八歲」〔註310〕，當係官年。

5、鄭維翰（P526）

鄭維翰字季申，江寧人。光緒八年（1882）舉人，十五年（1889）進士。官浙江知縣。著有《心園集》。《惜陰書院西齋課藝》、《尊經書院課藝四刻》、《尊經書院五集課藝》收其文。《年表》據會試同年齒錄作【1850～？】。按，《秦淮志》：「（李廷簫）乃批謂查該舉人降生之歲，即本府南宮上第之年。即以行輩論，亦應服從勸告云云。蓋李爲咸豐癸丑（1853）進士，而季申實以是歲生。」〔註311〕據此其生年當爲咸豐三年（1853）。

6、袁寶璜（P607）

袁寶璜字珍夏，號渭漁、寄蝡、環禹，元和人。光緒八年（1882）舉人，十八年（1892）進士。官刑部主事。歸主蘇州學古堂。著有《袁氏藝文金石錄》、《寄蝡廬詩文集》。《正誼書院課選二集》、《三集》、《紫陽書院課藝》、《續編》、《三編》、《五編》、《九編》、《十一編》收其文。《年表》據會試硃卷履歷、《寄蝡詩集》張一麐序作【1846～1897】，注：「袁寶璜卒年，鄭偉章《文獻家通考》作光緒二十二年十二月二十一日，公曆爲 1897 年 1 月 23 日。」按，袁文鳳等《清賜進士出身誥授中憲大夫環禹府君行述》：「府君卒於光緒丙申（1896）十一月十四日，距生於道光丙午（1846）十月二十三日，享年五十有一。」〔註312〕所記卒日不同，無需轉換陰曆和公曆。

九、知其有誤尚待確考者

1、許振礽（P212）

許振礽字祐人，號雲生，奉新人。道光十九年（1839）舉人，二十年（1840）進士。官編修。《年表》據會試硃卷記作【1817～？】，《清代詩文集彙編·經進文稿偶存》「作者小傳」亦從《年表》。按，其優貢硃卷：「嘉慶甲戌年（1814）二月十二日吉時生。」會試硃卷：「嘉慶丁丑年（1817）二月十二日吉時生。」

〔註309〕《辭海·歷史分冊·中國近代史》（修訂稿），上海辭書出版社 1979 年版，第 108 頁；劉厚中主編《安陸近現代人物傳》，中國文史出版社 1991 年版，第 106 頁。

〔註310〕《清代官員履歷檔案全編》第 8 冊，第 560 頁。

〔註311〕夏仁虎《秦淮志》卷 5《人物志》，南京出版社 2006 年版，第 36 頁。

〔註312〕于純一輯注《蘇州墓誌銘彙輯》，《蘇州史志資料選輯》第 36 輯。

〔註313〕又，李壽蓉輓聯注：「許雲生學士，江西人，卒年八十五。」〔註314〕
以兩份硃卷推之，許振礽的生卒年分別為「1814～1898」和「1817～1901」。
然李壽蓉的生卒年，《李壽蓉集》前言作「1825～1895」，《年表》作「1825～
1894」。李必卒於許之後，則兩份硃卷所記皆為官年。

2、林壽圖（P479）

林壽圖初名英奇，字恭三、穎叔，號歐齋，閩縣人。道光二十三年（1843）
鄉試亞元，二十五年（1845）進士。官至山西布政使，歷主鍾山、鼈峰、致
用書院。著有《黃鵠山人詩初鈔》。《年表》據民國《閩侯縣志》本傳作【1809
～1885】。持此說者頗多，如《福建省志·人物志》、《福州歷史人物》第7輯、
《林壽圖研究》。〔註315〕按，民國《閩侯縣志》本傳：「乙酉（1885）和議成，
奉旨送部引見，病不赴卒年七十有七。」〔註316〕句讀、標點不同（「乙酉和議
成，奉旨送部引見，病不赴。卒年七十有七」，或「乙酉和議成，奉旨送部引
見，病不赴，卒，年七十有七」），將影響對其卒年的判斷（據前一種句讀，
不能定其卒年在 1885 年）。又，謝章鋌《賞四品頂戴團練大臣前陝西山西布
政使林公墓誌銘》亦謂其「得壽七十有七」，但未言年份。〔註317〕按，《致用
書院文集（光緒丁亥）》收錄光緒十三年（1887）課藝，其中有林壽圖和謝章
鋌擬作各一篇；又，林壽圖子林師尚，光緒二十年（1894）中式優貢，其硃
卷履歷填「嚴侍下」。〔註318〕可知 1887 年、1894 年林壽圖尚在世，卒於乙酉
（1885）之說顯誤。又，《清代人物大事紀年》記作【1823～1899】，《近代詩
鈔》記作【1821～1897】。〔註319〕未知何據，或有一是歟？

3、周恒祺（P514）

周恒祺字子維，號福皆、福陔，黃陂人。道光二十六年（1846）舉人，

〔註313〕《清代硃卷集成》第 378 冊，第 391 頁；第 11 冊，第 237 頁。

〔註314〕《李壽蓉集》附錄《輓聯》，嶽麓書社 2011 年版，第 497 頁。

〔註315〕《福建省志·人物志（上）》，中國社會科學出版社 2003 年版，第 316 頁；《福
州歷史人物》第 7 輯，福州市委宣傳部、市社會科學所編印行，第 49 頁；陳
晶晶《林壽圖研究》，福建師範大學 2011 年碩士論文。

〔註316〕民國《閩侯縣志》卷 68《列傳五上》，民國 22 年刻本，第 25 頁。

〔註317〕謝章鋌《賭棋山莊所著書》文又續集卷 2，《續修四庫全書》第 1545 冊，第
430 頁。

〔註318〕《清代硃卷集成》第 380 冊，第 370 頁。

〔註319〕朱彭壽《清代人物大事紀年》，北京圖書館出版社 2005 年，第 1185 頁；錢仲
聯編《近代詩鈔》，江蘇古籍出版社 1993 年版，第 479 頁。

咸豐二年（1852）進士。選庶吉士，授編修。歷官山西道、京畿道監察御史，工科給事中，山東督糧道、鹽運使、按察使，廣東按察使，福建、直隸布政使，山東巡撫，漕運總督。光緒八年（1882）致仕回籍，終老武昌。嘗主江漢書院，選編《江漢書院課藝》。《年表》據會試同年齒錄作【1826～？】。按，其生卒年，各家記載多有不同。任寶禎《周恒祺主政山東二三事》作「1824～1894」〔註320〕，裴高才《瞿秋白在黃陂的詩情畫意》作「1822～1892」〔註321〕，未知何據。又按，文廷式《知過軒譚屑》：「大臣在朝〔位〕者，近日耆老頗多，余爲略記其年，其足當老成碩望與否，後世自有定論，余不必言也。癸巳（1893）三月朔日，……漕運總督周恒祺年七十餘。（癸巳二月記）」〔註322〕據此其生當在道光四年（1824）以前，會試同年齒錄所記爲官年。又，其曾孫周君適《周恒祺事略》：「周恒祺隱退約十年，病逝於武昌（約1892），享年七十歲。」「以上事略，係我幼年聞自先父福孫公口述或故老傳聞，茲就回憶所及，作如上記述，事迹僅存梗慨；歷官年份和生卒歲月，亦不能悉記。」〔註323〕據此其生年約爲道光三年（1823），與文廷式所言相合。

4、徐鑒（P641）

徐鑒更名銑，字臨川，號鑒人，江寧人。嘉慶十二年（1807）優貢，十三年（1808）舉人。十六年（1811）會試中式，十九年（1814）補殿試，成進士。《鍾山尊經書院課藝合編》收其文。《年表》據會試同年齒錄作【1781～？】。按，《金陵文徵小傳彙刊》：「甲戌（1814）補行殿試，授庶吉士。……未散館即棄世，卒年僅三十有九。」〔註324〕結合同年錄所記生年，可記作「1781～1819」。然其選庶吉士在1814年，去世在1819年，五年時間仍未散館，與常態不合。故疑「1781年」爲官年。

5、諸可炘（P682）

諸可炘原名可興，字起齋，號又塍，錢塘人。同治四年（1865）舉人，

〔註320〕任寶禎《山東封疆大吏》，濟南出版社2010年版，第72頁。
〔註321〕裴高才等《無陂不成鎮・名流百年》，長江出版社2009年版，第15頁。
〔註322〕王爾敏提供、陳絳點注《文廷式〈知過軒譚屑〉》，《近代中國》第18輯，上海社會科學院出版社2008年版，第447頁。
〔註323〕《黃陂文史》第1輯，黃陂縣政協文史委1988年印行，第95頁。
〔註324〕張熙亭等《金陵文徵小傳彙刊》，《中國古代地方人物傳記彙編》第16冊，第520頁。

十三年（1874）進士。官編修。《學海堂課藝》、《續編》收其文。《年表》據會試同年齒錄作【1846～？】。按，其會試硃卷履歷寫明：「胞弟可寶」。〔註 325〕《年表》著錄諸可寶生卒年爲「1845～1903」，經覈其他資料，知所記不誤。則諸可炘之生年必早於 1845 年。

十、重出者

1、李安（P260）、李審之（P286）

《年表》一據會試硃卷作【1859～？】，注：「生於咸豐八年十二月十四日，公曆爲 1859 年 1 月 17 日。」一據《江蘇藝文志・南通卷》作【？～1909】。按，李安，改名審之，字少伯、楗庵，號磐碩，通州人。光緒十一年（1885）拔貢，十五年（1889）舉人，十六年（1890）進士。歷官戶部陝西司主事、總理各國事務衙門章京、外交部主事、儲材館提調。後主鶴城書院。著有《草堂詩》、《養眞草》、《詠史五排》、《南遊草》。《南菁講舍文集》收其文。其生年，拔貢、鄉試硃卷皆作：「咸豐甲寅年十二月十四日吉時生。」公曆爲 1855 年 1 月 31 日。可依「早歲優先」的原則著錄。又，《江蘇藝文志・南通卷》所定卒年，似據民國《南通縣圖志》本傳：「宣統元年（1909）卒。」〔註 326〕按張謇《日記》光緒三十四年（1908）八月九日：「聞李磐碩即世之耗。」二十六日：「作磐碩輓聯。」九月十一日：「弔磐碩之喪。」〔註 327〕可知《南通縣圖志》本傳所記有誤。故可記作【1855～1908】。

2、吳丙湘（P311）

吳丙湘原名進泉，字次瀟、瀟碧，號滇生、瘦梅，儀徵人。光緒十四年（1888）舉人，明年會試中式，十六年（1890）補殿試，成進士。官至山東巡警道、河南候補道。著有《瘦梅花館詩文詞集》。《安定書院小課二集》、《梅花書院課藝三集》收其文。《年表》著錄兩次，一作【1850～1896】，一作【1853～？】。前者爲是。

3、陳文杰（P440）、陳文述（P440）

《年表》分別據《浙江人物簡志》和《疑年錄彙編》作【1771～1843】

〔註 325〕《清代硃卷集成》第 36 冊，第 360 頁。
〔註 326〕民國《南通縣圖志》卷 19《列傳一》，《中國地方志集成・江蘇府縣志輯 53》，第 226 頁。
〔註 327〕《張謇全集》第 6 卷《日記》，江蘇古籍出版社 1994 年版，第 604 頁。

和【1771～1823】（後者係筆誤，誤將道光二十三年記作 1823）。按，陳文杰，改名文述，字雋甫，號雲伯，錢塘人。嘉慶五年（1800）舉人。歷官常熟、寶山、奉賢、崇明、江都、繁昌知縣。著有《頤道堂詩文集》、《碧城仙館詩鈔》、《西泠懷古集》、《西泠仙詠》、《西泠閨詠》。《詁經精舍文集》收其文。

十一、今人有著錄者

1、仇繼恒（P77）

仇繼恒號淶之，晚號贅叟，上元人。光緒八年（1882）舉人，十二年（1886）進士。官戶部主事，陝西城固、鳳縣、合陽知縣，陝西省第一所高等學堂監督，江蘇諮議局議員、副議長。民國間任南京工程局長、農會會長。著有《陝境漢江流域貿易表》。《尊經書院課藝四刻》、《五刻》收其文。《年表》據會試同年錄作【1859～？】。按，《秦淮志》：「年八十，重遊泮水。」〔註328〕若其生於 1859 年，則 1938 年八十歲，尚在世。然《吳梅年譜》1936 年 1 月：「2 日作五律《挽仇淶之》二首。」〔註329〕可知《年表》所記爲官年。又，《韓國鈞朋僚函箚名人墨迹》、《國學家夏仁虎》記作【1855～1935】。〔註330〕

2、孔繼勳（P95）

孔繼勳字開文，號熾亭，一作熾庭，南海人。嘉慶二十三年（1818）舉人，道光十三年（1833）進士。選庶吉士，散館授編修。《年表》據道光《南海縣志》本傳作【？～1842】。按，《廣州市文物普查彙編·白雲山卷》記作【1792～1842】。〔註331〕

3、葉琚（P107）

葉琚字伯華，號白華、訒齋，桐城人。道光十五年（1835）進士。《年表》據會試同年錄作【1798～？】，注云：「生於嘉慶二年十二月二十九日，公曆

〔註328〕夏仁虎《秦淮志》卷 5《人物志》，南京出版社 2006 年版，第 37 頁。

〔註329〕王衛民《吳梅評傳》附錄，社會科學文獻出版社 1995 年版，第 260 頁。

〔註330〕江蘇省檔案館編《韓國鈞朋僚函箚名人墨迹》，東南大學出版社 2006 年版，第 46 頁；王景山編《國學家夏仁虎》，浙江文藝出版社 2009 年版，第 272 頁。

〔註331〕陳建華主編《廣州市文物普查彙編·白雲山卷》，廣州出版社 2008 年版，第 255 頁。

爲 1798 年 2 月 4 日。」按，張劍先生據翁心存日記查知，葉琚卒於道光十七年（1837）二月四日。〔註332〕故可記作【1798～1837】。

4、朱壽保（P148）

朱壽保字眉山，辛亥後更名潛屏，富陽人。光緒五年（1879）舉人，九年（1883）進士。歷官溫州府學教授、商會總理。嘗主中山書院。著有《富陽縣縣志補正》、《富陽縣新舊志校記》。《東城講舍課藝續編》收其文。《年表》據會試同年錄作【1854～？】。按，《浙江古今人物大辭典》記作【1851～1920】。〔註333〕

5、朱懷新（P150）

朱懷新字亦甫，號苗孫，義烏人。同治九年（1870）舉人，光緒十五年進士。官工部主事，廣東順德、鎮平知縣。《詁經精舍三集》收其文。《年表》據會試同年錄作【1850～？】。按，《直臣名師：朱一新傳》記作【1850～1898】。〔註334〕

6、伍元芝（P159）

伍元芝字蘭蓀，號忻甫，上元人。光緒十五年（1889）舉人，十八年（1892）進士。歷官內閣中書、主事、浙江武備學堂首任總辦。民國間入清史館，任文牘科長。《尊經書院課藝五刻》、《六刻》收其文。《年表》據會試硃卷作【1865～？】。按，楊大業《明清回族進士考略》據伍氏哲嗣伍崇經所提供的材料記作【1865～1923】。〔註335〕

7、楊晨（P242）

楊晨字蓉初、定孚，晚號月河漁隱，黃岩人。同治四年（1865）舉人，光緒三年（1877）進士。歷官編修，山東道、江南道、四川道監察御史，工部給事中，刑部掌印給事中。歸里後創辦越東公司，任黃岩縣議會長。著有《詩考補訂》、《三國會要》、《定興縣志》、《臨海縣志稿》、《路橋志略》、《崇

〔註332〕張劍《翁心存日記及其歷史文化價值》，《中國典籍與文化》2011 年第 2 期，第 97 頁。

〔註333〕單錦珩總主編《浙江古今人物大辭典》下編，江西人民出版社 1998 年版，第 166 頁。

〔註334〕朱荃宜等《直臣名師：朱一新傳》，浙江人民出版社 2008 年版，第 239 頁。

〔註335〕《商鴻逵教授逝世十週年紀念論文集》，北京大學出版社 1995 年版，第 113 頁。

雅堂文稿》、《詩稿》。《學海堂課藝》、《續編》收其文。《年表》據《中國歷代人物年譜考錄》作【1845～1903】。潘樹廣先生辨其誤，謂當是【1845～1922】。〔註336〕

8、楊介康（P246）

楊介康字伯臧，號少麓、邵菉，沔陽人。光緒十五年（1889）舉人，十八年進士。官廣東鶴山、新會知縣，湖南候補道、巡警道。著有《爾雅郝疏補證》、《宗經室文集》。《經心書院集》收其文。《年表》據會試硃卷作【1862～？】。《湖北省志人物志稿》記作【1862～1945】。〔註337〕

9、李心地（P273）

李心地字平存，號山傭，沔陽人，回族。光緒十五年（1889）舉人，十八年（1892）進士。官兵部主事。著有《歷代帝王世系表》、《說文部首注釋》、《沔陽州志舉正》。《經心書院集》收其文。《年表》據會試同年錄作【1856～？】。《中國回族大辭典》、《湖北回族》、《明清回族進士考略（七）》皆記作【1852～1931】。〔註338〕

10、吳翊寅（P321）

吳翊寅字孟韭，號撝荓、悔庵，陽湖人。光緒十七年（1891）舉人。官廣東知縣。著有《易漢學考》、《易漢學師承表》、《周易消息升降爻例》、《曼陀羅花室集》、《遁庵言事集》、《清溪惆悵集》。與屠寄同輯《常州駢體文錄》。《南菁講舍文集》收其文。《年表》據《曼陀羅花室集》自序作【1852～？】。《常州市志》記作【1852～1910】。〔註339〕

11、張濬（P385）

張濬字子遠，黃岩人。嘗主九峰精舍。著有《鎔經室集》。《詁經精舍三集》、《四集》收其文。《年表》據張濬《和吳雨田七秩感懷原韻》作【1843～？】。按，《清人詩文集總目提要》作【1843～1917】。〔註340〕

〔註336〕潘樹廣《學林漫筆》，東南大學出版社 2002 年版，第 272 頁。
〔註337〕《湖北省志人物志稿》卷 4，光明日報出版社 1989 年版，第 1822 頁。
〔註338〕楊惠雲主編《中國回族大辭典》，上海辭書出版社 1993 年版，第 540 頁；答振益《湖北回族》，中央民族學院出版社 1993 年版，第 191 頁；楊大業《明清回族進士考略（七）》，《回族研究》2006 年第 4 期，第 104 頁。
〔註339〕《常州市志》第 3 冊，中國社會科學出版社 1995 年版，第 921 頁。
〔註340〕柯愈春《清人詩文集總目提要》，北京古籍出版社 2002 年版，第 1772 頁。

12、林志烜（P480）

林志烜字仲樞、儀正，號籀庵，閩縣人。光緒二十九年（1903）解元，三十年（1904）進士。官編修。晚年供職於商務印書館。《致用書院文集》收其文。《年表》據會試同年錄記作【1878～？】。按，《中國歷代藏書家辭典》謂其「卒年七十二」。《上海近百年詩詞選》記作【1874～？】。《百年閩詩》、《福建人名志》作【1878～1949】。〔註341〕

13、林嵩堯（P482）

林嵩堯原名廷彥，字粲英，號餐英，鎮海人。同治六年（1867）舉人，光緒二年（1876）進士。歷官江西宜黃、吉水、萬載知縣。著有《雲臥樓詩鈔》。《學海堂課藝三編》收其文。《年表》據會試同年錄作【1835～？】。按，《四明書畫家傳》作【1827～1900後】。〔註342〕

14、周葆貽（P516）

周葆貽字企言，武進人。曾在上海哈同花園明智女校任管理，在奉賢沙田局任主事。民國間歷任武進女子師範、私立常州中學教職，創辦存粹專修學校。晚年主持蘭社。著有《怡庵詩葺》、《企言詩存》、《詞存》、《隨筆》，輯有《詩經全部分類集對》。《龍城書院課藝》收其文。《年表》據《企言詩存》自序作【1868～？】。《天寧區志》作【1868～1937】。《百歲學人周有光的青少年時代》作【1868～1938】。〔註343〕

15、秦毓鈞（P602）

秦毓鈞字祖同，號平甫、一鳴，無錫人。諸生。歷任《申報》、《時報》、《亞洲日報》主筆，中國圖書公司編輯、《錫報》總編、《無錫新聞》報社長兼主筆、無錫縣圖書館館長、歷史博物館館長。《南菁文鈔三集》收其文。《年表》據《錫山秦氏宗譜》作【1873～？】。秦寅源《秦毓鈞生平考略》：「同治十二年（1873）三月二十三日生」，「民國三十一年（1942）八月七日舊病復

〔註341〕王河主編《中國歷代藏書家辭典》，同濟大學出版社1991年版，第262頁；上海詩詞學會「詩選」編委會編《上海近百年詩詞選》，百家出版社1996年版，第59頁；福建省文史研究館編《百年閩詩》，海風出版社2004年版，第203頁；張天祿主編《福州人名志》，海潮攝影藝術出版社2007年版，第276頁。
〔註342〕洪可堯主編《四明書畫家傳》，寧波出版社2005年版，第202頁。
〔註343〕《天寧區志》第30章《人物》，方志出版社2003年版，第834頁；周有光、田海英《百歲學人周有光的青少年時代》，《名人傳記》2011年第1期上半月，第6頁。

發去世，終年 70 歲。」〔註344〕故可記作【1873～1942】。

16、夏啟瑞（P616）

夏啓瑞字仲珪，號祥甫，鄞縣人。光緒二十八年（1902）舉人，二十九年（1903）進士。官刑部主事、江蘇沭陽知縣。寧波光復時爲民團總董。《崇實書院課藝》收其文。《年表》據會試硃卷作【1871～？】。按，《四明書畫家傳》作【1869～1930】。〔註345〕

17、顧槐三（P626）

顧槐三字秋碧，上元人。諸生。著有《燃松閣集》、《補後漢書藝文志》。《鍾山尊經書院課藝合編》、《補編》收其文。《年表》據《江蘇藝文志・南京卷》作【？～1853】。按，《清人詩文集總目提要》：「槐三生於乾隆五十年（1785），卒於咸豐三年（1853）。」〔註346〕

18、郭柏蔭（P671）

郭柏蔭字遠堂，侯官人。道光八年（1828）舉人，十二年（1832）進士。歷官編修、御史、給事中、主事、江蘇布政使、湖廣總督。主清源、玉屏、紫陽、鼇峰書院。著有《天開圖畫樓文稿》、《變雅斷章演義》、《嚟嚟言》、《續嚟嚟言》。嘗序《鼇峰課藝初編》。《年表》據《清史列傳》本傳記作【？～1884】。按，《福州歷史人物》第 8 輯、《福建省志・人物志》皆記作【1807～1884】。〔註347〕前者注明所據爲《福州郭氏支譜》。

19、陶世鳳（P685）

陶世鳳字端一，號端翼，金匱人。光緒十五年（1889）舉人，二十年（1894）進士。官兵部主事，改吏部，旋調度支部，兼任蒙養院國文教員。歸主東林書院，書院改學堂後任總理。《毘陵課藝》收其文。《年表》據錢海嶽《海嶽文編》陶世鳳序作【1852～？】。按，《中國近現代人物名號大辭典（續編）》記作【1852～1933】。〔註348〕

〔註344〕《無錫文史資料》第 22 輯，無錫市政協文史委 1990 年印行，第 59、68 頁。
〔註345〕洪可堯主編《四明書畫家傳》，寧波出版社 2005 年版，第 272 頁。
〔註346〕柯愈春《清人詩文集總目提要》，北京古籍出版社 2002 年版，第 1196 頁。
〔註347〕《福州歷史人物》第 8 輯，福州市委宣傳部、市社會科學所印行，第 75 頁；《福建省志・人物志（上）》，中國社會科學出版社 2003 年版，第 473 頁。
〔註348〕陳玉堂《中國近現代人物名號大辭典（續編）》，浙江古籍出版社 2001 年版，第 272 頁。

20、龔啓芝（P717）

龔啓芝字秋皋，號鶴田，東陽人。光緒二年（1876）舉人，二十年（1894）進士。官刑部主事。晚主金華麗正書院。著有《三秀草堂詩稿》。《詁經精舍四集》收其文。《年表》據會試硃卷作【1845～？】。按，《東陽名人》記作【1845～1904】。〔註349〕

21、彭泰士（P745）

彭泰士字魯瞻，號頡林，長洲人。光緒八年（1882）舉人，二十四年（1898）進士。官戶部主事、四川內江知縣。《紫陽書院課藝十五編》、《十六編》、《十七編》收其文。《年表》據會試硃卷作【1861～？】。按，《蘇州名門望族》記作【1861～1907】。〔註350〕

22、葛詠裳（P746）

葛詠裳字逸仙、叔霓，臨海人。同治九年（1870）舉人，光緒六年（1880）進士。官兵部主事、員外郎，後主臨海東湖書院。著有《輶囊叢稿》。《詁經精舍三集》、《四集》、《學海堂課藝續編》收其文。《年表》據會試同年錄作【1849～？】。按，胡平法《晚清臨海葛詠裳憶綠陰室藏書考略》記作【1843～1905】。〔註351〕

23、蔣其章（P756）

蔣其章字子相，一作子湘、芷湘，號公質，錢塘人。同治九年（1870）舉人，光緒三年（1877）進士。《申報》館首任主筆。官敦煌知縣。著有《澤古堂集》，輯有《文苑菁華》。《詁經精舍三集》、《東城講舍課藝續編》收其文。《年表》據會試硃卷作【1842～？】。按，鄔國義先生考證，其卒於光緒十八年（1892）正月十五日。〔註352〕

24、程宗伊（P770）

程宗伊字學川，號昂程，海鹽人。光緒二十九年（1903）舉人，三十年（1904）進士。官編修。嘗赴日本學習法政。著有《春風草堂駢體文》、《亦

〔註349〕東陽市方志辦、歷史文化研究會編《東陽名人》上冊，西泠印社 2012 年版。
〔註350〕張學群等《蘇州名門望族》，廣陵書社 2006 年版，第 239 頁。
〔註351〕胡平法《晚清臨海葛詠裳憶綠陰室藏書考略》，《台州學院學報》2010 年第 4
　　　　期，第 23 頁。
〔註352〕鄔國義《〈申報〉館第一任主筆蔣其章卒年及其他》，《華東師範大學學報》哲
　　　　社版 2011 年第 1 期，第 90 頁。

勉行堂詩文集》、《遼金元地理今釋》。《學海堂課藝七編》收其文。《年表》據
會試同年錄作【1870～？】。按，《中國近現代人物名號大辭典（續編)》記作
【？～1942，一作 1940】。〔註353〕

25、樊恭煦（P824）

樊恭煦原名恭和，字園孫、覺先，號介軒，仁和人。同治元年（1862）
舉人，十年（1871）進士。歷官編修、國史館纂修、陝西學政、右春坊右贊
善、左春坊左贊善、右春坊右中允、左春坊左中允、日講起居注官、翰林院
侍講、會典館總纂、廣東學政、咸安宮總裁、江蘇提學使。歸里後為杭州商
務總會首任總理。《學海堂課藝》收其文。《年表》據會試硃卷作【1845～？】。
按，《中國近現代人物名號大辭典（續編)》記作【？～1914】。〔註354〕

〔註353〕陳玉堂《中國近現代人物名號大辭典（續編)》，浙江古籍出版社 2001 年版，
第 308 頁。

〔註354〕陳玉堂《中國近現代人物名號大辭典（續編)》，浙江古籍出版社 2001 年版，
第 331 頁。

江浙書院課藝總集所見小說戲曲作家及相關人物

現存清代江浙書院課藝總集至少有 139 種，涉及編者、作者約三萬餘人。就書院人物研究而言，課藝總集對於考察人物生平、師承、交遊、著述皆有史料價值，不僅可以為別集提供輯佚和校勘資料，更重要的是留存了清代士人在特定階段的創作實踐。這些課藝編者、作者當中，有不少人寫過小說、戲曲，或者是作品的人物原型，或者與小說戲曲作家有些聯繫。茲就筆者初步考察，撰寫札記數則，以期對清代小說、戲曲史料的拓展小有助益。

一、見於浙江書院課藝總集者

1、杭州府：詁經精舍、學海堂、紫陽書院、崇文書院

（1）查揆

《詁經精舍文集》（嘉慶六年刊，阮元編）錄其課藝 14 篇，題如《擬西湖新建白蘇二公祠碑銘》、《西漢定陶恭王陵鼎歌》、《武陵漁人誤入桃花源贈隱者》。查揆（1770～1834），又名初揆，字伯葵，號梅史，海寧人。嘉慶九年（1804）舉人。由實錄館議敘知縣，分發安徽。丁父憂歸，服除歷署巢縣、懷遠、宣城。丁母憂，服除改直隸，歷署永年、饒陽、肥鄉，擢灤州知州，卒於官。著有《篔谷文鈔》十二卷、《詩鈔》二十卷、《菽原詞》。〔註 1〕他有

〔註 1〕《清史列傳》卷 71《文苑傳二》，《清代傳記叢刊》第 104 冊，第 832 頁；民國《杭州府志》卷 137《仕績六》，《中國方志叢書・華中地方》第 119 號，第 2618 頁。

《桃花影》傳奇，又曾與陳文述合撰《影梅庵》傳奇。〔註2〕

（2）黃憲清

《詁經精舍續集》（道光二十二年刊，同治十二年重刊，羅文俊編）錄其課藝 1 篇，題爲《擬郭景純遊仙詩》。黃憲清（1805～1864），改名燮清，字韻珊、蘊山、韻甫，海鹽人。道光十五年（1835）舉人。六應會試不第，充實錄館謄錄。用爲湖北知縣，病不之官。自是怡情山水，與里中名士唱和。咸豐十一年（1861）海鹽城陷，乃赴湖北，歷官宜都、松滋知縣。卒於武昌。著有《倚晴樓詩集》十六卷、《詩餘》四卷，輯有《國朝詞綜續編》二十四卷。〔註3〕他有《倚晴樓七種曲》，爲清代傳奇名著。

（3）蔣其章

《詁經精舍三集》（同治五年至九年刊，俞樾編）錄其課藝 2 篇，題爲《玉帶生賦》、《南屛山謁張忠烈公墓》（五排一百韻）；《崇文書院課藝續編》（同治七年刊，薛時雨編）錄其四書文 1 篇；《東城講舍課藝續編》（同治十三年編，陳魯序）錄其賦 1 篇，題爲《茉莒賦》，詩 2 篇，題爲《貝葉經歌》、《闔廬探梅》。蔣其章（1842～1892），字子相，一作子湘、芷湘，號公質，錢塘人。肄業杭州詁經精舍、東城講舍、敷文書院、崇文書院、紫陽書院以及上海敬業書院。同治九年（1870）鄉試舉人，光緒三年（1877）進士。〔註4〕《申報》館首任主筆，官敦煌知縣，後幕遊濟南。著有《澤古堂集》，輯有《文苑菁華》。他譯有《昕夕閒談》，爲中國第一部翻譯小說。鄔國義先生、邵志擇先生有文詳考其生平〔註5〕，然皆未述及早歲書院經歷。

（4）何鏞

《詁經精舍三集》（同治五年至九年刊，俞樾編）錄其課藝 2 篇。何鏞，一作何墉，字桂笙，號高昌寒食生，山陰人。同治七年（1868）在詁經精舍肄業半載。曾任《申報》主筆。精音律，善鼓琴。著有《一二六存稿》、《瑂玞山房紅樓夢詞》、雜劇《乘龍佳話》。〔註6〕光緒七年（1881）序俞樾《薈萃編》。

〔註2〕陸萼庭《清代戲曲家叢考·曲目拾遺》，學林出版社 1995 年版，第 340 頁。

〔註3〕陸萼庭《清代戲曲家叢考·黃燮清年譜》，學林出版社 1995 年版，第 117 頁。

〔註4〕《清代硃卷集成》第 258 冊，第 39 頁；第 42 冊，第 327 頁。

〔註5〕鄔國義《〈申報〉館第一任主筆蔣其章卒年及其他》，《華東師範大學學報》（哲社版）2011 年第 1 期，第 90 頁；邵志擇《〈申報〉第一任主筆蔣芷湘考略》，《新聞與傳播研究》2008 年第 5 期，第 55 頁。

〔註6〕王文章主編《傳惜華藏古典戲曲珍本叢刊提要》，學苑出版社 2010 年版，第

十二年（1886）序《詳注聊齋誌異圖詠》。〔註7〕

（5）章紹齡

《敷文書院課藝二集》（光緒四年刊行，周學濬編）錄其課藝2篇。章紹齡（1853～1916）〔註8〕，字夢香，會稽人，修黼（字菊仙）族侄，琢其（1871～？）族兄。嘗幕遊吳中，詩才壓倒大江南北，後養病田園。著有《黑甜吟稿》，集內收錄《紅樓夢題詞三十首》。〔註9〕

（6）葉景范

《紫陽書院課藝六集》（光緒十一年刊，吳超、許郊編）錄其課藝1篇。葉景范，字少吾，筆名沈希淵、浪蕩男兒，杭縣人。曾任甘肅省實業廳廳長。著有小說《上海之維新黨》。〔註10〕

（7）張長

《崇文書院課藝九集》（光緒十七年刊，馬傳煦編）錄其課藝 1 篇，《崇文書院十集》（光緒二十年刊，翁燾編）錄其課藝1篇。張長更名一鳴，字洗桐、心蕪，別署湘靈子、桐花館主，桐鄉人。南社成員。著有《洗桐隨筆》、傳奇《軒亭冤》、時調新戲《斬秋瑾》。〔註11〕

（8）陳乃賡

《學海堂課藝七編》（光緒十七年刊，陸廷黻、楊文瑩編）錄其課藝1篇。《學海堂課藝八編》（光緒二十年刊，楊文瑩編）錄其課藝2篇。陳乃賡（1866～1902）〔註12〕，字公敫，號虞臣、萸紉，別署愚陳，海寧人。肄業詁經精

293 頁：一粟編《古典文學研究資料彙編・紅樓夢卷》，中華書局 1963 年版，第 527 頁。

〔註7〕俞樾《薈萃編》卷首，江蘇廣陵古籍刻印社《筆記小說大觀》第 26 冊，第 74頁：朱一玄編《聊齋誌異資料彙編》，南開大學出版社 2002 年版，第 322 頁。

〔註8〕生卒年據江慶柏《清代人物生卒年表》，人民文學出版社 2005 年版，第 729 頁。

〔註9〕李靈年、楊忠主編《清人別集總目》，安徽教育出版社 2000 年版，第 2118 頁；章琢其題詞、寶銓序、章紹齡《癸酉人日偕族叔菊仙孝廉赴西泠讀書》，《黑甜吟稿》卷首、第 1 頁、卷末，民國 6 年鉛印本。

〔註10〕陳玉堂《中國近現代人物名號大辭典（全編增訂本）》，浙江古籍出版社 2005年版，第 155 頁；劉壽林編《辛亥以後十七年職官年表》，《近代中國史料叢刊續編》第 5 輯，第 606 頁；阿英編《晚清小說史》，作家出版社 1955 年版，第 87 頁。

〔註11〕梁淑安主編《中國文學家大辭典・近代卷》，中華書局 1997 年版，第 213 頁。

〔註12〕生卒年據江慶柏《清代人物生卒年表》，人民文學出版社 2005 年版，第 437頁：民國《海寧州志稿》本傳謂其卒年三十四。

舍。光緒十五年（1889）舉人。十八年（1892）進士，授刑部主事。二十二年（1896）丁憂回籍，遂絕意仕進。爲文哀感頑豔，尤長於詞曲。著有《黃堂夢傳奇》八卷。〔註 13〕

（9）陸恩煦

《紫陽書院課藝八集》（光緒十八年編，吳超編）錄其課藝 1 篇。陸恩煦，字采臣，錢塘人。著有傳奇《朝鮮李範晉殉國》、雜劇《血手印》。〔註 14〕

（10）鍾駿文

《紫陽書院課藝九集》（光緒二十年刊，王同編）錄其課藝 5 篇。《崇文書院十集》（光緒二十年刊，翁燾編）錄其課藝 5 篇。鍾駿文（1865～？），字八銘，筆名寅半生，蕭山人，觀豫（？～1894）子。諸生。八應秋試，六次出房，兩次堂備。光緒十七年（1891）已取中，臨榜被黜。主編《遊戲世界》，著有《小說閒評》。〔註 15〕

（11）鍾觀豫

《學海堂課藝八編》（光緒二十年刊，楊文瑩編）錄其課藝 2 篇。鍾觀豫，字愼齋，蕭山人。其子鍾駿文（筆名寅半生）是小說理論家，劉德隆先生有專文論及。唯劉文稱：「寅半生的父親沒有當知縣，也沒有當成教諭，說明他『當官』無望。」「鍾觀豫只是一個『教書匠』——私塾先生而已。」〔註 16〕此說不確。鍾觀豫是咸豐八年（1858）舉人（杭州學海堂乃專課舉人之書院）。光緒五年（1879）官蒼南訓導。又嘗官平陽、義烏、臨安訓導，臨海教諭。〔註 17〕

〔註 13〕《清代硃卷集成》第 74 冊，第 383 頁；民國《海寧州志稿》卷 29《人物・文苑》，民國 11 年鉛印本，第 60 頁。

〔註 14〕梁淑安、姚柯夫《中國近代傳奇雜劇經眼錄》，書目文獻出版社 1996 年版，第 166 頁。

〔註 15〕寅半生《自述詩》，劉德隆《出房・堂備・寅半生——對晚清一位小說理論研究者的考察與探討》附錄，《明清小說研究》2006 年第 2 期，第 138 頁；陸林《也談寅半生之「八應秋考」及其他》，《明清小說研究》2008 年第 1 期，第 194 頁。

〔註 16〕劉德隆《出房・堂備・寅半生——對晚清一位小說理論研究者的考察與探討》，《明清小說研究》2006 年第 2 期，第 130 頁。

〔註 17〕民國《蕭山縣志稿》卷 13《選舉表》，《中國方志叢書・華中地方》第 84 號，第 1165 頁；《蒼南縣教育志》，百家出版社 2001 年版，第 268 頁。

（12）張茂炯

《詁經精舍八集》（光緒二十三年刊，俞樾編）錄其課藝7篇，題如《西旅獻獒解》、《讒鼎解》、《伊尹鳴殷周公鳴周賦》、《蜂蝶問答》。《最新兩浙課士錄》錄其課藝1篇，選自詁經精舍課藝。張茂炯（1875～1936），字珊珊、仲清，號懺盦、君鑒，吳縣人。光緒二十三年（1897）舉人，三十年（1904）進士。歷官戶部主事。歷官度支部主事、鹽政院總務廳長。著有《艮齋詞》。朱德慈先生有文詳考其生平。〔註18〕可補充者：（1）據鄉試硃卷，張茂炯曾肄業蘇州紫陽、正誼書院、學古堂、上海求志書院、杭州詁經精舍、寧波辨志精舍、江陰南菁書院。〔註19〕（2）所著小說《救劫傳》首刊於《杭州白話報》，其創辦者項藻馨（1873～1857），即張氏在詁經精舍的同學，《詁經精舍八集》收錄項文1篇，題爲《將蒲姑解》。（3）張氏曾參與創作小說《萬國演義》，該書原署「華亭沈惟賢師徐輯著，貴池高尚縉笏堂鑒定，吳縣張茂炯仲清述章」，光緒二十九年（1903）上海作新社刊行。

（13）何春旭

《詁經精舍八集》（光緒二十三年刊，俞樾編）錄其課藝1篇，題爲《登葛嶺放歌》。何春旭字頌花、公旦，號駢盦，仁和人。著有《駢盦詩文集》、《駢盦書畫說》、《老子幽求》、《醫學致精》、《列代詩論》、散曲《花胎曲》。〔註20〕他曾爲陳栩（1879～1940）小說《淚珠緣》撰弁言二篇。又於光緒二十六年（1900）序陳栩《拱宸橋竹枝詞》。〔註21〕

2、嘉興府：鴛湖書院

（14）車伯雅

《鴛湖書院課藝》（道光十五年刊本）錄其賦5篇，詩12首。車伯雅有文言小說集《青溪載酒記》，石昌渝先生主編的《中國古代小說總目》、朱一玄等先生編著的《中國古代小說總目提要》著錄，稱作者事迹史傳未載。按，光緒《嘉興府志》有小傳，稱其字少芸，錢塘學生。父宸英，秉鐸嘉興後，遂賃居學左。善文辭，信口成章。駢語秀琢，逼近六朝。〔註22〕著有《燈味

〔註18〕朱德慈《晚清小說家瑣考》，《明清小說研究》2005年第1期，第153頁。
〔註19〕《清代硃卷集成》第197冊，第375頁。
〔註20〕謝伯陽、凌景埏編《全清散曲（增補版）》，齊魯書社2006年版，第2071頁。
〔註21〕陳栩《淚珠緣》卷首，百花文藝出版社1991年版，第1、5頁；陳栩《拱宸橋竹枝詞》卷首，《杭州運河文獻集成》第1冊，第590頁。
〔註22〕光緒《嘉興府志》卷51《嘉興流寓》，《中國方志叢書・華中地方》第53號，

軒遺稿》，柯愈春先生《清人詩文集總目提要》著錄，並據卷首自識，記其生年爲乾隆五十六年（1791）。〔註23〕

3、紹興府：蕺山書院

（15）黃恩綬

《蕺山書院課藝》（同治七年刊本，馬傳煦編）錄其課藝1篇。黃恩綬字春生，一作春笙。同治三年（1864）優貢。著有《安蔬齋詩詞》。集內有《書長無事重閱紅樓夢一過擇其尤者各贈百字》。〔註24〕

4、湖州府：安定書院

（16）李煊

《安定書院課藝》（刊刻時間不詳，周學濬編）錄其課藝 68 篇。李煊字西岑，歸安人，烏程籍。咸豐九年（1859）副貢。少通音律，工詞曲，著有《溪上玉樓詞》，風流綺麗，與同里陳丙綬（字秋穀）後先輝映。平生不妄取，性耽飲，寄迹漁樵間，偃蹇終其身。另有《南澗行》一卷，收入臺灣新興書局《筆記小說大觀》。〔註25〕

二、見於江蘇書院課藝總集者

1、松江府：雲間書院、求志書院

（1）吳錫麒

《雲間書院古學課藝》嘉慶九年甲子（1804）初刻本，題「掌院錢塘吳穀人鑒定」。嘉慶十五年庚午（1810）重刻本，卷首多陸梓識語、吳錫麒序及其《論律賦》一文，所收篇目與初刻本同。吳錫麒（1746～1818），字聖徵，號谷人，錢塘人。乾隆三十九年（1774）舉人。四十年（1775）進士，選庶吉士。散館授編修，兩充會試同考官，官至國子監祭酒。歷主眞州、揚州、松江等地書院講席。著有《正味齋詩集》。他又有《漁家傲》傳奇，演嚴子陵故事，已佚。〔註26〕

第 1394 頁。
〔註23〕柯愈春《清人詩文集總目提要》，北京古籍出版社 2002 年版，第 1258 頁。
〔註24〕黃恩綬《安蔬齋詩詞》，《清詞珍本叢刊》第 15 冊，第 5 頁。
〔註25〕光緒《歸安縣志》卷 37《文苑》，光緒 8 年刊本，第 27 頁；李煊《南澗行》，新興書局《筆記小說大觀》第 5 編第 9 冊，第 5477 頁。
〔註26〕汪超宏《明清浙籍曲家考·吳錫麒年譜》，浙江大學出版社 2008 年版，第 390 頁。

（2）朱昌鼎

《上海求志書院課藝（光緒二年春季）》錄其課藝 1 篇，題爲《周武取士於負薪賦》。《上海求志書院課藝（光緒三年春季）》錄其課藝 2 篇，題爲《南樓令・撲蝶會》、《南樓令・萬花輿》。朱昌鼎（1853～1899），字錦雯，號子美、紫嫩，華亭人。肄業龍門、求志、南菁、格致書院。光緒二年（1876）副取優貢，十六年（1890）恩貢。〔註27〕著有《屯窩詩稿》，上海松江區博物館藏清抄本。〔註28〕《清稗類鈔・詼諧類・經學少一畫三曲》有云：「曹雪芹所撰《紅樓夢》一書，風行久矣，士大夫有習之者，稱爲『紅學』。而嘉、道兩朝，則以講求經學爲風尚。朱子美嘗訕笑之，謂其穿鑿附會，曲學阿世也。獨嗜說部書，曾寓目者幾九百種，尤熟精《紅樓夢》，與朋輩閒話，輒及之。一日，有友過訪，語之曰：『君何不治經？』朱曰：『予亦攻經學，第與世人所治之經不同耳。』友大詫。朱曰：『予之經學，所少於人者，一畫三曲也。』友瞠目。朱曰：『紅學耳。』蓋經字少丝，即爲紅也。朱名昌鼎，華亭人。」〔註29〕一般認爲，「紅學」一詞即朱昌鼎首創。

2、淮安府：崇實書院

（3）胡士珍

《崇實書院課藝》（同治二年至光緒七年刊，吳棠、錢振倫等編）錄其課藝 2 篇。胡士珍字聘三，山陽人。同治十年（1871）序陳學震（字子揚）《雙旌記》傳奇。〔註30〕

（4）史雲煥

《崇實書院課藝》（同治二年至光緒七年刊，吳棠、錢振倫等編）錄其課藝 2 篇。史雲煥字漢章，山陽人。嘗點校陳學震（字子揚）《生佛碑》傳奇。〔註31〕

〔註27〕《清代硃卷集成》第 418 冊，第 391 頁。

〔註28〕王正《清末松江才子朱昌鼎身世材料的新發現》，《松江報》2012 年 5 月 25 日。

〔註29〕徐珂編《清稗類鈔》，中華書局 1986 年版，第 1792 頁。

〔註30〕蔡毅編《中國古典戲曲序跋彙編》，齊魯書社 1989 年版，第 2347 頁。

〔註31〕梁淑安、姚柯夫《中國近代傳奇雜劇經眼錄》，書目文獻出版社 1996 年版，第 60 頁。

3、江寧府：尊經書院、惜陰書院、鍾山書院、奎光書院

（5）朱紹頤

《尊經書院課藝》（同治九年刊，薛時雨編）錄其課藝 5 篇。《尊經書院課藝二刻》（光緒八年覆刻本，薛時雨編）錄其課藝 3 篇。《尊經書院課藝三刻》（同治十二年刊，薛時雨編）錄其課藝 3 篇。《尊經書院課藝四刻》（光緒五年刊，薛時雨編）錄其課藝 5 篇。《惜陰書院東齋課藝》（光緒四年刊，孫鏘鳴編）錄其課藝 29 篇。《惜陰書院西齋課藝》（光緒四年刊，薛時雨編）錄其課藝 13 篇。朱紹頤（1832～1882），字子期、養和，溧水人，世居江寧。太平軍入城，與妻甘氏同赴水求死，遇救獨免，自是鰥居終身。以諸生援例為教職，歷署邳州、海州學正。嘗入浙江學使幕，又遊粵東年餘。光緒二年（1876）舉人，復館金壇二年。光緒六年（1880）禮部試報罷，遂入天津戎幕。以疾卒於軍中。著有《挹翠樓詩文集》。〔註32〕又有《紅羊劫》傳奇。〔註33〕

（6）汪宗沂

《惜陰書院東齋課藝》（光緒四年刊，孫鏘鳴編）錄其課藝28篇。《惜陰書院西齋課藝》（光緒四年刊，薛時雨編）錄其課藝 9 篇。《鍾山書院課藝初選》（光緒四年刊，李聯琇編）錄其課藝 1 篇。汪宗沂（1837～1906），字仲伊、詠村，號弢廬，安徽歙縣人。同治三年（1864）優貢，光緒二年（1876）舉人，六年（1880）進士。官山西知縣，告病歸里，專心著述。嘗入兩江總督曾國藩、直隸總督李鴻章幕。主講安慶敬敷、蕪湖中江、歙縣紫陽書院。著有《弢廬詩》、《黃海前遊集》、《五聲音韻論》，又有《後緹縈南曲》。〔註34〕

（7）金鼇

《鍾山尊經書院課藝合編》（光緒五年刊，秦際唐、陳作霖等編）錄其課藝 4 篇。金鼇原名登瀛，字偉軍，江寧人。歲貢生。性亢直，交遊或有過，必面諍之。為詩文頃刻千百言，不假思索。與同族名佐廷、志伊者齊名，號「東城三金」。而鼇學問該博，郡邑文獻尤所措心。始郡志久未修，議舉其事，

〔註32〕《清代硃卷集成》第 162 冊，第 351 頁；陳作霖《朱子期孝廉傳》，《可園文存》卷 11，《近代中國史料叢刊》第 29 輯，第 373 頁。

〔註33〕鄧長風《明清戲曲家考略續編》，上海古籍出版社 1997 年版，第 58 頁。

〔註34〕《清代硃卷集成》第 163 冊，第 195 頁；第 47 冊，第 1 頁；劉師培《汪仲伊先生傳》，《碑傳集補》卷 41，《清代傳記叢刊》第 122 冊，第 547 頁；章梫《汪宗沂傳》，《碑傳集三編》卷 33，《清代傳記叢刊》第 126 冊，第 105 頁。

或尼之，乃退著《金陵待徵錄》。朱緒曾（1805～？）序之，以爲盛仲交流亞。另著有《四書辨異》、《五經辨異》、《讀左披微》、《桐琴生詩文集》、《墨石詞》、《紅雪詞》、《上江兩邑忠義祠祀輯補》、《祈澤山新志》、《野菜譜》、《秋花譜》，又有《蜨印軒傳奇》四種。〔註35〕

（8）夏仁虎

《金陵奎光書院課藝》（光緒十九年刊，秦際唐編）錄其課藝 7 篇。《奎光書院賦鈔》（光緒十九年刊，秦際唐編）錄其課藝 7 篇，內容與《金陵奎光書院課藝》所錄相同，題如《漢高祖爲亭長常從王媼武負貰酒賦》、《百姓遮使者車或當道而臥願留侯君賦》、《朱衣點頭賦》。《鍾山書院乙未課藝》（光緒二十一年刊，梁鼎芬編）錄其課藝 1 篇，題爲《賦得良晨詎可待》。夏仁虎（1874～1963），字蔚如，號嘯庵、枝巢，上元人。光緒二十三年（1897）拔貢。〔註36〕次年參加殿試朝考，成績不俗，遂入仕留京，歷官郵傳部郎中、北洋政府秘書長。後任教於北京大學和北京師範大學。1953 年任中央文史館館員。著有《枝巢四述》、《嘯庵詩存》、《嘯庵編年詩稿》、《嘯庵詞》、《舊京瑣記》，又有《碧山樓傳奇》。〔註37〕

4、蘇州府：紫陽書院、正誼書院、學古堂

（9）潘欲仁

《紫陽書院課藝》（潘遵祁編，同治十一年刊本）錄其課藝 8 篇，《紫陽書院課藝續編》（潘遵祁編，同治十二年刊本）錄其課藝 6 篇。潘欲仁（？～1891），字子昭，昭文人。道光二十九年（1849）副榜。凡十二試鄉闈，京師士大夫聞名歡仰，每典試江南，輒相戒暗中搜索，然卒不遇。同治初官沛縣教諭。著有《易象》四卷、《易傳集說》三卷、《理學辨似》二卷、《讀周禮隨筆》二卷、《讀論齋雜著》四卷、《惟是堂四書文》若干篇。〔註38〕他是曾樸（1872～1935）的受業師，〔註39〕《孽海花》中潘止韶的原型。〔註40〕

〔註35〕同治《續纂江寧府志》卷 14 之 8《人物》，《中國地方志集成·江蘇府縣志輯 2》，第 273 頁；金鰲輯《金陵待徵錄》章鼎跋，《中國方志叢書·華中地方》第 438 號，第 177 頁。
〔註36〕《清代硃卷集成》第 388 冊，第 117 頁。
〔註37〕王景山編《國學家夏仁虎》，浙江文藝出版社 2009 年版。
〔註38〕張瑛《潘君子昭家傳》，《知退齋稿》卷 5，《清代詩文集彙編》第 694 冊，第 582 頁。
〔註39〕《清代硃卷集成》第 185 冊，第 91 頁。

又，冒鶴亭《〈孽海花〉閒話》所述《孽海花》的人物原型，多有見於書院課藝總集者。如潘遵祁（潘曾奇），編選《紫陽書院課藝》（初編至十七編）；張謇（章騫），編選《文正書院丙庚課藝錄》（光緒二十六年刊本）；曾之撰（曹以表），《游文書院課藝》（同治十三年刊本）錄其課藝 5 篇；費念慈（米繼曾），《紫陽書院課藝九編》（光緒八年刊本）錄其課藝 1 篇；陸潤庠（陸仁祥），《紫陽書院課藝》錄其課藝 6 篇，《正誼書院課選》（馮桂芬編，光緒二年刊本）錄其課藝 18 篇，《正誼書院賦選》（光緒三年刊本）錄其賦 5 篇，《正誼書院課選二集》（光緒八年刊本）錄其課藝 3 篇，《正誼書院課選三集》（光緒二十年刊本）錄其課藝 5 篇。

（10）劉傳福

《紫陽書院課藝》（潘遵祁編，同治十一年刊本）錄其課藝 2 篇。劉傳福（1845～？）〔註 41〕，字康百，號雅賓，吳縣人。同治三年（1864）鄉試中式副榜，九年（1870）中式舉人，十年（1871）考取咸安宮漢學教習。十三年（1874）進士，選庶吉士。光緒二年（1876）散館，授編修。歷官武英殿提調官，福建延平知府，四川敘州、綏定知府。後回鄉任蘇州府中學堂監督、蘇州總商會會長。〔註 42〕他是《續孽海花》中劉雅邠的原型。〔註 43〕

（11）吳寶鎔

《紫陽書院課藝》（潘遵祁編，同治十一年刊本）錄其課藝 1 篇。《紫陽書院課藝三編》（同治十三年刊，潘遵祁編）錄其課藝 1 篇。《正誼書院課選三集》錄其課藝 1 篇。吳寶鎔（1838～？）〔註 44〕，字新叔，號希玉、蔗農，浙江仁和人。光緒五年（1879）正貢。十一年（1885）舉人。遇缺即選訓導，

〔註40〕 冒鶴亭《〈孽海花〉閒話》，魏紹昌編《孽海花資料》，上海古籍出版社 1982 年版，第 226 頁。

〔註41〕 生年據朱彭壽《清代人物大事紀年》，北京圖書館出版社 2005 年版，第 1349 頁。

〔註42〕 《清代硃卷集成》第 150 冊，第 273 頁；第 36 冊，第 87 頁；《清代官員履歷檔案全編》第 5 冊，第 331 頁；葉昌熾《和劉雅賓師七十述懷詩韻》，《奇觚庼詩集》卷下，《續修四庫全書》1575 冊，第 229 頁；民國《吳縣志》卷 28《學堂》，《中國地方志集成·江蘇府縣志輯11》，第 412 頁；《蘇州商會檔案叢編》第 2 輯，華中師範大學出版社 2004 年版，第 651 頁。

〔註43〕 《續孽海花》附錄《〈續孽海花〉人物索引》，黑龍江人民出版社 1982 年版，第 462 頁。

〔註44〕 生年據江慶柏《清代人物生卒年表》，人民文學出版社 2005 年版，第 318 頁。

主講德清清溪書院。十八年（1892）進士，即用知縣，簽分江西。〔註45〕著有《繭蕉盦詩鈔》七卷《詩餘》一卷，又有雜劇《太守桑》。〔註46〕

（12）沈惟賢

《學古堂日記》（光緒十六年初刊，二十年續刊，雷濬、汪之昌等編）錄其課藝3篇。沈惟賢（1866～1940），字寶生、師徐，號思齊，晚號逌翁、逌居士，華亭人。光緒十七年（1891）舉人，歷官浙江新城、石門、嘉興、錢塘、仁和知縣。民國初回松江，歷任松江軍政分府副司令兼司法部長、江蘇省議會議長、國會參議院議員。十二年（1923）曹錕賄選總統，惟賢拒賄南歸。任松江修志局總纂，編撰《三百年大事記》，惜未成稿。工詩詞，善書法，晚年潛心佛典。著有《唐書西域傳注》、《前漢匈奴表》（皆收入《四庫未收書輯刊》）、《宗鏡錄綱要》、《逌居士集》。〔註47〕又有小說《萬國演義》（作新社1903年）。

5、常州府：南菁書院、龍城書院

（13）吳朓

《南菁講舍文集》（光緒十五年刊，黃以周、繆荃孫編）收錄其課藝1篇，題爲《詠江陰古迹》。《南菁文鈔二集》（光緒二十年刊，黃以周編）收錄其課藝8篇，題如《沽酒市脯解》、《對陸德明〈釋文〉問》。吳朓（1865～1953）即國民黨元老吳稚暉，陽湖人。光緒十七年（1891）舉人。〔註48〕宣統三年（1911）寫成科普小說《上下古今談》，凡四卷二十回，同年由上海文明書局出版，臺灣新興書局《筆記小說大觀》第39編第9冊收錄。吳氏曾肄業南菁書院，小說中有些人物即以其書院同學爲原型，茲舉二例：

（14）范蠡

字素行，無錫人。《南菁文鈔二集》（光緒二十年刊，黃以周編）收錄其

〔註45〕《清代硃卷集成》第75冊，第259頁；第86冊，第305頁；第272冊，第259頁。

〔註46〕李靈年、楊忠主編《清人別集總目》，安徽教育出版社2000年版，第897頁；左鵬軍《晚清民國傳奇雜劇文獻與史實研究》，人民文學出版社2011年版，第157頁。

〔註47〕《清代硃卷集成》第182冊，第359頁；吳成平主編《上海名人辭典（1840～1998）》，上海辭書出版社2001年版，第231頁。

〔註48〕《清代硃卷集成》第184冊，第383頁；楊愷齡《民國吳稚暉先生敬恒年譜》，《新編中國名人年譜集成》第13輯。

課藝 7 篇，題如《釋坤二爻義》、《仕於泠官解》、《張皋文〈儀禮〉特牲、少牢兩篇圖正訛》。他是《上下古今談》中翰林范素行的原型。〔註49〕

（15）王英冕（1869～1895）

字曼卿，一作邁卿，丹陽人。家素貧。肄業南菁書院，月獲膏火，盡舉以奉母。光緒十七年（1891）舉人，明年挑取漢謄錄。十九年（1893）肄業蘇州正誼書院。二十年（1894）進士，選庶吉士。以哭弟觸疾卒。著有《賞析齋類稿》。《南菁文鈔二集》（光緒二十年刊，黃以周編）收錄其課藝 1 篇，題爲《籬鷃澤鯢賦》。他是《上下古今談》中吏部主事王英（號曼卿）的原型。

（16）金楙基

《南菁文鈔三集》（光緒二十七年刊，丁立鈞編）錄其課藝 3 篇，題爲《漢棄珠崖論》、《太學上書訟朱穆論》、《論宋建中初政》。金楙基（1873～1947），改名天翮，又名天羽，字松岑，號鶴望、鶴舫，別署壯遊、金一、愛自由者、天放樓主人，吳江人。光緒二十四年（1898）薦試經濟特科，不赴。執教於同川書院、自治學社、同川兩等小學、明華女學。二十九年（1903）入中國教育會、愛國學社。蘇報案作，避居故里。辛亥後任江蘇省議員。吳江教育局長、江南水利局長。抗戰期間避居上海，任光華大學教授。門人私諡貞獻先生。著有《天放樓詩文集》。〔註50〕《孽海花》前六回亦其所作。

（17）丁傳靖

《南菁文鈔三集》（光緒二十七年刊，丁立鈞編）錄其課藝 1 篇，題爲《書顧氏〈春秋刑賞表〉後》。丁傳靖（1870～1930），字秀甫，號岱思、湘舲、闇公，丹徒人。光緒二十三年（1897）鄉試中式副榜。宣統二年（1910）以江蘇首選試禮部，報罷。陳寶琛惜其才，薦爲禮學館纂修。民國間官總統府秘書。晚居天津。輯有《宋人軼事彙編》，著有《張文貞公年譜》、《闇公詩存》、《紅樓夢本事詩》。〔註51〕又有傳奇《滄桑豔》、《霜天碧》、《七疊果》。〔註52〕

〔註49〕張之傑《吳稚暉科普小說〈上下古今談〉淺探》，《科學文化評論》2008 年第5 期，第 60 頁。

〔註50〕徐震《貞獻先生墓表銘》、金元憲《伯兄貞獻先生行狀》，金天羽《天放樓詩文集》附錄，上海古籍出版社 2007 年版第 1395、1397 頁。

〔註51〕《清代硃卷集成》第 360 冊，第 355 頁；敷文社編《最近官紳履歷彙錄》第 1集，《近代中國史料叢刊》第 45 輯，第 92 頁；陳寶琛《丁君闇公墓誌銘》，《碑傳集三編》卷 41，《清代傳記叢刊》第 126 冊，第 539 頁；民國《續丹徒縣志》卷 18《藝文一》，《中國地方志集成·江蘇府縣志輯30》，第 765、773 頁。

（18）唐演

《南菁文鈔三集》（光緒二十七年刊，丁立鈞編）錄其課藝 1 篇，題爲《荀或論》。唐演（1877～？），字湘和、易庵，陽湖人。京師大學堂師範館畢業，留學日本。民國元年（1912）任中華民國聯合會駐會幹事。〔註 53〕譯有《最近倫理學教科書》（文明書局 1908 年）、《前線十萬》（大東書局 1932 年）。宣統三年（1911）景梅九（1882～1961）在北京創辦《國風日報》，易庵屢來館，謂梅九言《石頭記》之眞諦乃「爲思明而作」，梅九贊其「心細如髮」。〔註 54〕

（19）許國英

《龍城書院課藝》（光緒二十七年刊，華世芳、繆荃孫編）經古精舍課藝經史部分錄其課藝 10 篇，題如《西藏外藩考》、《廢湖爲田利害說》、《書譙周〈仇國論〉後》；詞章部分錄其課藝 4 篇，題如《蕭望之論》、《擬梁江淹〈與友論隱〉書》；致用精舍課藝輿地部分錄其課藝 3 篇，題如《英人遊歷滇蜀論》、《〈地理學講義〉書後》。許國英（1875～1923/1925），字志毅，號甦齋，別署子年、指嚴、不才、耕硯樓主，武進人。嘗執教於上海南洋公學，繼任商務印書館編輯，編纂中學國文、歷史教科書。南社早期成員。民國初任金陵女子高等師範學校教員，後爲北京財政部秘書。辭官歸上海，賣文爲生。著有《清史講義》、《清鑒易知錄》、《南巡秘記》、《十葉野聞》、《復辟半月記》、《民國十周紀事本末》、《新華秘記》、《民國春秋演義》、《近十年之怪現狀》等，又嘗杜撰《石達開日記》。〔註 55〕

〔註 52〕丁傳靖《滄桑豔》前言，中州古籍出版社 1991 年版，第 3 頁。

〔註 53〕潘懋元、劉海峰編《中國近代教育史資料彙編·高等教育》，上海教育出版社 1993 年版，第 23 頁；張百熙《奏派學生赴東西洋各國留學折》，北京師聯教育科學研究所編《鴉片戰爭後期教會和留學教育思想與文論選讀》第 4 輯第 10 卷，中國環境科學出版社 2006 年版，第 157 頁；丁雍年、董建中《國民革命史》，中國文史出版社 1991 年版，第 106 頁。

〔註 54〕景梅九《石頭記眞諦·敍論》，孫玉明、張國星主編《紅樓夢眞諦》，遼寧古籍出版社 1997 年版，第 14 頁。

〔註 55〕姜緯堂《許國英和他的隨筆》、鄭逸梅《許指嚴事略》，許國英《指嚴隨筆》，中共中央黨校出版社 1998 年版，第 1、321 頁；鉏農《許指嚴》，芮和師等編《鴛鴦蝴蝶派文學資料》，知識產權出版社 2010 年版，第 317 頁。

「烏程蟄園」生平考

　　朱一玄等先生編著的《中國古代小說總目提要目》，著錄蟄園所撰《鄒談一噱》二十四回、《表忠觀》十二回、《艮嶽峰》十六回，並云：「蟄園（清末人），或謂即費有容，烏程（今浙江吳興）人，生平不詳。」〔註1〕石昌渝先生主編的《中國古代小說總目‧白話卷》亦著錄這三種小說，稱作者即「費有容」，未述其生平。〔註2〕又有研究者以爲「烏程蟄園」乃「黃有容」。〔註3〕羅雄飛先生的《俞樾的經學研究及其思想》附錄二《俞樾門生考略》，列有「費有容」之名，並稱費有容、張茂炯等「均有著作傳世，因資料太少，事略待考」。〔註4〕其他研究論著亦未見有述及其人事迹者。今據相關資料，略考「烏程蟄園」生平如下。

一、「烏程蟄園」即費有容

　　《廣倉學會雜誌》第1期《愛儷園廣倉學會記》，署「烏程費有容恕皆」；該期又有《有清金石題詠雜輯》，署「靈壽鄉民錄」；《只園見所見錄》，弁言署「丁巳荷花生日，靈壽鄉民費有容」〔註5〕；張茂炯（費有容的同學，詳後

〔註1〕朱一玄、寧稼雨、陳桂聲《中國古代小說總目提要》，人民文學出版社 2005 年版，第 718 頁。

〔註2〕石昌渝主編《中國古代小說總目‧白話卷》，山西教育出版社 2004 年版，第 17、81、542 頁。

〔註3〕錢仲聯等總主編《中國文學大辭典》，上海辭書出版社 1997 年版，第 1467 頁；劉世德主編《中國古代小說百科全書》（修訂本），中國大百科全書出版社 2006 年版，第 779 頁。

〔註4〕羅雄飛《俞樾的經學研究及其思想》，中國文史出版社 2005 年版，第 231 頁。

〔註5〕《廣倉學會雜誌》第1期，1917 年 9 月。

文)《題費蟄園孝廉衣香鬢影圖弁言》,刊於《著作林》〔註6〕;朱素貞《倚翠樓吟鈔‧爲浙西名士費恕皆題其夫人衣香鬢影圖》,刊於《新學海》〔註7〕。以此知費有容、費恕皆、費只園、費蟄園當爲同一人,有容其名,恕皆其字,號只園、蟄園,別署靈壽鄉民,烏程人。

《鄒談一噱》、《表忠觀》、《艮嶽峰》皆署「烏程蟄園氏」,分別敷演戰國齊國、五代吳越、北宋後期史事;上海校經山房書局1929年刊行《清代十三朝演義》(又名《清代三百年豔史》)一百回,署「吳興費只園編輯,杭州許月旦評點」,據「只園氏」跋,書成於「戊辰(1928)二月」。費有容這四種章回小說,皆爲歷史題材(《鄒談一噱》借齊國歷史寫清末時事,較爲特殊),又自成一脈。

二、祖費丹旭,父費以群

費有容的祖父費丹旭,字子苕,號曉樓,別號環溪生。生於嘉慶六年十二月二十六日(公曆已入1802年),卒於道光三十年(1850)。著名畫家。〔註8〕卒後,友人輯其詩詞爲《依舊草堂遺稿》,同治七年(1868)汪曾唯(字子用)刊行。民國間費有容得丁仁(字輔之)之助,重刊乃祖遺稿,並爲跋記其始末云:

> 先大父棄養時,先大夫只七齡;先大夫棄養時,有容只三齡。且侍先節母於杭州,故於先大父遺墨,多未之見也。時父執中惟汪子義明經曾學,恒相過從,告有容以先大父事,娓娓不倦,云有遺稿曰《依舊草堂》。【略】並署「振綺堂開雕」,則固爲子用丈所貲印者。寶諸筍簏,歷三十年。迨作客海上,頗思重印,以貽親故。而稿版已爲浙江圖書館所藏,商諸館長章仲銘同年,云已殘缺,謀付懷鉛家,又卒未果行。丁君輔之,紀群故交也,允以仿宋版爲輯單行本。有容拜而授之。時夏甥書方在局任事,乃囑其詳細校勘。於是先大父之手澤存,而子用丈篤於故舊之心,尤附以傳矣。輔之良可感也。【略】中元己巳(1929)十月,有容謹跋。〔註9〕

〔註6〕《著作林》第5期(1907年),第6～7頁。

〔註7〕《新學海》第1卷第1期(1920年),第126頁。

〔註8〕黃湧泉《費丹旭年表》,《中國歷代畫家大觀:清(下)》,上海人民美術出版社1998年版,第478～482頁。

〔註9〕費丹旭《依舊草堂遺稿》費有容跋,1929年鉛印本。

汪曾唯《費丹旭傳》云：「君娶朱氏，有子三：以耕，以畫名；以安，隱於賈；以群，攻舉子業。」〔註10〕丁申、丁丙《國朝杭郡詩三輯》云：「子以耕，號餘伯；以群，號谷士。能傳其學。」〔註11〕費有容是誰的兒子呢？《依舊草堂遺稿》費有容跋有「先大父棄養時，先大夫只七齡；先大夫棄養時，有容只三齡」之言，結合費丹旭的卒年（道光三十年）和費有容的生年（同治十三年，詳後文），有容之父應當生於道光二十四年（1844），卒於光緒二年（1876）。又，《廣倉學會雜誌》第2期《耆老攝影・費沖如先生影》注云：「名以安，浙江湖州人，曉樓山人仲子，隱於鹺，年七十八歲。」〔註12〕時在1917年。據此推算費以安生於道光二十年（1840）。以安為丹旭仲子，則唯有季子以群才有可能生於道光二十四年。再檢《費丹旭年表》所記三子情況，出生繫年者僅費以群一人，即在道光二十四年：「是年，幼子費以群生。」〔註13〕與前述推斷相合。故知費有容的父親是費以群。張鳴珂《寒松閣談藝瑣錄》提到過他：「（以耕）弟谷士以群，諸生，亦工仕女。嘗遊吳門，始相識，後在武林又遇之，今已下世矣。」〔註14〕

三、生卒年：1874～1931年

《依舊草堂遺稿》費有容跋云：「（《遺稿》）鐫於同治戊辰（1868），距有容之生尚早六載。」《金剛鑽月刊》刊有「費只園遺稿」《杭酒襟痕錄》，弁言云：「余年五十三矣。」署「丙寅（1926）中秋只園識」。〔註15〕據這兩條資料皆可推知費有容生於同治十三年（1874）。

吳蓮洲《挽費只園謎家》，刊於《文虎》第2卷第15期（1931年）。〔註16〕近人李恩績的回憶錄《愛儷園夢影錄》也提到：「在一九三二年正月裏，我又到過園裏。……園裏的人，費恕皆是死了！」〔註17〕以此可知費有容卒於民國二十年（1931），得年五十八歲。

〔註10〕費丹旭《依舊草堂遺稿》卷首汪曾唯《傳》，1929年鉛印本。
〔註11〕丁申、丁丙《國朝杭郡詩三輯》卷99，光緒19年刊本，第34頁。
〔註12〕《廣倉學會雜誌》第2期，1917年10月。
〔註13〕黃湧泉《費丹旭年表》，《中國歷代畫家大觀：清（下）》，上海人民美術出版社1998年版，第480頁。
〔註14〕張鳴珂《寒松閣談藝瑣錄》卷1，《清代傳記叢刊》第74冊，第45頁。
〔註15〕《金剛鑽月刊》第1卷第12期（1934年），第1頁。
〔註16〕《文虎》第2卷第15期（1931年），第12頁。
〔註17〕李恩績《愛儷園夢影錄》，三聯書店1984年版，第88～89頁。

四、早歲肄業多所書院

《杭酒襟痕錄》云:「肄業各書院,歲約得膏火費四百元有奇。而廩保之興膳、生徒之修脯,以至各項賣文之值得,並計亦逾五六百,家用外綽綽餘裕。」今檢諸家書院總集,所見費有容課藝有:

1、《紫陽書院課藝九集》,王同(1839～1903)編,光緒二十年(1894)刊。收錄其四書文 1 篇,題為《子之所慎》,評語云:「劈分兩大比,取材不出《學》《庸》,而籠罩下文,有匣劍帷燈之妙。」

2、《詁經精舍七集》,俞樾(1821～1907)編,光緒二十一年(1895)刊。收錄其經解、雜文 5 篇,題為《河廣解》、《〈七月〉一篇或稱月或稱日說》、《重刊〈六十一家詞〉書後》、《校刊〈唐文粹〉書後》、《考舍銘 卷曩銘 龍門銘 虎榜銘》。

3、《詁經精舍八集》,俞樾編,光緒二十三年(1897)刊。收錄其賦、文、詩各 1 篇,題為《大登高小登高賦》、《錢唐江觀潮記》、《詠芋詠栗》。

4、《最新兩浙課士錄》,浙報館編,光緒二十六年(1900)刊。收錄其策論 1 篇,選自崇文書院課藝。

張茂炯《題費蟄園孝廉衣香鬢影圖弁言》云:「君以茗水名流,為騷壇祭酒。瘦腰家令,名壓吳興,豪氣元龍,目空湖海。」諸家書院總集所收費氏之課藝,或可印證張氏所言不虛。附及,張茂炯(1875～1936),字珊珊、仲清、仲芳,號懺盦、君鑒,吳縣人,光緒二十三年(1897)舉人,三十年(1904)進士,曾任度支部主事、鹽政院總務廳長。著有小說《救劫傳》十六回(署「艮廬居士演」)、《萬國演義》六十回(署「華亭沈惟賢師徐輯著,貴池高尚絡笏堂鑒定,吳縣張茂炯仲清述章」)。[註18] 他是費有容在詁經精舍的同學,《詁經精舍八集》收錄其課藝 7 篇。

費有容曾師從俞樾,後有《記俞曲園師詩》(六首)、《觀德清師遺照有感》(二首)詩,刊於《金剛鑽月刊》,署名「費只園」。[註19]《記俞曲園師詩》小引云:「滬上中華書局印行《清史傳略》,從國史館鈔本也。閱其所載儒林傳,獨無俞師樾。此當時廖谷似中丞奏准者,同年陳蔭軒孝廉堂適承是役。相顧愕然,感而書此。」六首七絕,各有小注,可備掌故。費只園又有《夕

[註18] 朱德慈《晚清小說家瑣考》,《明清小說研究》2005 年第 1 期,第 153 頁。
[註19] 《金剛鑽月刊》第 1 卷第 5 期(1934 年),第 1～3 頁。

近樓謎乘》〔註20〕，記俞樾等人謎事掌故。

五、鄉試中式，旋被革除

費有容於光緒二十八年壬寅（1902）補行庚子辛丑科鄉試中式舉人。《重修浙江通志・考選》是科名單中有：「費有容，烏程人。」〔註21〕《廣倉學會雜誌》刊有《清德宗景皇帝輓詩》，作者費有容名下注云：「字恕皆。浙江烏程縣人。光緒壬寅舉人。國史館謄錄。」〔註22〕《清代十三朝演義》第一百回回末「許月旦」評語亦云：「作者科第不過舉人，官階不過謄錄。」〔註23〕

然而次年即被革除。《德宗實錄》光緒二十九年癸卯（1903）九月：「甲申。護理浙江巡撫布政使翁曾桂奏：烏程縣舉人費有容蒙混入場，請先行斥革，以肅功令。從之。」〔註24〕近人鍾毓龍《說杭州》亦提到此事：「有容字恕皆，湖州人，名畫家費曉樓之後裔，壬寅科舉人，癸卯科為人作槍手而被革。」〔註25〕費有容《杭酒襟痕錄》所謂「壬寅墮入春夢」，疑與此事相關。

六、創辦《危言報》

史和等編《中國近代報刊名錄・危言報》：「1909年冬（宣統元年）創刊，在杭州出版。經理兼主筆費蟄園（恕皆）。每日出版二張半，半張為附刊，名為《潮報》，由費有容主編。社址在杭州三元坊。1911 年改為《昌言報》（浙江）。停刊日期不詳。」〔註26〕關於費有容辦報一事，《愛儷園夢影錄》有云：「費恕皆從前原在杭州做危言報主筆的。與全浙公報的馬緒卿，白話新報的杭辛齋，鼎足而三。杭州人原有兩句竹枝詞叫做：『恕皆遠去辛齋老，白髮蕭蕭馬緒卿』。」〔註27〕

七、辛亥以後，流寓滬上

《只園見所見錄》弁言云：「遜國詔下，髡髮出遊，衣食累人，僦居滬

〔註20〕《文虎》第 2 卷第 5 期（1931 年），第 4 頁。

〔註21〕浙江省通志館編《重修浙江通志》第 110 冊《考選》，浙江圖書館謄錄稿，第 26 頁 a。

〔註22〕《廣倉學會雜誌》第 5 期，1920 年 5 月。

〔註23〕費有容《清代十三朝演義》，上海校經山房書局 1929 年鉛印本，第 139 頁。

〔註24〕《清實錄・德宗景皇帝實錄》卷 521，中華書局 1987 年影印本，第 881 頁。

〔註25〕鍾毓龍《說杭州》，《西湖文獻集成》第 11 冊，第 652 頁。

〔註26〕史和等編《中國近代報刊名錄》，福建人民出版社 1991 年版，第 165 頁。

〔註27〕李恩績《愛儷園夢影錄》，三聯書店 1984 年版，第 86 頁。

瀆。乙卯（1915）秋莫，始於愛儷園下榻。」〔註28〕《海昌勝迹志序》亦云：「辛亥以後，流寓滬上，恒與海寧馮老甦翁、陳老吉堂周旋於茶僚酒罍間。」〔註29〕馮甦翁，其人待考。陳吉堂，名其謙，字受益，號吉堂，海寧人。光緒二十三年（1897）舉人。〔註30〕歷任宜興教諭、鹽大使。1919年移居上海，坐館授徒。〔註31〕

費有容於民國四年（1915）進入愛儷園（俗稱「哈同花園」）。在園中的事迹，《愛儷園夢影錄》有所述及：

> （倉聖明智大學）在一九一五年（民四）冬天落成。老姬自己做個校長，費恕皆做個教務長。教員到大多數都是招考來的，主考的自然是費恕皆了！
>
> 廣倉學會下面還有廣倉學文會。……看文會卷子的人，經學小學是王靜安先生。史學章一山。文學費恕皆，藝術學鄒景叔。……關於文學方面，園裏還有一個傳說，說費恕皆老是自做自取。實在費恕皆自己做了，托個名兒，再自己取，原是免不掉的。不過費恕皆究竟是個大手筆，取的文章原不壞。
>
> 費恕皆編過六冊廣倉學會雜誌。
>
> 男學堂裏，在早兩年之前，原已有點不安靜起來。先是偷飯風潮，把個費恕皆的教務長鬧掉了。取而代之的，是一個姓孫的。費恕皆在園裏事情原不少，不做教務長也無所謂。
>
> 雖然像費恕皆是最喜歡批評人的，但他從不對人講過一句非難王先生（指王國維——引者注）的話。
>
> 費恕皆喜歡給人起徽號，喜歡非難人。〔註32〕

今人編《王國維全集·書信》收錄《致鄒安費恕皆》一通，內容為討論園中舉行鄉飲禮之事，作於1917年5月上中旬。〔註33〕園中同事章一山，即章梫（1861～1949），原名桂馨，字一山，寧海人。光緒二十八年（1902）舉人，三十年

〔註28〕《廣倉學會雜誌》第1期，1917年9月。
〔註29〕《浙江圖書館報》第6卷，1931年，第42頁。
〔註30〕《清代硃卷集成》第292冊，第237頁。
〔註31〕海寧市對外文化交流協會、文學藝術界聯合會編《邑人辭典》，上海辭書出版社2002年版，第62頁。
〔註32〕李恩績《愛儷園夢影錄》，三聯書店1984年版，第52、56～58、64、77、275～276、302頁。
〔註33〕劉寅生、袁英光編《王國維全集·書信》，中華書局1984年版，第191頁。

（1904）進士。歷任國史館、實錄館纂修，功臣館總纂，京師譯學館提調、監督，大學堂經科、文科提調，郵傳部、交通部傳習所監督，北京女子師範學校校長。〔註 34〕鄒景叔，即鄒壽祺（1864～1940）〔註 35〕，原名維祺，又名安，字介眉，號景叔，海寧人。光緒十七年（1891）舉人，二十四年（1898）會試中式，二十九年（1903）補殿試，成進士。歷任江蘇知縣、蘇州高等學堂監督。〔註 36〕章和鄒也是費有容在詁經精舍的同學。《詁經精舍七集》收錄章課藝 11 篇，鄒課藝 7 篇；《詁經精舍八集》收錄章課藝 2 篇，鄒課藝 5 篇。

八、著述情況

　　費有容所著四種章回小說，已見前述。《小說叢報》曾刊登過兩篇小說，分別為「哀情短篇」《合浦珠》和「豔情短篇」《瓜山爪印》，皆署名「只園」〔註 37〕。前者主人公為浙籍人士，後者故事地點在杭州。作者「只園」很可能就是費只園。《合浦珠》後又收入《說叢》（又名《四十名家小說合刻說叢》、《名家小說合刊說叢》）。〔註 38〕

　　費有容還有一些詩文發表在報刊上，主要見於《國聞周報》、《金剛鑽月刊》和《文虎》，多署名「只園」。有些根據內容可以確知作者即費只園，如《曲園稿本藏記》（只園為俞曲園弟子）〔註 39〕、《阮村八景》（篇首云：「余居靜安寺路之哈同路，舊阮村也。」）〔註 40〕；有些無直接證據判斷作者為費只園，如《寒齋清供》〔註 41〕、《秋雪脞譚》〔註 42〕、《青田石屑》〔註 43〕、《梁山泊四詠》〔註 44〕、《戲擬某女士訴狀》〔註 45〕、《謎述》〔註 46〕等，但 1920

〔註 34〕《清代硃卷集成》第 91 冊，第 211 頁；章乃羹《清翰林院檢討學部左丞寧海章先生行狀》，卞孝萱、唐文權編《辛亥人物碑傳集》，團結出版社 1991 年版，第 636 頁。

〔註 35〕鄒壽祺生卒年據周斌主編《中國近現代書法家辭典》，浙江人民出版社 2009 年版，第 326 頁。

〔註 36〕《清代硃卷集成》第 282 冊，第 239 頁；《杭州文史資料》第 25 輯《杭垣舊事》，杭州市政協文史委 2001 年印行，第 39 頁。

〔註 37〕《小說叢報》第 4 卷第 7 期，1918 年 8 月；第 4 卷第 8 期，1918 年 12 月。

〔註 38〕胡儀鄭、劉鐵冷編《說叢》卷 2，上海崇文書局 1922 年鉛印本，第 180 頁。

〔註 39〕《國聞周報》第 8 卷第 3 期（1931 年），第 4 頁。

〔註 40〕《金剛鑽月刊》第 1 卷第 2 期（1933 年），第 1～3 頁。

〔註 41〕《國聞周報》第 4 卷第 46 期（1927 年），第 42 頁。

〔註 42〕《國聞周報》第 7 卷第 42 期（1930 年），第 11 頁。

〔註 43〕《國聞周報》第 8 卷第 6 期（1931 年），第 1 頁。

〔註 44〕《金剛鑽月刊》第 1 卷第 4 期（1933 年），第 7 頁。

年代後期至 1930 年代初期，這幾種刊物上署名「只園」的詩文，歸在費氏名下，大抵是沒有問題的。另外《海潮音》所刊兩篇文章，《杭州之觀音畫像》和《談浙西諸塔》，署名「只園」，〔註47〕應該也是出自費氏之手。

只園撰著、評注、編寫的專書有：《浙路拒款始末記》，光緒三十三年（1907）刊；《共和論說初階、升階、進階》，神州圖書局 1912 年刊；《春秋左傳音義白話注解》，群學書社 1921 年刊；《分類清代人物論》，沅益書社 1916 年刊；《評注讀史隨筆》（獨醒主人著，費有容評注），觀文社 1922 年刊；《新增幼學瓊林白話注解》，群學社書局 1923 年刊；《尺牘成語辭典》，大東書局 1925 年刊；《唐詩研究》，大東書局 1925 年刊；《飲冰室文集全編》（梁啓超著，費有容校訂），新民書局 1930 年刊；《新函牘分類大全》，廣益書局 1930 年刊。此外，他又曾參與《宋會要輯稿》的整理，〔註48〕擔任過《漢譯古蘭經》（姬覺彌譯本）的漢文參證兼校勘。〔註49〕

〔註45〕 《金剛鑽月刊》第 1 卷第 9 期（1934 年），第 6 頁。

〔註46〕 《文虎》第 1 卷第 6 期（1930 年），第 1 頁。

〔註47〕 《海潮音》第 11 卷第 5 期（1930 年），第 20、21 頁。

〔註48〕 國立北平圖書館《影印宋會要輯稿緣起》，《宋會要輯稿》卷首，中華書局 1957 年影印本，第 2 頁。

〔註49〕 《漢譯古蘭經》卷首名錄，廣倉學窘 1931 年鉛印本。

課藝總集：清代書院的「學報」和「集刊」

　　與明代書院注重講學不同，清代書院偏重考課。生徒考課的試卷叫做課藝，課藝的彙編即爲課藝總集。今存最早的課藝總集是阮元（1764～1849）選編的《詁經精舍文集》，刊於嘉慶六年（1801）。其後直至清末，課藝的刊刻成爲普遍現象。根據筆者近年的調查和訪書，現存課藝總集至少在 200 種以上。以刊本爲主，又有少量稿本、抄本。就連續出版物的本質屬性和諸多要素而言，書院課藝總集實開今日「大學學報」、「學術集刊」之先河。

一、刊期和經費

1、刊期

　　書院刊行課藝，往往「隨課隨選，隨付手民」〔註1〕，「隨排隨印」〔註2〕，故而課藝總集多具有連續出版物的性質。今所見著名書院的總集，亦多爲數編乃至十數編，如《學海堂集》四集（廣州）、《尊經書院課藝》三集（成都）、《經正書院課藝》四集（昆明）、《詁經精舍文集》八集（杭州）、《學海堂課藝》八編（杭州）、《紫陽書院課藝》十七編（蘇州）、《正誼書院課選》四編（蘇州）、《正誼書院課選》三集（蘇州）、《尊經書院課藝》七集（江寧）、《南菁講舍文集》三集（江陰）。有些總集雖僅見一編，但其選刊之初衷，仍有賡續之意。如《會文書院課藝初刻》（天津）如山序云：「由初刻以逮二刻、三

〔註1〕朱泰修選編《蔚文書院課藝》，同治八年（1869）序刊本，朱泰修序。
〔註2〕華世芳、繆荃孫選編《龍城書院課藝》，光緒二十七年（1901）刊本，凡例。

刻，相續弗替，是所厚望者也。」〔註3〕《高觀書院課藝》（江夏）目錄後署：「右文自光緒甲申（1884）起，至丙戌（1886）止，共計二百三十三篇。丁亥（1887）以後課卷，俟選定續刊。」〔註4〕《崇文書院敬修堂小課甲編》（杭州）戴熙序：「先刊甲編公同好，可續將續。」〔註5〕

課藝總集的刊期，短則一季一刊。筆者經眼《上海求志書院課藝》七種，分別爲「春季」（疑爲光緒二年丙子春季）、「丙子（1876）夏季」、「丙子（1876）秋季」、「丙子（1876）冬季」、「丁丑（1877）春季」、「丁丑（1877）春季」、「戊寅（1888）春季」課藝之彙編。

常見的則是一年一刊或數年一刊。《金陵惜陰書舍賦鈔》陳兆熙序：「金陵惜陰書舍創於安化陶文毅公。每年終，梓人彙前列課藝刻之。」〔註6〕《紫陽書院課藝五編》（杭州）許景澄題識：「院課藝前列者，積數歲必一選刊，以資觀摩。」〔註7〕《紫陽書院課藝》十七編（蘇州），刊於同治十一年（1872）至光緒十八年（1892），以一年一刊爲主，間有三年一刊。《南菁講舍文集》初集至三集（江陰），刊刻時間分別爲光緒十五年（1889）、二十年（1894）、二十七年（1901）。

有些課藝總集，前後各編之間時間跨度很大。《學海堂集》初集至四集（廣州），分別刊於道光五年（1825）、十八年（1838）、咸豐九年（1859）、光緒十二年（1886）。《當湖書院課藝》（嘉定）同治七年（1868）刊，《二編》光緒十三年（1887）刊，《三編》光緒二十二年（1896）刊。

2、經費

經費充足與否，會影響課藝總集的刊期。《詁經精舍五集》（杭州）俞樾序：「往者精舍課藝歲一刻，之後以肄業者日眾，經費絀焉，乃閱數歲而一刻。」〔註8〕俞樾所言「往者」，指《詁經精舍三集》。是集《中國歷代書院志》影印本有脫漏，排列次序亦有不妥。〔註9〕南京圖書館藏本包括四個部分：（1）同

〔註3〕如山選編《會文書院課藝初刻》，光緒七年（1881）刊本，如山序。

〔註4〕王景彝選編《高觀書院課藝》，光緒十三年（1887）刊本，卷首。

〔註5〕戴熙選編《崇文書院敬修堂小課甲編》，咸豐八年（1858）刊本，戴熙序。

〔註6〕陳兆熙選編《金陵惜陰書舍賦鈔》，同治十二年（1873）刊本，陳兆熙序。

〔註7〕許景澄選編《紫陽書院課藝五編》，光緒八年（1882）刊本，許景澄題識。

〔註8〕俞樾選編《詁經精舍五集》，光緒九年（1883）刊本，俞樾序。

〔註9〕趙所生、薛正興主編《中國歷代書院志》第 15 冊，江蘇教育出版社 1995 年版，第 435～686 頁。

治五年丙寅（1866）、六年丁卯（1867）課藝。（2）同治七年戊辰（1868）課藝。（3）同治八年己巳（1869）課藝。（4）同治九年庚午（1870）課藝。至《詁經精舍四集》刊行時，已是光緒五年（1879）；《五集》、《六集》、《七集》、《八集》則分別刊於光緒九年（1883）、十一年（1885）、二十一年（1895）、二十三年（1897）。

對於捐資出版者，有的課藝總集特予注明。《崇文書院課藝》（杭州）監院題識：「書院自兵燹後，經費支絀，前刊課藝散失無存。是集梨棗之資，悉由方伯石泉楊公籌款，詳請刊刻。大吏嘉惠士林盛意，合併注明。」〔註10〕《游文書院課藝》（常熟）李芝綬序：「（汪公耕餘）甲戌（1874）季夏以書來謀，且囑綬擇辛（1871）壬（1872）兩年院中課藝之尤雅者，裒輯郵寄，公將捐廉，付之手民，爲學者觀摩之助。」〔註11〕《會文書院課藝初刻》（天津）馬繩武序：「適丁藩伯權津關道篆，慨捐白金若干爲剞劂費。」〔註12〕

二、發表周期、用稿率、用稿標準和「關係稿」

1、發表周期

清代書院考課興盛，課藝總集的稿源相當充足，往往「戢戢如束筍」〔註13〕。如果選刊不及時，勢必積壓大量課藝。《正誼書院課選》（蘇州）刊於光緒二年（1876），收錄同治四年（1865）至六年（1867）課藝。光緒八年（1882）蔣德馨（1810～1893）謀刊《正誼書院課選二集》時，書院所存課藝已是「卷帙山積，插架連屋，間有蟲侵鼠齧，簡斷篇殘，未經釐訂」。蔣氏「續加遴選，歷年既多，架構林立，如泛珠湖而遊玉海，美不勝收。雖博觀約取，不無割愛，而婠雅之材，拔十得五，計所裒輯，已不下數十萬言。若一旦全行付梓，不但排比煩冗，即剞劂亦未易蕆事。乃依初刻之例，仍以三年爲一集。」〔註14〕所收即爲同治七年（1868）至九年（1870）課藝。而其刊行在光緒八年（1882），相隔十餘年，發表周期頗爲漫長。

不過，多數課藝總集的發表周期沒有這麼長。《紫陽書院課餘選》（杭州）收錄道光二十三（1823）年課藝，刊於二十四年（1824）；《崇文書院課藝》（杭

〔註10〕 薛時雨選編《崇文書院課藝》，同治六年（1867）刊本，監院題識。
〔註11〕 李芝綬選編《游文書院課藝》，同治十三年（1874）刊本，李芝綬序。
〔註12〕 如山選編《會文書院課藝初刻》，光緒七年（1881）刊本，馬繩武序。
〔註13〕 俞樾選編《詁經精舍五集》，光緒九年（1883）刊本，俞樾序。
〔註14〕 蔣德馨選編《正誼書院課選二集》，光緒八年（1882）刊本，蔣德馨序。

州）收錄同治四年（1865）至六年（1867）課藝，六年（1867）冬月開雕，七年（1868）四月訖工；《東城講舍課藝》（杭州）收錄同治四年（1865）至七年（1868）課藝，八年（1869）季春付雕；《游文書院課藝》（常熟）收錄同治十年（1871）、十一年（1872）課藝，十三年（1874）開雕；《姚江龍山課藝初刻》（餘姚）收錄光緒十七年（1891）、十八年（1892）課藝，十九年（1893）開雕；《續刊經訓書院課藝》（南昌）收錄光緒十四年（1888）至十六年（1890）年課藝，十九年（1893）仲冬開雕；《經訓書院課藝三集》（南昌）收錄光緒十八年（1892）、十九年（1893）年課藝，二十二年（1896）年孟夏開雕。一年至五年，是較爲常見的發表周期。

2、用稿率

並非所有生徒的課藝都能夠收入總集。有的屬於「自然淘汰」，如《詁經精舍續集》（杭州）選刊之時，「年來所課卷，已散佚不全」〔註15〕；《詁經精舍七集》（杭州）距離《六集》之刊已有十年，「課卷叢殘，僅存大半」〔註16〕；光緒七年（1881）曾兆鼇選刊《玉屏課藝》（廈門），其時他「司玉屏講席十有八年於茲矣」，「客秋山居多暇，聚舊課將錄而梓之，而庚午（1870）以前存者寥寥」〔註17〕；《當湖書院課藝二編》（嘉定）選刊之時，距離初編已有二十年，「積之既久，間或散佚，計所存僅十之六七」〔註18〕。

有幸存留的課藝，也未必都能入選總集。編選者往往「擇尤甄錄」，故而由於「集隘，不能多載，遺珠之惜，誠所難免」。〔註19〕至於用稿率，有些總集的序言已經明言。《敬修堂詞賦課鈔》（杭州崇文書院）胡敬序：「積時既久，散佚頗多，姑即所存，汰其繁蕪，抉其瑕纇，十取一二，合前刻成十有六卷。」〔註20〕《羊城課藝》（廣州）陳其錕序：「乃裒歷歲所積，課藝盈千，刪繁汰冗，得百十首付梓，以詔來茲。」〔註21〕《鍾山書院課藝初選》（江寧）孫鏘鳴序：「盡發府署所存前列卷二千餘篇，博觀約取，又得二百八十餘篇，爲《續

〔註15〕 羅文俊、胡敬選編《詁經精舍續集》，道光二十二年（1842）刊、同治十二年（1873）重刊本，胡敬序。

〔註16〕 俞樾選編《詁經精舍七集》，光緒二十一年（1895）刊本，俞樾序。

〔註17〕 曾兆鼇選編《玉屏課藝》，光緒七年（1881）刊本，曾兆鼇序。

〔註18〕 楊恒福選編《當湖書院課藝二編》，光緒十三年（1887）刊本，楊恒福序。

〔註19〕 華世芳、繆荃孫選編《龍城書院課藝》，光緒二十七年（1901）刊本，凡例。

〔註20〕 胡敬選編《敬修堂詞賦課鈔》，道光二十二年（1842）刊本，胡敬序。

〔註21〕 陳其錕選編《羊城課藝》，咸豐元年（1851）刊本，陳其錕序。

選》。」〔註22〕可知這些總集的用稿率在 10%～20%。

　　還有些總集，結合序言和選錄情況，也可知其用稿率。《黃州課士錄》（黃州經古書院）周錫恩序：「自庚寅（1890）夏迄辛卯（1891）春，諸生課作，千有餘篇。茲擇其尤雅，刊若干卷。」〔註23〕是集所收 203 篇，用稿率約爲 20%。《豐山書院課藝》（香山）黃紹昌序：「計歲中閱時藝一千九百餘首，經說、史論、駢散文、詩賦八百餘首。明府謂宜擇其尤雅者，刻爲課藝。乃選時藝若干首，呈明府裁定，付之剞劂，而古學別爲一編。」〔註24〕筆者所見是集皆時藝，凡二卷 66 篇。序中所云古學一編，未見。推算起來，時藝的用稿率尙不足 3.5%。

　　又有少數總集，可知其作者入選的幾率。《尊經書院課藝》（江寧）薛時雨序：「歲在己巳（1869），時雨以谷山制府聘，承乏尊經書院。院中士肄業者二百人有奇，視承平時已減。」「起乙丑（1865）二月，迄己巳（1869）十二月，積一百餘課，存文若干首。」〔註25〕是集南京圖書館藏本僅一冊，國家圖書館藏本六冊，係全本。據全本，凡制藝 161 篇，作者 38 人。二百多人中，僅 38 人有課藝入選，亦可見發表之不易。

3、用稿標準

　　清代科舉考試的主要文體是八股文，其衡文標準叫做「清眞雅正」。〔註26〕以八股文爲主要內容的課藝總集，其選文亦以「有利於場屋」〔註27〕爲目標，故而「清眞雅正」自然成爲去取標準。茲列舉數則序言或凡例，以見一斑。

　　　　文取清眞雅正。〔註28〕

　　　　每課一藝，必以能融會聖賢立言之旨爲宗。至文之清奇濃淡，
　　　苟不詭於正，有長必錄。〔註29〕

　　　　其閱文也，奇正濃淡，有美畢收，而悉以理眞法密爲的。〔註30〕

〔註22〕李聯琇選編《鍾山書院課藝初選》，光緒四年（1878）刊本，孫鏘鳴序。
〔註23〕周錫恩選編《黃州課士錄》，光緒十七年（1891）刊本，周錫恩序。
〔註24〕黃紹昌選編《豐山書院課藝》，光緒十四年（1888）刊本，黃紹昌序。
〔註25〕薛時雨選編《尊經書院課藝》，同治九年（1870）刊本，薛時雨序。
〔註26〕龔延明、高明揚《清代科舉八股文的衡文標準》，《中國社會科學》2005 年第4 期。
〔註27〕雪岑氏選編《紫陽正誼課藝合選》，道光二十二年（1842）刊本，雪岑氏題識。
〔註28〕陳本欽選編《城南書院課藝》咸豐四年（1854）刊本，陳本欽序。
〔註29〕潘遵祁選編《紫陽書院課藝》，同治十一年（1872）刊本，潘遵祁序。
〔註30〕楊延俊選編《鸞翔書院課藝》，光緒三年（1877）刊本，楊延俊序。

制藝代聖賢立言，以清眞雅正爲上。是選取文品不高不低，學有根柢，堪以應制科者爲率。其有文涉寒儉，貌爲高古者，概不入選。〔註31〕

就近歲掇拾，得文百二十篇，一以清眞雅正爲主，其浪逞才華者置弗錄。〔註32〕

擇其尤者一百七十篇，皆理法清眞而有書卷議論者。〔註33〕

詩文以清眞雅正爲宗，而大要尤在於切。〔註34〕

彙三年内官師課卷，擇其理法雙清、華實並茂者錄之。〔註35〕

龍邑侯錦颿敍前選云：「濃淡平奇，淺深散正，一以宜乎今而不背乎古爲準則。」今亦猶是意云爾。」〔註36〕

以經史詞章爲主要内容的課藝總集，則另有取捨標準。《學古堂日記》（蘇州）吳履剛跋：「貴築黃公昔主講保定蓮池書院」，「其爲教也，大約校勘必致精，纂錄必舉要，考據務詳碻而懲武斷，義理尙平實而恥空譚，條貫本末，兼綜漢宋，實事求是，期於心得，以上企孟氏詳說反約、孔門博文約禮之訓。」〔註37〕《南菁講舍文集》（江陰）黃以周序：「凡文之不關經傳子史者，黜不庸；論之不關世道人心者，黜不庸；好以新奇之說、苛刻之見自炫，而有乖經史本書事實者，黜不庸。」〔註38〕

4、「關係稿」

胡敬（1769～1845）主講杭州崇文書院，選編《敬修堂詞賦課鈔》，收錄董醇等81人課藝，其中胡琨、胡琮姓名之後皆有「附」字。〔註39〕胡琨（1814～1860），字次瑤；胡琮（1815～1861），字季權：皆爲胡敬子。琨、琮二人課藝入選是集，當是其父關照。需要說明的是，說琨、琮二人課藝爲「關係稿」，不是說他們所作不佳。胡琮於道光二十一年（1841）補廩膳生，胡琨於

〔註31〕如山選編《會文書院課藝初刻》，光緒七年（1881）刊本，例言。

〔註32〕曾兆鼇選編《玉屛課藝》，光緒七年（1881）刊本，曾兆鼇序。

〔註33〕郭式昌選編《愛山書院課藝》，光緒八年（1882）刊本，郭式昌序。

〔註34〕屠福謙選編《馮岐課藝合編》，光緒十七年（1891）刊本，凡例。

〔註35〕馬傳煦選編《崇文書院課藝九集》，光緒十七年（1891）刊本，馬傳煦序。

〔註36〕楊恒福選編《當湖書院課藝三編》，光緒二十二年（1896）刊本，楊恒福序。

〔註37〕雷濬等選編《學古堂日記》，光緒十六年（1890）至二十二年（1896）刊本，吳履剛跋。

〔註38〕黃以周、繆荃孫選編《南菁講舍文集》，光緒十五年（1889）刊本，黃以周序。

〔註39〕胡敬選編《敬修堂詞賦課鈔》，道光二十二年（1842）刊本。

二十四年（1844）鄉試中式第 32 名舉人，﹝註40﹞皆屬一時俊彥。他們與其兄胡珵有《胡氏群從集》三卷，《清史稿‧藝文志》著錄。

　　《紫陽書院課藝九集》（杭州）收錄陳予鑒制藝一篇。文後評語云：「選課藝既竣，同學世兄駱筠溪持此卷語予曰：『此舊徒陳某作也。刻苦為文，少年齎志以歿。可否存之？』辭甚切。雖然，欲於課藝中存其人，亦可哀矣。文亦足存者，因附卷中。」﹝註41﹞其文雖「亦足存者」，但無駱筠溪的推薦則不能入選。

　　又，《江漢書院課藝》（武昌）辛卯（1891）卷，收錄製藝 10 題 31 篇。每題皆收前三名所作，惟末題增收「四十名蘇逢庚」一篇。壬辰（1892）卷收錄製藝 10 題 33 篇，每題皆收前三名所作，惟第一、二、五題增收「四名陳略」、「一等百二十名陳略」、「五名陳略」三篇。﹝註42﹞蘇、陳二人考課名次靠後，卻能入選，頗顯突兀，故疑二人課藝屬於「關係稿」。

三、命題、發表、潤色和評點

1、命題

　　書院課藝總集從內容上看，有專收八股文和試帖詩的，有專收經史詞章、時務算學的，也有兼收前兩者的。不論何種類型，課藝題目多為官師（地方官員和書院山長）所擬，生徒所作皆是命題文章。故而總集之中，多同題之作。

　　也有個別例外。黃彭年主講保定蓮池書院，認為「課試成材，非啓牖向學。限之以命題，慮非性所近也；拘之以篇幅，懼其辭不達也」，因而不再命題，改由生徒自擬題目，「命諸生為日記，人給以箚，旬而易焉，月論其得失而高下焉」。﹝註43﹞

2、發表

　　生徒所作課藝，入選課藝總集時，一般是全文刊登。

　　也有特殊情況。有的總集在刊登全文之後，附錄其他作者所作相關段

﹝註40﹞胡珵《誥授朝議大夫翰林院侍講學士書農府君年譜》，《北京圖書館藏珍本年譜叢刊》第 131 冊，第 435、437 頁。

﹝註41﹞王同選編《紫陽書院課藝九集》，光緒二十年（1894）刊本。

﹝註42﹞周恒祺選編《江漢書院課藝》，光緒十七（1891）、十八年（1892）課藝，刊刻時間未詳。

﹝註43﹞黃彭年選編《蓮池書院肄業日記》，光緒五年（1879）刊本，黃彭年序。

落。如《豐山書院課藝》（香山），陳金垣《未若貧而樂，富而好禮者也。子貢曰：〈詩〉云：「如切如磋，如琢如磨。」其斯之謂與》文後，附錄楊彤英所作提比；梁煦南《人恒過，然後能改。困於心，衡於慮，而後作；徵於色，發於聲，而後喻》文後，附錄唐景端所作起講。〔註 44〕鈔本《紫陽書院課藝》（凡十四冊十五編，三四編合爲一冊）也是如此。如第一編收錄巢序鏞等人制藝全文 37 篇，有評點；又收錄汪宗泰等 17 人所作「起比」、「後比」、「後四比」等段落，無評點。〔註 45〕這有些類似於今日學術刊物的「論點摘編」。

又有的總集，不能收錄所有生徒的課藝，爲免遺珠之憾，將未能入選總集的生徒姓名列在卷首。如《詁經精舍續集》（杭州）收錄董醇等 59 人課藝，卷首列出壬辰年（1832）至壬寅年（1842）「詁經精舍肄業之士」183 人姓名。〔註 46〕《會文書院課藝初刻》（天津）收錄趙鑾揚等 23 人課藝，卷首列出「乙亥（1875）、丙子（1876）、丁丑（1877）三年內肄業者」49 人姓名。〔註 47〕《經訓書院文集》（南昌）卷首有壬午（1882）、癸未（1883）、甲申（1884）《與課同人題名》。〔註 48〕

3、潤色

生徒所作，偶有瑕疵，收入總集時，多經選編者修改潤色。序言、題識中時有提及：

> 就中多寡，損益之，改易之，間摘瑜以補其瑕。〔註 49〕

> 每遇佳篇，擊節稱賞，偶有疵累，皆爲商改盡善。或題蘊未盡者，擬作以暢其義。〔註 50〕

> 其中文字偶有刪潤者，多係學使改筆，或參用他卷之作。以無關宏旨，不復覼縷。〔註 51〕

〔註 44〕黃紹昌選編《豐山書院課藝》，光緒十四年（1888）刊本。

〔註 45〕《紫陽書院課藝》，抄本，南京圖書館藏。

〔註 46〕羅文俊、胡敬選編《詁經精舍續集》，道光二十二年（1842）刊、同治十二年（1873）重刊本，卷首。

〔註 47〕如山選編《會文書院課藝初刻》，光緒七年（1881）刊本，卷首。

〔註 48〕王棻選編《經訓書院文集》，光緒八年（1882）至十年（1884）刊本，卷首。

〔註 49〕蕭延福選編《晴川書院課藝》，同治七年（1868）刊本，蕭延福序。

〔註 50〕楊延俊選編《鸞翔書院課藝》，光緒三年（1877）刊本，楊延俊序。

〔註 51〕譚宗濬選編《蜀秀集》，光緒五年（1879）刊本，張選青題識。

　　茲集仍就隨課錄取前列之佳製，詳加評騭，間爲刪易而潤色之，歸於完善，猶夫初、二集愼選之至意。〔註52〕

　　爰擇其尤者，得若干篇。間有一二點竄處，管窺所及，猶靳與同志商之。〔註53〕

有少數總集在各篇課藝之後，標明刊刻時刪改字數，如《紫陽書院課藝》（蘇州）初編至四編、八編至十一編。

　　也有未加潤色而直接收錄者。《蜀秀集》（成都）張選青題識云：「亦有文字略有小疵而未及更改者，則以風簷寸晷，下筆不能自休，姑仍之以存其本色。閱者錄其尺瑜，略其微纇可已。」〔註54〕

4、評點

　　課藝總集成書時，往往附錄評點，間有署名。如《崇實書院課藝》（清河），吳其程《一言以蔽之曰思無邪》評點二則，分別署「吳仲仙漕帥原評」、「楞仙」；錢丹桂《天下有達尊三爵一齒一》評點二則，分別署「武鏡汀郡伯原評」、「楞仙」；山長錢振倫擬作《且知方也》評點二則，分別署「年愚弟吳棠拜讀」、「吳昆田拜讀」。〔註55〕

　　總集所見評點，以總評居多，間有眉批、夾批。如《正誼書院小課》（蘇州）收錄《秧馬賦》三篇。第一名洪鼎，起句：「新雨一犁，長堤短堤。草軟三徑，風輕四踣。」夾批：「颯然而至，奕奕有神。」總評：「結體大方，雖縮本不至拘縛。」第二名王熙源，起句：「千塍綠穎濃如寫，中有雀躍而行者。」夾批：「起勢飛舞。」總評：「□幹中有姿色致。」第三名吳汝渤，起句：「大田多稼，我馬既同。鶯鳴隴上，雀躍泥中。」夾批：「工於發端，全神已揭。」總評：「獨見逋峭。」〔註56〕又如《毘陵課藝》（常州）收錄史致譜《君子人與》，眉批：「從下句逆探而入，筆勢飄忽。」「神迴氣合。」「莊重不佻。」「筆力雄偉、包孕宏深。」「激昂慷慨、振筆直書。」「無意不周，無語不卓。」總評：「從一與字著想，題位一絲不溢。」〔註57〕

〔註52〕晏端書選編《梅花書院課藝三集》，光緒八年（1882）刊本，晏端書序。
〔註53〕楊恒福選編《當湖書院課藝三編》，光緒二十二年（1896）刊本，楊恒福序。
〔註54〕譚宗濬選編《蜀秀集》，光緒五年（1879）刊本，張選青題識。
〔註55〕吳棠、錢振倫等選編《崇實書院課藝》，同治二年（1863）至光緒七年（1881）刊本。
〔註56〕朱琦、歐陽泉選編《正誼書院小課》，道光十八年（1838）刊本。
〔註57〕譚鈞培選編《毘陵課藝》，光緒三年（1877）刊本。

評語中偶爾還能見到緣情之筆。如《崇川紫琅書院課藝》（江蘇通州）張麗文末評語：「思清筆健，最得題情。張生性情純篤，資識過人。績學能文，名聞郡邑。余方以大成期之，而所如輒阻，不得志於時。英年遽別，士林惜之。遺稿甚多，聊登一二，以誌瓣香云。」王燴文末評語：「落落詞高，飄飄意遠，足徵懷抱不凡。生孤寒力學，早歲能文，決爲遠到之器。乃食餼未果，修文遽召。豈眞有才無命耶？覽遺篇，爲之出涕。」〔註58〕

入選總集的課藝，皆是優秀作品，故而評點幾乎都是表揚性的。課藝原件中能夠見到的批評性意見，如「情文相生，稍欠錘鍊。排律誤作五言」〔註59〕，「寓意規諷，未始不佳。惟極力作態，而筆力不足以副之耳」，「後幅尙不直致結，未有餘韻，前路未清」〔註60〕，「詩有佳句，惜失拈」〔註61〕等等，在總集中則極少見到。

四、刊行、版權、定價和廣告

1、刊行

有少數課藝總集以袖珍本刊行，如《鸞翔書院課藝》（楊延俊選編，光緒三年刊）、《廣陵書院課藝》（范淩霄選編，光緒六年刊）。袖珍本的優勢是便於攜帶，可以隨時閱讀，以備考試。《紫陽正誼課藝合選》雪岑氏題識：「欽遵古香齋袖珍板式，俾便舟車攜覽云。」〔註62〕《各省校士史論精華・略例》：「是論做袖珍板式，以備舟車便覽。幸勿誤帶入墂，致干功令。」〔註63〕

有的課藝總集刊刻精良，如《馮岐課藝合編・凡例》：「是編從本年七月初發刊，至十一月初完工，寫刻核對，均求詳慎，尙少魯魚亥豕之訛。」〔註64〕也有少數課藝總集編印倉促，校勘不精。如光緒十年（1884）上海江左書林翻刻的《關中課士詩賦錄》、三十年（1904）任錫汾序刊的《春江書院課藝》。又有些課藝涉及圖表，排印較爲繁難，選入總集時也往往省略。如《龍城書院課藝》：「輿地各藝，原有圖者頗多。今以恩促排印，不及繪刻。擬俟續鐫，

〔註58〕吳鳴鏞選編《崇川紫琅書院課藝》，嘉慶二十五年（1820）刊本。
〔註59〕東城講舍丁夢松課藝，上海圖書館藏。
〔註60〕金臺書院吳大澂課藝，上海圖書館藏。
〔註61〕剡溪書院宋炟課藝，首都圖書館藏。
〔註62〕雪岑氏選編《紫陽正誼課藝合選》，道光二十二年（1842）刊本，雪岑氏題識。
〔註63〕梅啓照、姚潤選編《各省校士史論精華》，光緒二十八年（1902）刊本，略例。
〔註64〕屠福謙選編《馮岐課藝合編》，光緒十七年（1891）刊本，凡例。

以成全璧。」「代數算式，工人不善排集。每遇算式，輒另鐫木，費時既多，且易散失。故只取簡易者，略登一二。其他繁重諸作，概從割愛。」〔註65〕

2、版權

課藝可資揣摩，有助於科舉考試，難免有人翻刻牟利。著名書院的課藝總集，尤其容易成為盜版的目標。維權之舉，也往往必不可少。《正誼書院課選二編》（蘇州）監院聲明：

> 監院正堂歐陽示：本院課選二編，奉院長朱鑒定，經諸生參校付鐫。如有抽減篇數，翻刻射利者，訪聞確實，立即指名移究，懲辦不貸。特示。〔註66〕

《三編》、《四編》、《正誼書院小課》皆有同樣聲明。「翻刻必究」四字，在課藝總集的扉頁上頗為常見。

《各省校士史論精華》則聲稱與他書絕無雷同：

> 是論與近日坊間木板、石印《史論正鵠》、《歷代史論》、《國朝名家史論》諸編，絕無一藝雷同，並非改頭換面者可比。〔註67〕

3、定價

有的課藝總集標明定價。《游文書院課藝》（常熟）：「板存蘇州長春巷西口傳文齋刻字店，每部紙張印工大錢壹佰貳拾文。」〔註68〕《廣陵書院課藝》（揚州）：「每部實洋杭連貳角二分，竹紙壹角八分。」〔註69〕《奎光書院賦鈔》（江寧）：「此賦原選十七年（1891），止價貳佰文；又增選至十九年（1893）春，止定價每部三百文。」〔註70〕

4、廣告

又有的課藝總集刊登廣告。《惜陰書院東齋課藝》（江寧）、《鍾山書院課藝初選》（江寧）的廣告相同：

> 金陵書院課藝九種，其板永存江寧省城三山大街大功坊秦狀元巷中李光明家，印訂發售，價目列左：

〔註65〕華世芳、繆荃孫選編《龍城書院課藝》，光緒二十七年（1901）刊本，凡例。
〔註66〕朱玙、歐陽泉選編《正誼書院課選二編》，道光十五年（1835）刊本，卷首。
〔註67〕梅啓照、姚潤選編《各省校士史論精華》，光緒二十八年（1902）刊本，略例。
〔註68〕李芝綬選編《游文書院課藝》，同治十三年（1874）刊本，扉頁。
〔註69〕范凌霫選編《廣陵書院課藝》，光緒六年（1880）刊本，卷首。
〔註70〕秦際唐選編《奎光書院賦鈔》，光緒十九年（1893）刊本，扉頁。

鍾山初選　四本制錢貳百文

　　　續　　八本制錢柒百文

惜陰東齋　八本制錢柒百文

　　　西　　八本制錢柒百文

尊經四刻　八本制錢柒百文

　　　二　　兩本制錢壹百四十文

　　　初　　六本制錢三百六十文

　　　三　　四本制錢貳百四十文

　　　　　　兩本制錢□□□□□ 〔註71〕

《尊經書院課藝七刻》（江寧）、《奎光書院賦鈔》（江寧）的廣告也相同：

　　　江南城聚寶門三山街大功坊郭家巷內秦狀元巷中李光明莊，自

　　梓童蒙各種讀本，揀選重料紙張裝訂，又分鋪狀元境、狀元境口、

　　狀元閣發售，實價有單。〔註72〕

五、稿費和轉載

1、稿費

　　課藝入選總集，作者並無稿費。但書院多設有膏火費，且金額與考課的等級、名次掛鈎。能夠多次入選總集的課藝作者，自然是平時考課成績名列「超等」、「上取」的生徒，他們可以博得較為可觀的膏火費。這可以視作「預支」稿費。

　　如陸春官（1858～1906），《尊經書院課藝五集》、《六集》、《七集》、《續選尊經課藝》、《文正書院丙庚課藝錄》（江寧）分別收其制藝7、5、6、13、4篇。他「性不喜帖括，以家貧，親老仰膏火自給，每月院課，為文十數卷，至夜分始輟，以是羸弱」。〔註73〕周鳴春（字芷庭），《崇文書院課藝》、《學海堂課藝續編》（杭州）分別收其制藝6、1篇。他「赴杭應課，課輒冠曹。每一藝出，士子哄傳遍鈔，城垣紙為之貴，而一家十餘口即藉是以為活。」

〔註71〕孫鏘鳴選編《惜陰書院東齋課藝》，光緒四年（1878）刊本，廣告頁；李聯琇選編《鍾山書院課藝初選》，光緒四年（1878）刊本，廣告頁。

〔註72〕盧鈐選編《尊經書院課藝七刻》，光緒十五年（1889）序刊本，廣告頁；秦際唐選編《奎光書院賦鈔》，光緒十九年（1893）刊本，廣告頁。

〔註73〕蔣國榜《陸椿生先生傳》，陸春官《陝餘雜著》卷首，《叢書集成續編》第197冊，第663頁。

〔註74〕費有容（1874～1931），《紫陽書院課藝九集》、《詁經精舍七集》、《八集》（杭州）、《最新兩浙課士錄》分別收其課藝 1、5、3、1 篇。費氏晚年所作《杭酒襟痕錄》回憶道：「肄業各書院，歲約得膏火費四百元有奇。而廩保之興膳、生徒之修脯，以至各項賣文之值得，並計亦逾五六百，家用外綽綽餘裕。」〔註75〕

各書院的「預支」稿費亦有高有低。項藻馨（1873～1857）早年在杭州應課，各有 1 篇課藝入選《詁經精舍八集》、《紫陽書院課藝九集》。後來他赴上海參加格致書院的考課，發現「獎金優厚，較之杭地竟數倍焉」。〔註76〕

2、轉載

根據編選層次，可將課藝總集分為初選本和二次選本。所謂初選本，指集內詩文係初次彙編成冊者。這是今存課藝總集的主要形態。二次選本，則是從初選本中再選佳作、彙為一編者。這類選本數量不多，今存十餘種，如《各省課藝彙海》（擷雲腴山館主人編，光緒八年刊）、《五大書院課藝》（光緒二十二年明達學社刊）、《最新兩浙課士錄》（浙報館選，光緒二十六年刊）、《雲間四書院新藝彙編》（姚肇瀛編，光緒二十八年刊）、《蘇省三書院課藝菁華》（竹虛室主編，光緒二十八年刊）、《各省校士史論精華》（姚潤編，光緒二十八年刊）、《選錄金陵惜陰書院、浙江敬修堂論議序解考辨等藝》（抄本，上海圖書館藏）。如果說初選本類似於今之「學報」和「集刊」，二次選本則接近於今之「學報文摘」、「複印資料」。

二次選本亦多有連續出版物的性質。《紫陽正誼課藝合選》之後有《紫陽正誼兩書院課藝合選二集》（蘇州）；《金陵惜陰書舍賦鈔》（江寧）陳兆熙序明言「經解雜作，集隘不能備登，俟之續刻」；〔註77〕《最新兩浙課士錄》、《各省校士史論精華》則登出廣告：「初編論，二三編續出。」〔註78〕「二集選定，不日開雕。」〔註79〕

〔註74〕光緒《富陽縣志》卷 19《人物・國朝》，光緒三十二年（1906）刊本，第 39
　　　頁 a。
〔註75〕費有容《杭酒襟痕錄》，《金剛鑽月刊》第 1 卷第 12 期（1934 年），第 1 頁。
〔註76〕宣剛整理《項蘭生自訂年譜（一）》，《上海檔案史料研究》第 9 輯，上海三聯
　　　書店 2010 年版，第 186 頁。
〔註77〕陳兆熙選編《金陵惜陰書舍賦鈔》，同治十二年（1873）刊本，陳兆熙序。
〔註78〕浙報館選《最新兩浙課士錄》。光緒二十六年（1900）刊本，卷首。
〔註79〕梅啓照、姚潤選編《各省校士史論精華》，光緒二十八年（1902）刊本，略例。

其轉載原文、評點，一般不作改動。《金陵惜陰書舍賦鈔》（江寧）「批評次序，悉遵原閱，不敢妄以己意增損」，〔註80〕《各省校士史論精華》「係倩各省友人抄錄郵寄，評圈悉依原稿。間有失去批詞者，概付闕如，以存其眞」。〔註81〕

跨書院收錄的二次選本，多標明課藝來源。《最新兩浙課士錄》作者名下，注明所屬書院及名次，如「陳錦文，詁經一名」，「費有容，崇文一名」，「朱宗萊，紫陽一名」。《各省課藝彙海》作者前標注所屬書院，或課作來源，如《學海堂續集》、《閩中初集·正誼書院》、《尊經初集》周山長課、《崇文四集》馬山長課、《閩中·鼇峰書院二集》、江漢書院、《安定梅花合編》等。

與今日的「大學學報」和「學術集刊」相比，清代書院課藝總集的刊期、發表周期都偏長，課藝題目不是作者自擬，用稿標準多與科舉考試相關，稿費已在膏火費中「預支」；但從連續出版物這一本質屬性，以及籌款、審稿、發表、刊行、轉載等系列流程來看，書院課藝總集實開今日學報和集刊的先河。可以說，課藝總集是清代書院的「學報」和「集刊」。在歷代總集中，這是一個特殊的類型。

〔註80〕陳兆熙選編《金陵惜陰書舍賦鈔》，同治十二年（1873）刊本，陳兆熙序。
〔註81〕梅啓照、姚潤選編《各省校士史論精華》，光緒二十八年（1902）刊本，略例。

科舉功名的偶然與必然：
文學敘述與實證分析

清初褚人獲《堅瓠集・秘集》卷五《必然偶然》云：

> 新安張山來先生《憶聞錄》：吾邑某生從師讀書山中，一日徒問
> 其師曰：「讀書欲何為？」師曰：「為科第也。」某曰：「科第亦偶然
> 耳，安可必乎？」師曰：「讀書以博科第，乃必然者，何謂偶然？」
> 後師徒二人同登賢書，各建一坊。師題曰「必然」，弟題曰「偶然」。
> 歷年既久，「必然」者圮於地，而「偶然」者尚無恙云。〔註1〕

這是一則寓言，其涵義並不複雜，講的是科舉功名的偶然性，用《儒林外史》
開場詞的話說，即「功名富貴無憑據」。科舉考試以文章定取捨，因而所謂「必
然偶然」，實有一個內在標杆，即文章的好壞：文章好應該能中，文章不好就
不能中，是為「必然」；若文章好卻中不了，文章不好卻可高中，是為「偶然」。
換句話說，文章與科名相符，即為「必然」，否則即為「偶然」。在明清時代，
「文章」主要就是八股文。

一

儘管有些作品愛寫才學之士「取金紫如拾芥」，譬如才子佳人小說以及部
分戲曲；明清文學科舉題材更為主流的表述，仍是「功名富貴無憑據」。以小
說名著為例：鮮于同少為神童，卻久困場屋。年屆六旬，遇上賤老愛少的考
官蒯遇時，反而出現轉機，一路中到進士（《警世通言・老門生三世報恩》）；

〔註1〕褚人獲《堅瓠集》卷5，浙江人民出版社1986年影印民國柏香書屋本，第1頁。

「才名冠一時，而試輒不售」的賈奉雉，「戲於落卷中，集其闈冗泛濫不可告人之句，連綴成文」，以此應試，「竟中經魁」（《聊齋誌異・賈奉雉》）；奇人聾僧，能以鼻知文，餘杭生焚以試官之文，每一首，僧「都言非是，至第六篇，忽向壁大嘔，下氣如雷」（《司文郎》）；馬二先生對待舉業極為虔誠，卻屢困秋闈，遲衡山因此有段評論：「小弟看他著實在舉業上講究的，不想這些年，還是個秀才出身。可見這『舉業』二字，原是個無憑的。」（《儒林外史》第 49 回）

舉業無憑，可能因為「盲試官」，眾多科場弊案可以為證，無需多論。而更多的時候，恐怕未必是因「盲試官」。蒲遇時三次欲黜鮮于同，三次事與願違，恰恰說明試官的主觀能耐有限。文章好卻中不了，可能與文章不合「風氣」有關。高翰林就不同意遲衡山的觀點，他說：「『揣摩』二字，就是這舉業的金針了。」「若是不知道揣摩，就是聖人，也是不中的。那馬先生講了半生，講的都是些不中的舉業。他要曉得『揣摩』二字，如今也不知做到甚麼官了！」（《儒林外史》第 49 回）所謂「揣摩」，主要指揣摩「風氣」，以合時尚。馬二可能真的不諳此道，但「揣摩」的品格不高，「詭遇獲禽，亦君子所深恥」〔註 2〕。這一點，五上春官始成進士的湯顯祖深有感觸，他曾說：

> 予弱冠舉於鄉，頗引先正錢、王之法，自異其伍。已輒流宕詞賦間。所知多謂予，何不用法更一幸為南宮首士最，而好自潰敗為。予心感其言，不能用也。庚壬二午間，制義不能盈十。比杭守貳監利姜公奇方迫予明聖湖頭，令作藝。已近臘而逾春，卒卒成一第去。久乃悔之。予力與機可為王、錢，而遠之者，亦非命也。〔註 3〕

錢、王，即弘治進士錢福和成化進士王鏊，他們的八股文代表著一時風氣。湯顯祖與他們「自異其伍」，也就難免科名蹭蹬；待到有所改變，方獲一第。

文章好卻中不了，也可能與文章過於「蘊藉」有關。清代宣鼎《夜雨秋燈錄》中的一則故事可謂典型。「吳蘭陔者，時文中之名手也。其門下從學之徒數百人，發科甲入詞林者甚眾。惟先生落筆高古，屢困場屋，時年已五旬外矣，功名之念甚切。」後入闈應試，題為《鄉人皆好之》。蘭陔早先作有此

〔註 2〕汪廷珍《學約五則》，李國鈞主編《清代前期教育論著選》下冊，人民教育出版社 1990 年版，第 327 頁。

〔註 3〕湯顯祖《湯許二會元制義點閱題詞》，《湯顯祖集》詩文集卷 33，中華書局 1962 年版，第 1099 頁。

文，但入闈前已爲本家吳生某抄去，蘭陔「不勝悔恨，曰：『得意之作既被人錄去，諒天意終身不得售矣。』遂信筆一揮，交卷而出。」然而錄取結果卻是：吳生歸，不作第二人想，卻榜上無名；蘭陔本不作指望，「是科竟中」。接下來：

> 蘭陔以舊作入見座主，曰：「門生薄有微名，闈中之作，聊以塞責，不堪爲多士寓目，請以此文易之。」座主曰：「可。雖然，此文若在場中，未必中式。蓋閱卷時走馬看花，氣機流走者，易於動目。此文非反覆數過，不知其佳處，試官有此等閒情乎？故無益也。」
> 〔註4〕

座師的話，直截了當，非常坦率：含蓄蘊藉的八股文是不適於應試的。〔註5〕由此反觀《儒林外史》第 3 回，廣東學道周進給老童生范進看卷，看到第三遍，不覺歎息：「這樣文字，連我看一兩遍也不能解，直到三遍之後，才曉得是天地間之至文，眞乃一字一珠！可見世上糊塗試官，不知屈煞了多少英才！」這裡對周學道未必是諷刺，范進的文章可能確需「反覆數過」方可「知其佳處」。就算試官不「糊塗」，若非偶然，也未必會取范進。

宋代蘇軾曾批評「後生科舉之士，皆束書不觀，遊談無根」。〔註6〕迨至明清，「束書不觀」之舉子，則唯八股文是讀。這類舉子若能高中，而博涉經史詞章之士卻困頓場屋，不能不說也體現了科舉功名的另一種「偶然」：學識與科名不符。清代王士禛《香祖筆記》記有一則故事：

> 萊陽宋荔裳（琬）按察言幼時讀書家塾，其邑一前輩老甲科過之，問：「孺子所讀何書？」對曰：「《史記》。」又問：「何人所作？」曰：「司馬遷。」又問：「渠是某科進士？」曰：「漢太史令，非進士也。」遂取而觀之，讀未一二行，輒抵於案，曰：「亦不見佳，何用讀爲？」荔裳時方髫齔，知匿笑之，而此老夷然不屑。〔註7〕

進士竟不知《史記》，無怪乎此事又被收入笑話集。〔註8〕不過，由此亦可知《儒林外史》中范進不知蘇軾，馬二不知李清照，乃屬合理虛構。

〔註4〕宣鼎《夜雨秋燈錄》三集卷2，上海古籍出版社1987年版，第882頁。

〔註5〕參見陳文新、魯小俊《且向長河看落日：儒林外史》，雲南人民出版社 2001年版，第86頁。

〔註6〕蘇軾《李氏山房藏書記》，《蘇軾文集》卷11，中華書局1986年版，第359頁。

〔註7〕王士禛《香祖筆記》卷8，上海古籍出版社1982年版，第149頁。

〔註8〕獨逸窩退士輯《笑笑錄》卷4，浙江古籍出版社1985年版，第131頁。

　　至於非關文章、學識的因素影響科名，史志、文集、筆記多有記載。例如林文秸、洪英、孫日恭、邢寬、祁順、王一夔、吳情、秦鳴雷、王揆、胡長齡、王國均、王壽彭、朱汝珍、劉春霖等人的科第名次，據說與姓名有關。再如郭翀與吳伯宗、趙翼與王杰，皆曾互易名次，傳爲與儀表、籍貫有關。〔註9〕這類掌故發生在會試、殿試階段，雖與普通士子相隔甚遠，且與事實或有出入，〔註10〕但各體文獻的反覆言說，也可視爲科名「偶然」論的強化和補充。

　　古人也有一種關於科名「必然」的認識，即所謂「科名前定」。此說定型於宋代，認爲科名主於「神」和「命」。〔註11〕舉凡神鬼、夢境、風水、陰騭、巫卜等皆包括在內，至明清時期已有很大的輿論市場。即如《國朝貢舉年表》這類以文獻考據見長的著作，也津津樂道於查嗣韓、胡任興、趙熊詔、陳大經、錢棨、潘世恩、黃多益等科舉名人的「科名前定」之夢，〔註12〕可見其影響力之大。從實質上講，這種「必然性」與宿命論、道德論有關，但與文章無關。所以瞽僧對餘杭生說：「我所論者文耳，不謀與君論命。」但明倫評曰：「簾外論文不論命，簾中論命不論文。」（《聊齋誌異·司文郎》）安學海也說：「這科名一路，兩句千古顛簸不破的話，叫作『窗下休言命，場中莫論文。』照上句講，自然文章是個憑據；講到下句，依然還得聽命去。」（《兒女英雄傳》第 34 回）以文章爲標杆，「科名前定」這種「必然」論其實仍是「偶然」論。

二

　　文學作品關於舉業無憑的敘述，與實際情況是否相符？我們能否以科學的方法予以證實或證僞？考察這個問題，首先應該對「必然偶然」作較爲客觀的界定，而非單純以文佳必中爲標準。一個顯而易見的事實是，應考人數與錄取人數之間存在巨大落差，是科舉時代的突出現象。以明代鄉

〔註 9〕參見張朝瑞《皇明貢舉考》卷3、卷4，張弘道、張凝道《皇明三元考》卷1，王世貞《弇山堂別集》卷 81，趙翼《簷曝雜記》卷 2，錢泳《履園叢話》卷13，徐珂《清稗類鈔·姓名類》等。

〔註10〕參見商衍鎏《我中探花的經過——並談光緒甲辰科殿試鼎甲名次變易的實在情形》，《大公報》1958 年 10 月 21、22 日。

〔註11〕參見祝尚書《宋代科舉與文學》，中華書局 2008 年版，第 497 頁。

〔註12〕參見魯小俊、江俊偉校注《貢舉志五種》前言，武漢大學出版社 2009 年版，第 15 頁。

試、會試爲例，據郭培貴先生推算：明初鄉試錄取率在 10%上下，成化、弘治間定爲 5.9%，嘉靖末年降爲 3.3%，而實際錄取率又低於此；會試錄取率，自洪武至萬曆中平均爲 8.6%。〔註13〕因而有關明清科舉「必然偶然」的評述，較爲客觀、合理的標準應該是：八股文出色者錄取率高，普通者錄取率低，是爲「必然」；反之即爲「偶然」。其次，八股文出色與否，最好以試場之文爲評判對象。但一來文獻多有散佚，二來標準難免主觀，較爲可行的做法是考察平時成績。若有足夠數量的、較爲集中的平時成績作爲分析樣本，再與實際科名比對，或可發現某些規律。這樣，「必然偶然」的問題就轉化爲：平時成績優秀者錄取率高，普通者錄取率低，是爲「必然」；反之即爲「偶然」。而這平時成績，也應該有一個客觀的衡量標準。

有沒有這樣的樣本呢？有。書院課藝總集即是理想的樣本。

考課成爲主流，是清代書院考試的一個主要特點。或月課、季課，或官課（包括縣課、州課、府課、學院課、輪課）、師課（又稱堂課、齋課、院課、山長課），或詩課、經古課、策論課、舉業課，名目頗爲繁多。〔註14〕生徒考課的試卷叫做課藝，其數量應該是相當可觀的。但因課藝皆爲生徒所作而非出自名家之手，又多爲舉業之文，歷來較少受到重視，往往任其散佚。現今存世的課藝文獻，其形式有三種：一是課藝原件。多散見於各地公私藏所，如上海圖書館藏有東城講舍丁夢松課卷、鴛湖書院鍾槱課卷、金臺書院吳大澂課卷。二是課藝別集。以個人書院課藝彙爲一集，並不多見。我們所經眼者，有王元釋《致用書院文集》、《致用書院文集續存》，爲其肄業福州致用書院時所作。三是課藝總集。這是存世課藝的主要形式，其名稱多爲「書院名＋課藝」式，如《尊經書院課藝》；亦有稱「文集」或「集」者，如《致用書院文集》、《學海堂集》；此外又有少數稱「課集」、「會藝」、「文稿」、「試牘」、「課士錄」的，如《研經書院課集》、《培原書院會藝》、《廣雅書院文稿》、《嶽麓試牘》、《滇南課士錄》；還有個別稱「日記」的，如《蓮池書院肄業日記》。今存課藝總集，以刊本爲主，另有少量稿本、抄本。

〔註13〕郭培貴《明代科舉各級考試的規模及其錄取率》，《史學月刊》2006 年第 12 期，第 24 頁。

〔註14〕陳谷嘉、鄧洪波主編《中國書院制度研究》，浙江教育出版社 1997 年版，第 482 頁。

書院刊刻課藝成爲風尚，始於嘉慶六年（1801）阮元手訂的《詁經精舍文集》。其後直至清末，課藝的刊刻遂成爲普遍現象。今人著述中，著錄書院課藝最多的是徐雁平先生的《清代東南書院課藝提要》，凡江浙皖三省書院課藝 86 種，其中總集 84 種。〔註 15〕我們近年訪書，又經眼三省書院課藝總集 56 種，由此可知清代東南書院課藝總集的數量至少在 140 種。

書院課藝總集可以用作分析錄取率的材料，它的有效性基於三個方面：

一、清代書院課試的內容，其主流是模擬鄉試、會試，以八股文和試帖詩爲常例；若加試經史詞章，則爲小課，非常例。也有專課經史詞章者，如杭州詁經精舍、上海求志書院、江陰南菁書院，但不屬主流。較之於試場之文，書院課藝更能反映生徒的實際水平。《各省課藝彙海》范鳴龢序即云：

> 房稿之文，雖多名作，而或不能盡中有司之繩度；鄉會諸墨，固亦不無佳構，而苦於鎖院之拘制、時日之迫促，故作者、閱者皆不得以儘其長。若夫書院課試，其時甚寬，其境甚暇，作者、閱者並得以窮極其心思才力之所至而無遺憾。〔註 16〕

二、入選篇數存在落差。書院考課的成績，一般劃分等級名次。生員分超等、特等、一等，文童分上取、中取、次取，各有名次，有的總集即於作者名下注明等級名次。但這類信息對於分析錄取率並無實際意義，因爲總集皆「擇其尤者」彙而刊之，入選者多爲超等、上取，名次之間亦無大的落差。但一集之內，作者入選篇數往往不同。入選篇數多者，可視爲平時成績優秀者，反之則遜色一些。由此延伸，考察這些作者的科舉功名，當可以在平時成績與最終科名之間建立某種聯繫。

三、總集編選、刊刻多具有即時性。或一季一集，如《上海求志書院課藝》諸集；或一年一集，乃至數年一集，如《紫陽書院課藝》（蘇州）初編至十七編，每一年、兩年或三年一集。最重要的是，編選、刊刻之時，總集作者多未取得科名。以《紫陽書院課藝》（蘇州）初編爲例，是集同治十一年（1872）冬日始刊，十二年（1873）六月刊竣。凡四書文 166 篇，試帖詩 120 首，作者 84 人。四書文入選篇數居前列者：胡元瀞 9 篇，黃賡唐、潘欲仁 8 篇，吳

〔註 15〕徐雁平《清代東南書院與學術及文學》，安徽教育出版社 2007 年版，第 485 ～523 頁。

〔註 16〕擷雲腴山館主人輯《各省課藝彙海》卷首，光緒 8 年擷雲腴山館刊本。

文桂、秦綏章 7 篇，汪宗泰、陸潤庠、王頌蔚 6 篇……。他們的科名情況如下：胡元瀯，廪生；黃賡唐，咸豐四年（1854）歲貢；潘欲仁，道光二十九年（1849）副貢；吳文桂，同治六年（1867）舉人；秦綏章，光緒五年（1879）舉人，九年（1883）進士；汪宗泰，廪貢；陸潤庠，同治十二年（1873）舉人，十三年（1874）狀元；王頌蔚，光緒二年（1876）舉人，六年（1880）進士。八人之中僅吳文桂一人在總集刊刻之前中式鄉試，且他的入選篇數僅居第四位，可見該集不是根據科名選文。書院課藝總集大多如此。以這類總集爲實證材料，較之於長時段之後的選本，可以最大限度地減少作者科名對於選文的干擾。

　　與上述有效性相關，我們對納入分析對象的總集作了限定：一、考察的對象，是以八股文爲內容的總集。兼收試帖詩的總集，如《紫陽書院課藝》（蘇州）初編至十七編，《學海堂課藝》（杭州）初編至八編，因爲文和詩的量綱不同，暫不納入；至於以經史詞章爲內容的總集，如《詁經精舍文集》初集至七集、《惜陰書院東齋、西齋課藝》（江寧）、《上海求志書院課藝》諸集，因兼收詩文，量綱不一，亦不納入。二、作者入選篇數應有較大落差。有些總集之中，作者入選篇數差別不大，如《蔚文書院課藝》（海鹽）收錄課藝 31 篇，作者 27 人，入選最多者 2 篇，最少者 1 篇；《月湖書院課藝》（鄞縣）收錄課藝 124 篇，作者 84 人，入選最多者 4 篇，最少者 1 篇。落差不大，則難以見出平時成績的差距，因此不宜納入。本書所用分析材料，設定爲最高入選篇數在 10 篇以上的總集。三、用初選本，不用「二次」選本。如《雲間四書院新藝彙編》（松江）、《紫陽正誼課藝合選》、《紫陽正誼書院課藝合選二集》（蘇州），皆爲「二次」選本。其選刊時間較爲滯後，不予採用，以避免作者科名因素的干擾。此外還有一點需要考慮：光緒三十一年（1905）科舉停廢，故而統計課藝作者的科名，所用材料應該與這個時間點保持相當的距離，方爲合理。我們以 20 年爲限，即以光緒十一年（1885）前選刊的總集爲有效材料。職是之故，《姚江龍山課藝初刻》（餘姚，1893 年刊）、《文正書院丙庚課藝錄》（江寧，1900 年刊）等皆不納入分析範圍。

　　簡而言之，我們用於實證分析的總集同時滿足四個條件：（1）內容爲八股文；（2）入選篇數最多者在 10 篇以上；（3）初選本；（4）選刊時間在 1885年以前。我們所經眼的 140 種東南書院課藝總集之中，同時符合四項條件者有 16 種：

1、《正誼書院課選》（蘇州），朱珔（1769～1850）選定，道光十四年（1834）秋刊；

2、《正誼書院課選二編》（蘇州），朱珔選定，道光十五年（1835）春刊；

3、《正誼書院課選三編》（蘇州），朱珔選定，道光十六年（1836）春刊；

4、《正誼書院課選四編》（蘇州），朱珔選定，道光十八年（1838）秋刊；

5、《當湖書院課藝》（嘉定），張浩（1811～1870）選編，同治七年（1868）刊；

6、《敷文書院課藝》（杭州），沈祖懋（1813～1870）鑒定，同治九年（1870）楊昌濬（1826～1897）序、沈祖懋序。

7、《尊經書院課藝》（江寧），薛時雨（1818～1885）鑒定，同治九年（1870）刊；

8、《尊經書院課藝三刻》（江寧），薛時雨鑒定，同治十二年（1873）孟秋刊；

9、《毘陵課藝》（常州），譚鈞培（1829～1894）選編，光緒丁丑（1877）暮春刊；

10、《尊經書院課藝四刻》（江寧），薛時雨鑒定，光緒五年（1879）七月刊；

11、《廣陵書院課藝》（揚州），范淩霄（1792～1875）選編，約光緒元年（1875）選定，六年（1880）三月刊；

12、《紫陽書院課藝五編》（杭州），許景澄（1845～1900）鑒定，光緒八年（1882）仲秋刊；

13、《梅花書院課藝三集》（揚州），晏端書（1800～1882）評選，光緒八年（1882）刊；

14、《尊經書院課藝二刻》（江寧），薛時雨鑒定，光緒八年（1882）八月重刊；

15、《尊經書院課藝五刻》（江寧），薛時雨鑒定，光緒九年（1883）薛時雨序；

16、《尊經書院六集課藝》（江寧），薛時雨鑒定，約光緒十一年（1885）刊。

三

統計錄取率，我們採取的方法和步驟爲：

一、將每種總集的作者分爲兩類，A 類爲入選 2 篇以上者，B 類爲入選 1 篇者，分別代表平時成績優秀者和普通者。16 種總集之中，A 類作者共 396 人次，B 類作者 532 人次。以 2 篇爲分界，這是最能夠保證兩類人數不致於相差太大的劃分法。再有，入選 1 篇者，編選者可能有「以文存人」的考慮，我們將其視爲成績普通者，當亦較爲合理。

二、考察作者的科舉功名。這裡僅考察最爲人所重的舉人和進士。除了依據碑傳、年譜、硃卷、方志等資料查檢作者生平以外，還有幾種通用文獻。據《明清進士題名碑錄索引》、《清朝進士題名錄》可核檢進士，據《國朝兩浙科名錄》、《重修浙江通志稿‧考選》、《江蘇省通志稿‧選舉志》可核檢一省舉人。〔註 17〕各集作者之科名，以及各類作者之錄取率，即可由此確定。在下表中，以「【　】」表示舉人，以「＿」表示進士。

需要特別注意的是，有些總集標注作者字號、籍貫等項，對於確認作者身份極爲有用。但多數總集，姓名之外別無作者信息，這就需要仔細考辨，以免張冠李戴。〔註 18〕例如《紫陽書院課藝五編》（1882 年刊）作者朱瀚，他

〔註 17〕 朱保炯、謝沛霖《明清進士題名碑錄索引》，上海古籍出版社 1980 年版；江慶柏《清朝進士題名錄》，中華書局 2007 年版；黃安綬《國朝兩浙科名錄》，浙江古籍出版社 2012 年影印咸豐 7 年刻本光緒末增刻本；民國《重修浙江通志稿‧考選》、浙江圖書館謄錄稿；民國《江蘇省通志稿‧選舉志》，江蘇古籍出版社 1993 年版。

〔註 18〕 將同名同姓之人誤作一人，是人物考訂中容易犯的錯誤，即便一些學術價值極高的當代名著，也偶有此失。例如《清人別集總目》著錄徐錫麟《巢雲山房詩存》，小傳稱徐錫麟字伯蓀，號光漢，山陰人，因刺殺恩銘就義。實則清末徐錫麟有三人，一爲山陰人，刺殺恩銘者；一爲長洲人，字筠心，號孟仙，《紫陽書院課藝十六編》收其課藝；一爲丹徒人，字天石，著有《巢雲山房詩存》。又著錄《述梅草堂遺集》，小傳稱作者蔣仁（1743～1795）初名泰，字階平，號山堂，仁和人。實則該書作者蔣仁（1863～1912）字聽彝，號培孫，閩縣人，《致用書院文集》收其課藝。又著錄蔣清瑞別集三種：《退結廬詩稿》《遺稿》、《退結廬詩存稿》、《月河草堂叢鈔》。實則前兩種書的作者蔣清瑞（1794～1850）字純熙，號愚溪，青浦人。《月河草堂叢鈔》作者蔣清瑞（1859～？）字宷丞（採丞），號瀾江，歸安人，《愛山書院課藝》收其課藝。再如，徐雁平《清代東南書院與學術及文學》中有《詁經精舍弟子著述表》，著錄鄞縣張慧《冷香閣詩草》，實則此書爲上元女詩人張慧所著；錢塘李鳳儀《時務分類與國策》，實則此書爲燕山李鳳儀所輯；錢塘王仁溥《葯園詩草》、《評注駢文筆法百篇》，實則這兩種書皆爲蕭山王仁溥所著，二人在世時間地點相近，極易混淆。又，

又有課藝收入《紫陽書院課藝六集》（1885 年刊）、《紫陽書院課藝八集》（1892年刊）。同名且同爲浙籍者有：（1）餘姚朱瀚，生於嘉慶十九年（1814），道光十七年（1837）鄉試中式副榜。〔註19〕（2）仁和朱瀚，道光二十年（1840）進士。以時間來判斷，他們應該不是紫陽生徒朱瀚。《紫陽書院課藝五編》又有作者王廷鼎，他是否是江蘇震澤人王廷鼎呢？書院具有地域性，課藝作者多爲當地或鄰近地區士子。然考震澤王廷鼎生平，知其字夢薇，早年在吳地爲童子師，又應書院課，以博膏火資。四應省闈不售，捐從九品，分發浙江。光緒七年（1881）補授麗水縣丞，俄中蜚語罷官，「仍服儒衣冠，應書院課，賣書畫自給，如未仕時。」〔註20〕《詁經精舍六集》（1885 年刊）亦收錄王廷鼎課藝多篇，且於其名下注明「夢薇」。據此可以斷定紫陽生徒王廷鼎即震澤王廷鼎。諸如此類，皆需明辨。

16 種總集作者的功名及錄取率如下表所示：

1	《正誼書院課選》118 篇、47 人	舉　人	進　士
A	【張肇辰】11 篇，王芝孫、【吳鍾駿】9 篇，【馬學易】、江文齡、【黃增川】6 篇，陸元綸、【潘霽】、【陳烱】5 篇，顧本立、【胡清綬】4 篇，【王熙源】、【陳宗元】3 篇，章辰、【徐紹鼇】、【嚴良訓】、蔣廙堨、王光泰、宋元英、【洪鼎】、程邦瀚 2 篇	12/21 57.14%	4/21 19.05%
B	王瑋、顧鴻來、郯樹梓、陸廷英、【沈贊】、祝爾康、費振均、周寶琪、【金鳳沼】、【姚琳】、【華翊亨】、曹承憲、費崙、胡國俊、【葉琚】、邱惟仁（邱維仁）、【王嘉福】、吳鳳墀（原名一鳴）、【張邦瑜】、尤覲宸、【鄭之僑】、宋清壽、吳錫慶、沈秉鎮、【夏曉初】、吳汝渤 1 篇	9/26 34.62%	2/26 7.69%

2	《正誼書院課選二編》117 篇、50 人	舉　人	進　士
A	【馮桂芬】19 篇，【陳烱】9 篇，【洪鼎】8 篇，陸元綸 6 篇，【胡清綬】5 篇，【徐紹鼇】、【吳鍾駿】、【顧文彬】、【夏曉初】4 篇，【范來治】、王芝孫、【朱文漣】3 篇，【金鳳沼】、劉廷楨、管秀瀛、江文齡、【王熙源】、【王嘉福】、【顧樹榮】2 篇	14/19 73.68%	4/19 21.05%

《詁經精舍四集》作者沈豫，徐著謂其爲蕭山諸生，著有《蛾術堂集》、《芙村文鈔》等。實則這位蕭山沈豫卒於咸豐四年（1854），而《詁經精舍四集》所收諸藝，皆作於同治末至光緒初，兩個沈豫不是同一人。

〔註19〕《清代硃卷集成》第 362 冊，第 187 頁。

〔註20〕俞樾《王夢薇傳》，《春在堂雜文五編》卷 3，《清代詩文集彙編》第 685 冊，第 17 頁。

B	【陸元城】、張肇榮、胡國俊、【馬學易】、【陸元綏】、程邦瀚、沈襄、邵馨、蔣虜堪、【潘霨】、【費元鎔】、【許源】、汪寶崧、顧祿、蔣庭桂、陳廷鑛、張庚、任楣、【王希旦】、彭希程、陸廷英、【陸毓元】、周寶琪、吳汝渤、史國英、【沈祺】、【楊裕仁】、張定鋆、曹芝沅、吳一桂、【姚琳】1 篇	11/31 35.48%	4/31 12.9%

3	《正誼書院課選三編》146 篇、51 人	舉 人	進 士
A	陸元綸 13 篇，【洪鼎】10 篇，【夏曉初】、【范來治】8 篇，【顧文彬】7 篇，【金鳳沼】、【馮桂芬】、【胡清綬】、【徐紹鑒】6 篇，李傳楨 5 篇，【陳煛】、【姚琳】4 篇，沈毓和、張肇榮、【張璐】、【潘霨】、顧紹琮、【王希旦】、管秀瀛 3 篇，徐元善、陳仁齡、王芝孫、【王嘉福】、徐正鑣、邵馨、汪嘉惠、【王熙源】、范雲遂、顧達尊 2 篇	15/29 51.72%	4/29 13.79%
B	【郭鳳岡】、彭希程、【汪堃】、劉廷楨、【李傳柏】、顧鴻來、蔣虜堪、【沈贊】、【汪曜奎】、【潘廷英】、周修均、【柳興宗】、張步瀛、李覲光、【鄭之僑】、陸朱焗、石麟、吳鳳墀、錢綺、王瑋、陸廷英、嚴元鑣 1 篇	8/22 36.36%	2/22 9.09%

4	《正誼書院課選四編》100 篇、37 人	舉 人	進 士
A	【洪鼎】11 篇，【潘霨】、陸元綸 8 篇，李傳楨、邵馨 7 篇，【張璐】、【王熙源】、【顧文彬】5 篇，汪嘉惠 4 篇，【姚琳】、【范來治】、【徐紹鑒】、【馮桂芬】3 篇，蔣嘉鳳、程世勳、王芝孫、金謙 2 篇	9/17 52.94%	3/17 17.65%
B	姜湖、黃鋆、顧鴻來、【沈贊】、潘仁鼇、王瑋、顧麟珍、潘紹瑄、洪晉、徐元善、劉廷楨、【李棟衡】、管秀瀛、【汪曜奎】、汪寶禮、蔣虜堪、【金鳳沼】、【陸毓元】、【王振聲】、貝青喬 1 篇	6/20 30%	0

5	《當湖書院課藝》160 篇、68 人	舉 人	進 士
A	【葛家善】11 篇，楊震福 10 篇，葉聲駿、王鍾福 9 篇，秦錫元 7 篇，陳慶甲 6 篇，嚴肇祥、【楊恒福】5 篇，【陸乃勳】、趙莪、嚴啓祥、吳甘泉 4 篇，張日禮、錢元汾、【黃宗起】、朱元輔、汪壽椿、程嘉樹 3 篇，秦善祥、浦昌祺、黃宗善、嚴應霖、戴錫全、王慶林、施恩綬、周日壽、李金聲、章光第、朱維璋、【管廷祚】、【吳邦升】、汪興詩 2 篇	6/32 18.75%	0
B	諸維銓、莊其淵、王來均、周日楨、施誦芬、朱書桂、王灝、徐恩燾、李子清、唐泰、趙愉、童以謙、錢同升、甘麟書、【徐鄂】、朱近仁、周日簹、【施榮鼎】、朱應麐、姚增榮、【周保	5/36 13.89%	0

	璋】、汪琨、朱澐、【張矞雲】、陳承福、汪致湯、秦善貽、王遵路、羅崇綸、張文鈞、吳焯、蔡春勳、黃世榮、印孝培、【周保珪】、李宸鳳 1 篇		

6	《敷文書院課藝》160 篇、99 人	舉 人	進 士
A	【潘鴻】15 篇，平步雲 7 篇，【朱錫榮】6 篇，【張景祁】5 篇，【屠鑫】4 篇，【施補華】、蔡鎮璠、楊振鑣、許郊、董帷、朱芾 3 篇，【來金鑒】、范榮、汪寶頤、洪昌傑、鍾贊堯、【邵世恩】、【胡鳳錦】、朱景蘭、【孫樹禮】、鍾受恬、來慶昌、朱希鳳、吳夢庚、【周元瑞】、【陸以增】、汪原復、【陸元鼎】2 篇	12/28 42.86%	3/28 10.71%
B	【楊鴻元】、柴必達、孫嘉、董慎言、樂振岩、程克振、鄭錫麒、沈文元、鄭道東、謝季英、鄭志高、【來鳳閶】、鮑存良、趙元益、馬安治、汪麟、夏樹嘉、孫樹仁、蔡召棠、馬翹、董寶鈞、徐榮生、高拜庚、汪棣、蔡光裹、舒煥昌、徐謙遇、【汪鳴皋】、【黃傳耀】、孫同埰、【高念曾】、沈嘉育、陳福堡、王家驥、【許春烺】、朱士楨、【鄭炳垣】、吳汝燮、高慶咸、任汝霖、朱國香、宓祖義、高懷馨、葉廉甫、王兆鎮、高保徵、葉益明、方亦莊、朱啓綸、【孫禮煜】、林啓濂、許家忭、周曰庠、俞斯煥、方岩、【張預】、【金汝梅】、葉二酉、徐仁壽、華詡培、【任晉恒】、【王同】、詹英勵、陳鳳翰、陳豪、沈頌芬、孫義然、韓慶良、陳爾皋、薛法紹、阮雨恩 1 篇	12/71 16.90%	4/71 5.63%

7	《尊經書院課藝》161 篇、38 人	舉 人	進 士
A	【盧崟】27 篇，【秦際唐】26 篇，【姚兆頤】19 篇，【丁自求】9 篇，【朱紹亭】、【朱紹頤】、王亮采、徐慶昌 5 篇，【劉汝霖】、【朱期保】、【王肇元】、李經文 4 篇，朱桂模、孫懷信、【王錫疇】、陳兆榕、李淦 3 篇，甘曾源、【哈賢招】、陳伯龍、朱性埕、【蔣鳴慶】、胡光煥、李青、孫爕 2 篇	12/25 48%	2/25 8%
B	【魏賡元】、【田晉奎】、謝緒曾、顧宜啓、許瀚、謝蕃、王孝芬、孫德坤、張恒培、高琳、胡垣、【鄭嵩齡】、賈炳魁 1 篇	3/13 23.08%	1/13 7.69%

8	《尊經書院課藝三刻》110 篇、31 人	舉 人	進 士
A	【秦際唐】21 篇，【劉汝霖】13 篇，【姚兆頤】、【陳兆熙】9 篇，李經文、【甘元煥】5 篇，【丁自求】、【陳作霖】、周其新、張恒培 4 篇，謝緒曾、【朱紹頤】、【朱紹亭】3 篇，顧雲、韓鎮、侯宗海、周嘉樸、鄭之泲 2 篇	9/18 50%	1/18 5.56%
B	李淦、龔乃保、【郭長年】、王家芝、王澄、唐芝榮、【馬志舉】、焦賢弼、高琳、王光賓、李海壽、李佩蘭、王金淼 1 篇	2/13 15.38%	0

9	《毘陵課藝》118 篇、62 人	舉　人	進　士
A	【錢福蓁】11 篇，韓廷標 9 篇，【周舫】8 篇，陳清照 6 篇，吳會甲 5 篇，趙企翊、【卜文煥】4 篇，【李錫蕃】、孫方與、史致誥 3 篇，龔志良、吳振麟、史策光、周毓麒、高槐、孫紹甲、汪炳章、方吉頤、錢寶樹、【朱鑒章】2 篇	5/20 25%	1/20 5%
B	何建忠、朱榮綏、【陶世鳳】、章鎔、陶世榮、楊蔭、【沈昌宇】、高在璞、楊桂馨、王樹祺、【侯瑋森】、【任曾培】、張之杲、朱祖培、馮觀光、【董若洵】、【高侍曾】、汪福保、張文洽、王森銳、呂耀文、吳湘、巢鳳儀、孫紹祖、趙鳳書、莊寶璐、潘保祥、朱啓鵬、任德邁、郁子瑩、華封祝、章其琢、蘇際昇、張用清、劉駿、錢燮、許珣、孫汝楫、陳廷儒、馮景琦、【楊傳第】、鄒駿寶 1 篇	7/42 16.67%	2/42 4.76%

10	《尊經書院課藝四刻》316 篇、96 人	舉　人	進　士
A	【秦際唐】40 篇，【姚兆頤】26 篇，【劉汝霖】20 篇，李經文 11 篇，李青 10 篇，【陳兆熙】、周其新、顧雲 8 篇，【王光第】、方培容、【陳作儀】、【秦匯生】7 篇，朱桂模、李筬、【葉文翰】6 篇，張恒培、周嘉樸、陳伯龍、【朱紹頤】5 篇，【陳光宇】、龔乃保、【甘元煥】、【丁自求】4 篇，盧金策、【陳作霖】、【朱紹亭】、賈傳芳、司馬濤、高琳 3 篇，【錢貽元】、韓鎮、焦賢弼、李元壽、嚴良翰、趙承勳、【蔣鳴慶】、【田晉奎】、周嘉杓、劉翼程、李佩蘭、許祖劭、孫鉞、楊毓斌、王光鑫、【鄭維翰】、方傳勳、鄧嘉緝 2 篇	18/47 38.29%	5/47 10.64%
B	韓驤、秦寶銘、孫本初、端木德榮、【繆祐孫】、鄭如杞、甘曾沂、陳傳述、林文淵、鄧嘉緋、周熙元、郭金波、金遣、馮毓文、侯宗海、龔乃佳、萬保廷、盧捷、【周鉞】、胡嘉楣、王光賓、【何延慶】、王金淼、耿宗霖、王澄、王鴻圖、柏森、姚桂馨、劉必芳、許焯、謝緒曾、范彬華、陳鴻鈞、端木保祿、【仇繼恒】、戴錦江、金開鑒、方瀛、【郭長年】、李霆、馮汝金、【鄧嘉繽】、陳家駒、陳道南、張承沂、【張步蟾】、馬景濤、郭杰、王兆熊 1 篇	7/49 14.29%	2/49 4.08%

11	《廣陵書院課藝》140 篇、42 人	舉　人	進　士
A	【石可宗】29 篇，【詹嗣賢】18 篇，唐棣 13 篇，姚兆元 7 篇，王廷俊、胡宗衡 5 篇，何廣生、【丁集祺】、許劭昌、胡鈞 4 篇，【吳引孫】、吳國彥、顧如桐、【梅毓】3 篇，【高稺生】、【厲衡青】、朱開渠、周康保、時雨、陳堂、蔣燕昌 2 篇	7/21 33.33%	1/21 4.76%

B	【胡鎔】、王紹業、王虎文、趙興曾、劉炳章、汪國鴻、【徐兆豐】、居鵬、尙兆山、吳紀龍、孫成、【高寶昌】、【潘逢泰】、錢桂芬、【殷如珠】、【許蓉鏡】、程繩祖、朱承釗、張騳、張兆瑾、余鋆 1 篇	6/21 28.57%	1/21 4.76%

12	《紫陽書院課藝五編》151 篇、90 人	舉　人	進　士
A	蔣維城 11 篇，嚴憲曾 10 篇，【黃開甲】7 篇，王杰 4 篇，潘鈵、朱增榮、許寶傳、高辛元、姚恭堯、劉元銘、【都守仁】、王希范、沈祖榮、【陶玉珂】、吳蘭馨、錢選青 3 篇，丁午、朱瀚、許郊、朱勳、朱葆珍、倪鍾祥、周顯謨、【吳榮煦】、馮掄元 2 篇	4/25 16%	1/25 4%
B	徐士瀛、王香、蔡壽華、金寶燦、盛藻、吳錦淵、孫慶瀛、孫慶曾、錢錫祚、嚴鴻藻、陳景星、朱寶堅、熊錫純、【王毓岱】、【孫禮潤】、李紹筠、王殿玉、王鈠、李福源、周之德、王乃履、陳家驥、王泰來、王廷鼎、姚鋆慶、【何敬釗】、朱鼐臣、余聲年、方嚴、謝瑤、沈祖煒、張以俊、黃承湛、【沈祖燕】、呂丙煦、【陳作梅】、董寶和、【姚夒】、汪朝銓、孫智樂、居之安、徐清選、毛純熙、【張大昌】、富壽鴻、駱葆祥、王承美、童學成、吳大鏞、何季康、曾世清、趙葆宸、郭學鑾、朱星瑞、楊躍淵、鄭文元、徐鶴年、蔣福增、朱增愼、潘愷、高峻生、許傳、唐桂芳、汪學淦、程宗衍 1 篇	7/65 10.77%	2/65 3.08%

13	《梅花書院課藝三集》165 篇、70 人	舉　人	進　士
A	【朱鳳儀】15 篇，楊正鈞、何廣生 12 篇，【吳丙湘】、齊長華 9 篇，唐棣、【戴憲曾】6 篇，趙德塈、【陳重慶】、張騳 4 篇，【陳景富】、王鳳誥、居鵬、王鑒、魏本正 3 篇，【芮曾麟】、儲桂林、【陳咸慶】、【丁立鈞】、居文驪、吳棐宣、俞煥藻、吳國彥、【詹嗣勳】、【唐鴻發】、【厲衡青】、許秉鍚、許蘭馨、高秉鈞 2 篇	11/29 37.93%	3/29 10.34%
B	周伯義、趙文琳、湯耀金、劉壽曾、王濂、【楊福臻】、吳鳳翔、張雲鵬、陳重綸、【張成甲】、陳浩忠、錢鴻第、蔣紀雲、【劉顯曾】、陳文鐸、盧啓善、張允鴻、周實純、【陳錫鼎】、徐煥、【鄭喬齡】、【凌養源】、楊邦哲、李興鄴、王恩榮、金信芳、許秉錚、【李愼侯】、趙酉彝、陳偉騏、李道根、項兆麟、陳漢襄、耿汝霖、李廷獻、朱森、許家珍、王兆奎、【陳桂馨】、余鋆、張祖珍 1 篇	8/41 19.51%	3/41 7.31%

14	《尊經書院課藝二刻》59 篇、19 人	舉　人	進　士
A	【秦際唐】16 篇，【劉汝霖】10 篇，【姚兆頤】6 篇，【盧鋆】5 篇，【朱紹頤】、李經文 3 篇，【朱紹亭】、時忠榮、【王光第】2 篇	7/9 77.78%	2/9 22.22%
B	【丁自求】、【陳作霖】、賈傳芳、【陳兆熙】、李青、【何延慶】、【甘元煥】、洪錫疇、侯宗海、陳伯龍 1 篇	5/10 50%	0

15	《尊經書院課藝五刻》217 篇、72 人	舉　人	進　　士
A	【秦際唐】32 篇，【陳光宇】15 篇，顧雲、【劉汝霖】12 篇，周其新 9 篇，【陸春官】7 篇，【陳作霖】6 篇，李經文、【姚兆頤】5 篇，【秦匯生】、【楊文彥】、【葉文翰】、端木大鈞、陳伯龍、劉壽曾、【陳作儀】、鄭廷鑒、李淦、【鄭維翰】4 篇，【甘元煥】、程士琦、鄧嘉緝、方培容、【王光第】、李青 3 篇，【陸維炘】、朱桂模、甘曾沂、湯繩武、胡光煥、【周鉞】、【仇繼恒】、端木承曾、馬景濤 2 篇	16/34 47.06%	6/34 17.65%
B	陳道南、姚敦禮、李筬、賈慶雲、陳兆蓉、陳祖亮、龔乃佳、路明昇、龔乃保、【楊炎昌】、許焯、韓詒泰（韓鎮）、陶舜臣、張恒培、【馮煦】、黃長泰、【金還】、秦汝式、周嘉樸、吳嘉淦、萬宗琦、【夏仁瑞】、趙承勳、【張步蟾】、田曾、張承沂、侯宗海、江肇垣、徐宗績、【伍元芝】、【姚佩珩】、周嘉楫、王光鑫、郭杰、孫綏昌、孫鉽、周嘉杓、朱培元 1 篇	7/38 18.42%	2/38 5.26%

16	《尊經書院六集課藝》120 篇、56 人	舉　人	進　士
A	【秦際唐】17 篇，【陳光宇】14 篇，孫綏昌 6 篇，【陸春官】5 篇，李經文、徐宗績 4 篇，【姚兆頤】、湯繩武、【金還】、路明昇 3 篇，戴玉成、周其新、端木大鈞、陳光第、陳汝恭、陳祖亮、【許長齡】、【秦匯生】、【魏家驊】、程祐孫、【伍元芝】、【陳作霖】2 篇	10/22 45.45%	4/22 18.18%
B	陶必成、【陳作儀】、黃長泰、【甘元煥】、盧金策、朱桂模、祝廷熙、端木承曾、周嘉樸、萬宗琦、馬長儒、【王光第】、許焯、石文卿、姚元壽、鄭廷鑒、甘曾沂、甘釗、【周鉞】、鄭驤、邢俊、【濮人驥】、【葉文翰】、【楊文彥】、翁長森、楊毓斌、【姚佩珩】、王鍾、朱鳳翔、諶自富、盧金章、朱培元、陳兆蓉、顧雲 1 篇	8/34 23.53%	1/34 2.94%

以上 16 份表格所反映的綜合錄取率，可用下面的總表表示：

總	《正誼書院課選》等 16 種總集總人次	舉　人		進　士	
		人　次	錄取率	人　次	錄取率
A	396	167	42.17%	44	11.11%
B	532	111	20.86%	26	4.89%

以上 16 份表格顯示，每種總集之間，作者的錄取率差別很大。以舉人（A
類）為例，《尊經書院課藝二刻》高達 77.78%，《正誼書院課選二編》也達到
73.68%，而《當湖書院課藝》和《紫陽書院課藝五編》分別只有 18.75% 和 16%。
但是，每種總集內部，A 類和 B 類之間，卻有一個共同的現象：A 類總是高
於或等於 B 類。其間的差距或大或小，仍以舉人為例，《正誼書院課選二編》
A 類為 73.68%，B 類只有 35.48%，差距很大；《廣陵書院課藝》A 類為 33.33%，
B 類為 28.57%，差距很小。但有一點是不變的：同一總集內部，A 類高於 B
類；除了《當湖書院課藝》、《廣陵書院課藝》進士部分 A、B 兩類相同，別無
例外。而總表所顯示的數據更為直觀：綜合來看，無論舉人還是進士，A 類總
是高於 B 類。這說明了一個問題：平時成績與最終科名之間，確有某種聯繫；
平時成績優秀者錄取率高些，普通者錄取率低些；科名功名的必然性，確有
它的現實依據。

這個結論，是根據 16 種總集統計出來的，它從一個視角反映了科舉考試
的客觀性和合理性。與此同時，科名的偶然性亦在這些表格中得到體現。有
人見於多種總集，但入選篇數有多有少，如光緒十四年（1888）舉人、十六
年（1890）進士陳作儀（1858～1934），《尊經書院課藝四刻》、《五刻》、《六
刻》分別選其文 7 篇、4 篇和 1 篇，這本身就體現了一種偶然性。有人平時成
績優秀，卻未能高中。如陸元綸（1801～1859），「為秀才時，文名滿吳下。
歲科試及書院月課，屢冠其曹」，〔註21〕《正誼書院課選》初編至四編所選其
文數量皆居前列（分別為 5、6、13、8 篇，第 7、4、1、3 名），但其僅在道
光二十三年（1843）中式順天鄉試副榜。有人平時成績平平，最終卻能登巍
科。如仇繼恒（1855～1935），《尊經書院課藝四刻》、《五刻》所選其文分別
只有 1 篇和 2 篇，他則於光緒八年（1882）中式舉人，十二年（1886）成進

<hr>

〔註21〕同治《蘇州府志》卷 89《人物十六》，《中國地方志集成・江蘇府縣志輯》第
　　　　9 冊，第 342 頁。

士。上述表格中還有一位楊炎昌（1860～1905），《尊經書院課藝五刻》僅選其文 1 篇。十多年後，他於光緒二十三年（1897）舉鄉試第一，然而「連赴禮部」，卻又「不得志於有司」。〔註 22〕這樣的個案，若在文學敍述中，應該也是科名「偶然」的好事例。

　　科舉時代，成功者畢竟是少數，這是不爭的事實。對於文學家來說，生活中太多才高命蹇的事例，更能激發他們「功名富貴無憑據」的想像，從而建構科舉制度與個人命運之關係的文學敍述。他們沒有興趣，也沒有義務，以社會學家的眼光去統計宏觀的錄取率。而我們則從實證的角度，以書院課藝總集爲分析樣本，發現在錄取率偏低的客觀事實之下，平時成績與錄取率之間仍然存在一定的正比關係。這是一種必然性，它表明科舉考試的客觀性和合理性不容否定。實證分析和文學敍述相結合，可以爲我們理解科舉功名的偶然和必然問題，提供更爲全面的視角。

〔註22〕楊國鎮《先君事略》，《爲溪齋詩集》卷末，《南京文獻》第 2 號，第 33 頁。

附　編

「傳記優先」和「早歲優先」：
依據硃卷履歷著錄生年的兩個原則

　　顧廷龍先生主編的《清代硃卷集成》（臺灣成文出版公司 1992 年版，以下簡稱《集成》）收錄清代會試、鄉試、五貢硃卷 8000 餘份，其中的履歷部分爲考察清人生平提供了豐富的資料。就生年考訂而言，履歷也存在一個很大的問題：所記生年未必可靠，也即所謂官年現象。有鑒於此，江慶柏先生編著的《清代人物生卒年表》（人民文學出版社 2005 年版，以下簡稱《年表》）作了這樣的處理：「凡有其他傳紀資料記錄生年的，一般不取履歷；若無其他資料，則仍依履歷所記。」〔註1〕這裡所謂「履歷」，包括硃卷、鄉會試同年錄、官員檔案〔註2〕；所謂「其他傳記資料」，包括碑傳、方志、年譜、家譜、日記、詩詞、序跋等。這條處理原則可簡稱爲「傳記優先」。它是否具有普遍適用性？江先生並未對此作具體的論證。故而有必要作進一步的探討。

　　還有一個問題。對於「無其他資料者」，仍需依據「履歷」。而有些人物存有多份（指兩份以上）硃卷並且所記生年不同，《年表》一般以高級硃卷爲據。那麼，這種採錄方式是否合適？也就是說，低級硃卷與高級硃卷，哪個所記生年更爲可靠？或者說，不同硃卷所記較早的生年與較晚的生年，哪一個更可靠？其中是否有規律可循？要弄清這些問題，有必要對相關硃捲進行統計分析。

　　這兩個問題，前者已有江慶柏等先生提及，本篇予以申述，故略論；後

〔註1〕江慶柏《清代人物生卒年表》前言，人民文學出版社 2005 年版，第 10 頁。
〔註2〕常見資料爲《清代官員履歷檔案全編》，華東師範大學出版社 1997 年影印本。

者尚未有學者提及，故本篇予以詳論。

先論第一個問題，即「傳記優先」是否具有普遍適用性。

可行的辦法是抽樣分析。最好能以《年表》所用資料之外的文獻作參考，方有說服力。這裡我們以一種刊物作為分析樣本，它裏面既有人物年齡的集中記載，又沒有被《年表》徵引過，即《廣倉學會雜誌》（以下簡稱《廣倉》）。該雜誌由設在上海愛儷園內的廣倉學會創辦，主編費有容（1874～1931），共刊行六期，出版時間分別為：丁巳年（1917）九月，丁巳年（1917）十月，戊午年（1918）三月，己未年（1919）九月，庚申年（1920）五月，庚申年（1920）十月。前三期皆有《耆老攝影》欄目，刊載廣倉學會耆老的照片，凡 60 人。照片之下有人物簡介，包括姓名、字號、籍貫、年齡、科名、職官等項。茲據各人年齡，推算其出生年份如下：

表 1：《廣倉》所載耆老生年

編　號	姓　名	年　齡	生　年	刊　期
1	馮煦	七十五歲	道光二十三年（1843）	第一期 丁巳年（1917）九月
2	繆荃孫	七十四歲	道光二十四年（1844）	
3	左孝同	六十一歲	咸豐七年（1857）	
4	朱福詵	七十五歲	道光二十三年（1843）	
5	戴啓文	七十四歲	道光二十四年（1844）	
6	石祖芬	七十四歲	道光二十四年（1844）	
7	許湘祥	七十七歲	道光二十一年（1841）	
8	吳葆濂	六十歲	咸豐八年（1858）	
9	陳栩	六十二歲	咸豐六年（1856）	
10	孫榮枝	六十四歲	咸豐四年（1854）	
11	吳俊卿	七十四歲	道光二十四年（1844）	
12	潘飛聲	六十歲	咸豐八年（1858）	
13	汪煦	六十二歲	咸豐六年（1856）	
14	惲炳孫	六十四歲	咸豐四年（1854）	
15	伊立勳	六十二歲	咸豐六年（1856）	
16	周晉鑣	七十一歲	道光二十七年（1847）	
17	強紹嵩	七十三歲	道光二十五年（1845）	
18	舒體元	六十歲	咸豐八年（1858）	

19	高英	八十一歲	道光十七年（1837）	
20	鍾熊祥	六十四歲	咸豐四年（1854）	
21	程龢	六十六歲	咸豐二年（1852）	第二期
22	熊祖詒	六十七歲	咸豐元年（1851）	丁巳年（1917）十月
23	范一鳴	七十二歲	道光二十六年（1846）	
24	耿道沖	六十三歲	咸豐五年（1855）	
25	王萬懷	六十歲	咸豐八年（1858）	
26	陳作霖	七十七歲	道光二十一年（1841）	
27	許桂雲	七十四歲	道光二十四年（1844）	
28	徐新周	六十五歲	咸豐三年（1853）	
29	費以安	七十八歲	道光二十年（1840）	
30	王佐梁	六十七歲	咸豐元年（1851）	
31	朱文淵	六十八歲	道光三十年（1850）	
32	吳祖讓	七十一歲	道光二十七年（1847）	
33	方澤久	六十歲	咸豐八年（1858）	
34	蔡爾康	六十六歲	咸豐二年（1852）	
35	唐尊瑋	六十三歲	咸豐五年（1855）	
36	錢衡同	六十歲	咸豐八年（1858）	
37	朱家驊	六十四歲	咸豐四年（1854）	
38	舒昌森	六十六歲	咸豐二年（1852）	
39	曹煒	六十九歲	道光二十九年（1849）	
40	吳迪蕃	六十七歲	咸豐元年（1851）	
41	盛起	七十二歲	道光二十七年（1847）	第三期
42	王潭	六十一歲	咸豐八年（1858）	戊午年（1918）三月
43	范濤	六十六歲	咸豐三年（1853）	
44	陳銓衡	六十一歲	咸豐八年（1858）	
45	嚴曾鑒	六十三歲	咸豐六年（1856）	
46	汪岩昌	六十五歲	咸豐四年（1854）	
47	曹驤	七十四歲	道光二十五年（1845）	
48	張煥斗	六十九歲	道光三十年（1850）	
49	莫錫綸	六十二歲	咸豐七年（1857）	
50	王長熙	七十歲	道光二十九年（1849）	

51	陳聯第	六十歲	咸豐九年（1859）
52	張汝礪	七十歲	道光二十九年（1849）
53	王維泰	六十四歲	咸豐五年（1855）
54	顧薰	六十二歲	咸豐七年（1857）
55	沈恩桂	七十三歲	道光二十六年（1846）
56	汪宗源	六十歲	咸豐九年（1859）
57	潘紫珊	七十二歲	道光二十七年（1847）
58	徐元熙	六十八歲	咸豐元年（1851）
59	黃明璋	六十一歲	咸豐八年（1858）
60	徐祖垚	六十六歲	咸豐三年（1853）

以上 60 人中，《年表》著錄 21 人，見表 2（因只統計出生年份，本書所用公元紀年，無需考慮部分人物因生於年末而導致的農曆、公曆轉換問題）：

表 2：《廣倉》、硃卷、《年表》所記生年之對照

編　號	姓　名	《廣倉》	硃卷履歷			《年表》	
			五　貢	鄉　試	會　試	生　年	出　處
1	馮煦	1843		1843	1843	1843	家傳
2	繆荃孫	1844			1850	1844	傳
3	左孝同	1857				1857	神道碑
4	朱福詵	1843	1844		1849	1849	會試同年錄
5	戴啓文	1844				1844	自作詩
7	許湉祥	1841		1847		1841	文集題識
10	孫榮枝	1854	1854		1854	1854	會試硃卷履歷
11	吳俊卿	1844				1844	行述
12	潘飛聲	1858				1858	輓詩注
13	汪煦	1856				1855	《江蘇藝文志》
14	惲炳孫	1854	1859			1854	自作詩
15	伊立勳	1856				1856	家傳
21	程龢	1852		1854	1854	1854	會試硃卷履歷
22	熊祖詒	1851		1854	1854	1854	會試同年錄
24	耿道沖	1855				1855	書後

26	陳作霖	1841			1841	墓表
36	錢衡同	1858			1858	壽詩
37	朱家驊	1854			1854	詩集序
38	舒昌森	1852			1852〔註3〕	自作詞
39	曹煒	1849			1849	方志本傳
47	曹驤	1845			1844	方志本傳

　　以上 21 人，同爲廣倉學會耆老，沒有虛報年歲的必要。《廣倉》所記年齡如有不確，當爲誤記，或者與實歲、虛歲問題有關〔註4〕，故而歲差最多爲一歲。這種誤差，應該算是合理誤差。例如孫榮枝（編號 10），丁巳年（1917）《廣倉》第 1 期記其「六十四歲」。而《歲暮歸書圖》孫榮枝題詞，署「己未（1919）春正月，爲仁甫老兄跋《歲暮歸書》，即請教正。希聃古民孫榮枝未是稿，時年六十有七」。〔註5〕與《廣倉》所記有一歲之差。何者爲是，尚難論定。

　　總體來看，《廣倉》所記生年是可信的。這一點，可從表 2 得到印證。21人之中，《年表》所據爲碑傳、詩詞、方志等「其他傳記資料」者 17 人（編號 1、2、3、5、7、11、12、13、14、15、24、26、36、37、38、39、47）。其中汪煦、曹驤的生年與《廣倉》所記略有差異，其他 15 人皆完全一致。

　　而汪煦（字符生，又字芙生）的生卒年又有可辨正之處。《年表》據《江蘇藝文志・無錫卷》記作「1855～1914」。按，1917 年，許澧祥有《立春節夢坡詩家設筵宴客，聞各有所作，頗極一時之盛。汪符生刺史示讀五古一章，率題於後》詩，周慶雲有《上燈節立春，招管仙裳、汪符生、白石農、王蓴農飲於小花園都益處，遲徐魯山不至，賦短歌一章並要同座和章》詩，〔註6〕可知其時汪煦仍在世。檢吳昌碩《缶廬詩》卷八，有《挽汪符生》。〔註7〕《缶廬詩》按詩作時間先後編排，《挽汪符生》前後詩作標明年份者，分別有《丁

〔註3〕《年表》著錄舒昌森生卒年爲「？～1927」。然其「出處」標明「舒昌森《問梅山館詞鈔》3《題襟集・金縷曲・祝酒丐七十壽》」，按圖索驥，知其生年爲咸豐二年（1852），《年表》漏記生年，當是筆誤。

〔註4〕參見來新夏《虛歲、實歲辨》，《中華讀書報》2012 年 7 月 25 日，第 3 版。

〔註5〕《浙江省立圖書館館刊》第 3 卷第 1 期，第 12 頁。

〔註6〕胡曉明、李瑞明《近代上海詩學繫年初編》，上海教育出版社 2003 年版，第321、333 頁。

〔註7〕《吳昌碩詩集》，華東師範大學 2009 年版，第 212 頁。

巳除夕》和《戊午六月八日夢坡屬題戢山先生遺像》，則《挽汪符生》作於戊午年（1918），汪煦當卒於是年。《江蘇藝文志・無錫卷》所記不確。又，陳匪石《水龍吟・壽汪符生丈六十用夢窗壽梅津韻》，刊於《南社》第十四集，1915 年 5 月出版。（《南社》第十三集出版於 1915 年 3 月。）由此推知汪煦當生於咸豐六年（1856），與《廣倉》所記相合。

至於曹驤，民國《上海縣志》本傳云：「民國十二年，壽八十。邑人正擬臚陳事實，呈請大府，舉鄉飲賓，遽於六月卒。」〔註 8〕《年表》即據此定其生年。若依《廣倉》所記，民國十二年（1923），曹驤當爲七十九歲。抑或也有這種可能：民國十二年，曹驤壽七十九，邑人爲其準備八十壽慶，而方志誤以爲當年其壽八十。不過，這只是一種猜測，並無實據。

儘管如此，我們仍可以確立兩點結論：其一，《廣倉》所記年歲的可信度很高；其二，「傳記優先」的原則可行。因爲，《年表》所據「其他傳記資料」者 17 人，與《廣倉》相互參證，實際有 16 人的年歲完全吻合，僅曹驤 1 人年齡有一歲之差。而如前所述，少數人物的一歲之差屬於合理誤差。

再看表 2 的 21 人中，餘下 4 人（編號 4、10、21、22），《年表》所據皆爲硃卷、同年錄等「履歷」。其中孫榮枝的生年與《廣倉》所記相同，朱福詵、程鱗、熊祖詒 3 人的生年皆晚於《廣倉》所記，歲差分別爲 6 年、2 年、3 年。

可辨正者，一是孫榮枝，已見前述，「履歷」所記可能是實年，也可能是官年（歲差爲一年）；二是朱福詵（字桂卿），朱彭壽《清代人物大事紀年》（以下簡稱《紀年》）謂其道光二十二年（1842）十一月二十一日生，民國八年（1919）十月二十七日卒，年七十八。〔註 9〕朱彭壽爲朱福詵族弟，曾爲福詵撰寫輓聯。關於輓聯，彭壽自言：「余於尋常酬酢，向不爲諛墓空言，惟遇有至戚舊交，情不能默者，始偶一爲之，以誌感悼。」〔註 10〕故其說當較爲可信。又，張謇《爲朱桂卿同年弟七子題村午飯香圖》詩，作於宣統三年（1911）六月三十日，有句云：「復翁（桂卿晚年號）七十謝明光。」〔註 11〕亦可知朱彭壽所記近是。《廣倉》所記年歲較之晚一歲，可視爲合理誤差。而「履歷」所記，必爲官年。至於程鱗和熊祖詒，雖暫無其他文獻予以佐證，但從 2 年和 3 年的

〔註 8〕民國《上海縣志》卷 15《人物》，《中國地方志集成・上海府縣志輯 4》，第 26 頁。

〔註 9〕朱彭壽《清代人物大事紀年》，北京圖書館出版社 2005 年版，第 1330 頁。

〔註 10〕朱彭壽《安樂康平室隨筆》卷 6，中華書局 1982 年版，第 273 頁。

〔註 11〕《張謇全集》第 5 卷《藝文下》，江蘇古籍出版社 1994 年版，第 157 頁。

歲差來看，「履歷」所記爲官年的可能性很大。

至此可以做一小結：綜合上述辨正，且認可少數人物一歲誤差的合理性，以概率而言，《年表》所據「其他傳記資料」者 17 人，與《廣倉》所記生年的吻合率爲 100%；《年表》所據「履歷」者 4 人，與《廣倉》所記生年的吻合率爲 25%。由以上抽樣分析可知，依據「履歷」著錄生年時，「傳記優先」的原則是合理的，它具有普遍適用性。

下面論第二個問題。對於沒有「傳記」資料，仍需依據「履歷」著錄生年者，若有多份（指兩份以上）硃卷並且所記生年不同，哪一個更可靠？這裡有必要對《集成》中的相關硃卷作一全面的統計分析。

在《集成》中，有多份硃卷者共 527 人（已經排除同姓名者），除去履歷部分有缺頁因而無法比勘生年者約 20 人，以及刊刻有誤卻無法核實者 1 人〔註12〕，其中所記生年不同者共 154 人。綜觀同一人的多份履歷，可以發現兩個特點：

其一，所記出生年份可能不同，但月份、日期、時辰一般相同。在 500 餘人的多份硃卷中，月、日、時有牴牾者僅 14 例。其中：葉百川、鄭熾昌、胡燏棻（胡國棟）、余誠格，相隔 1 天；張明毅，相隔 6 天；惲毓嘉，相隔 9 天；湯復蕆，月份不同；王保奭三份硃卷，會試卷月日不同。以上 8 例，生年皆同。柯劭憼（柯劭敬）、許正綬（許正陽）、程利川、何元泰、何咸亨、何宗遜 6 例，月、日、時或有差異，年份也不同（也即生年不同的 154 例中，月、日、時有別者 6 例）。除了這 14 例特殊情況，多份硃卷所記月、日、時皆相一致。由此可見，士子參加科舉考試填寫履歷，若要虛報出生時間信息，主要針對生年，而月、日、時較少改動。

其二，生年不同的 154 例，其主流是高級硃卷所記生年，晚於低級硃卷所記生年。詳見表3、表4（排序據《集成・人名索引》）。

表3：硃卷級別越高，出生年份越晚

編　號	姓　名	貢　卷	鄉試卷	會試卷	減　歲
1	仇炳台	道光癸未（1823）	道光癸未（1823）	道光庚寅（1830）	7
2	孔昭乾		咸豐癸丑（1853）	咸豐丙辰（1856）	3

〔註12〕宋企適的生年，鄉試卷作道光甲辰（1844），會試卷作道光丙辰。然道光間無丙辰年，此或爲甲辰之訛，或爲咸豐丙辰（1856）。

3	方鳳鳴	道光丙申（1836）		道光丙午（1846）	10
4	王友端		嘉慶癸酉（1813）	嘉慶戊寅（1818）	5
5	王同愈		咸豐己未（1859）	咸豐庚申（1860）	1
6	王芳		乾隆甲寅（1794）	嘉慶丙辰（1796）	2
7	王炳燮		道光壬午（1822）	道光甲申（1824）	2
8	王頌蔚		道光戊申（1848）	道光庚戌（1850）	2
9	王廣寒		道光壬辰（1832）	道光庚子（1840）	2
10	王慶平		道光庚戌（1850）	咸豐乙卯（1855）	5
11	包大成		乾隆戊戌（1778）	乾隆戊申（1788）	10
12	包宗經		道光戊申（1848）	道光庚戌（1850）	2
13	史國琛		同治乙丑（1865）	同治庚午（1870）	5
14	左挺生		道光丙戌（1826）	道光丙申（1836）	10
15	田我霖		道光丙午（1846）	道光戊申（1848）	2
16	敖右賢		嘉慶己巳（1809）	嘉慶庚午（1810）	1
17	朱福詵	道光甲辰（1844）		道光己酉（1849）	5
18	朱鏡清		道光乙巳（1845）	道光己酉（1849）	4
19	朱寶書	道光甲午（1834）	道光戊戌（1838）		4
20	江仁徵	咸豐乙卯（1855）		咸豐丁巳（1857）	2
21	何咸亨		乾隆辛亥（1791）	嘉慶丁巳（1797）	6
22	余撰		道光辛巳（1821）	道光乙酉（1825）	4
23	吳昌壽	嘉慶癸酉（1813）		嘉慶乙亥（1815）	2
24	吳品珩	咸豐丁巳（1857）	咸豐丁巳（1857）	咸豐己未（1859）	2
25	吳炳	咸豐己未（1859）		咸豐庚申（1860）	1
26	吳祖椿		道光壬寅（1842）	道光丁未（1847）	5
27	吳嘉瑞		咸豐癸丑（1853）	咸豐己未（1859）	6
28	宋文蔚	咸豐甲寅（1854）	咸豐丙辰（1856）		2
29	李安	咸豐甲寅（1854）	咸豐甲寅（1854）	咸豐戊午（1858）	4
30	李希聖		同治五年（1866）	同治六年（1867）	1
31	李灼華	同治癸亥（1863）	同治癸亥（1863）	同治丙寅（1866）	3
32	李經世	咸豐壬子（1852）	咸豐壬子（1852）	咸豐丙辰（1856）	4
33	李福簡		咸豐丁巳（1857）	咸豐辛酉（1861）	4
34	沈祖燕		同治壬戌（1862）	同治丙寅（1866）	4

35	沈瑜寶		道光丁未（1847）	咸豐辛亥（1851）	4
36	沈巍皆		乾隆甲辰（1784）	乾隆丁未（1787）	3
37	汪彥增		嘉慶乙亥（1815）	道光甲申（1824）	9
38	周丙榮		咸豐丁巳（1857）	同治癸亥（1863）	6
39	周宗洛		道光丙申（1836）	道光辛丑（1841）	5
40	周來賓		道光己亥（1839）	道光丙午（1846）	7
41	周晉麒	道光癸卯（1843）		道光乙巳（1845）	2
42	周景曾		道光乙未（1835）	道光庚子（1840）	5
43	周騏		道光庚寅（1830）	道光癸巳（1833）	3
44	周齡		道光壬寅（1842）	道光丙午（1846）	4
45	林元瀚	道光己酉（1849）	咸豐壬子（1852）		3
46	林丙修		咸豐辛亥（1851）	咸豐乙卯（1855）	4
47	邵世恩		道光辛丑（1841）	道光甲辰（1844）	3
48	金兆豐		同治甲戌（1874）	光緒丙子（1876）	2
49	金鉽	同治壬申（1872）		光緒乙亥（1875）	3
50	俞鴻慶		咸豐丁巳（1857）	咸豐戊午（1858）	1
51	姚丙然		咸豐甲寅（1854）	咸豐己未（1859）	5
52	姚光發	嘉慶己未（1799）	嘉慶己未（1799）	嘉慶丙寅（1806）	7
53	姚士璋		道光戊申（1848）	咸豐乙卯（1855）	7
54	姚禮泰		道光戊申（1848）	咸豐辛亥（1851）	3
55	柯劭憼		道光丙午（1846）	道光丁未（1847）	1
56	柳思誠		道光癸卯（1843）	道光乙巳（1845）	2
57	相燮堃		嘉慶戊辰（1808）	嘉慶戊寅（1818）	10
58	胡履吉		嘉慶乙丑（1805）	嘉慶戊辰（1808）	3
59	韋烸	道光甲辰（1844）	道光己酉（1849）		5
60	凌和鈞	道光癸卯（1843）		道光庚戌（1850）	5
61	孫廷翰		咸豐辛酉（1861）	同治丙寅（1866）	5
62	孫家穆		道光乙未（1835）	道光辛丑（1841）	6
63	徐定超		道光戊申（1848）	咸豐壬子（1852）	4
64	徐琪		咸豐辛亥（1851）	咸豐戊午（1858）	7
65	徐寶謙		嘉慶丁丑（1817）	道光丁亥（1827）	10
66	殷李堯		道光壬寅（1842）	道光甲辰（1844）	2

67	祝嘉聚		同治戊辰（1868）	同治辛未（1871）	3
68	秦賡彤		嘉慶甲戌（1814）	嘉慶丁丑（1817）	3
69	翁錫祺		道光戊子（1828）	道光癸巳（1833）	5
70	貢璜	嘉慶丙寅（1806）	嘉慶癸酉（1813）	嘉慶癸酉（1813）	7
71	馬益	雍正辛亥（1731）	雍正十一年（1733）		2
72	高掄元	道光戊戌（1838）	道光辛丑（1841）		3
73	常牧		道光庚戌（1850）	咸豐癸丑（1853）	3
74	張人駿		道光丙午（1846）	道光己酉（1849）	3
75	張元濟		同治己巳（1869）	同治癸酉（1873）	4
76	張心鏡		咸豐丙辰（1856）	咸豐丁巳（1857）	1
77	張景祁	道光庚寅（1830）	道光庚寅（1830）	道光戊戌（1838）	8
78	張佩綸		道光庚戌（1850）	咸豐壬子（1852）	2
79	張雲望		嘉慶辛未（1811）	嘉慶丙子（1816）	5
80	張楨	道光丙戌（1826）		道光戊戌（1838）	12
81	張頡輔		咸豐丁巳（1857）	咸豐辛酉（1861）	4
82	曹福元		咸豐乙卯（1855）	咸豐己未（1859）	4
83	曹棨		乾隆丙申（1776）	乾隆乙巳（1785）	9
84	盛沅		道光戊申（1848）	咸豐乙卯（1855）	7
85	許正綬		乾隆乙卯（1795）	嘉慶戊午（1798）	3
86	許振礽	嘉慶甲戌（1814）		嘉慶丁丑（1817）	3
87	陳光宇	咸豐己未（1859）	咸豐庚申（1860）		1
88	陳兆翰		道光辛卯（1831）	道光丙申（1836）	5
89	陳邦瑞		咸豐甲寅（1854）	咸豐乙卯（1855）	1
90	陳岳		道光壬辰（1832）	道光乙未（1835）	3
91	陳栢		同治壬戌（1862）	同治甲子（1864）	2
92	陳欽		道光癸巳（1833）	道光庚子（1840）	7
93	陳庚經		道光丙午（1846）	咸豐甲寅（1854）	8
94	陳遹聲		道光己酉（1849）	咸豐丙辰（1856）	7
95	陸宗鄭		道光甲申（1824）	道光壬辰（1832）	8
96	陸壽臣		道光辛丑（1841）	咸豐辛亥（1851）	10
97	陶方琦		道光丁未（1847）	道光己酉（1849）	2
98	陶聯琇		咸豐辛亥（1851）	咸豐戊午（1858）	7

99	章廷黻		道光庚戌（1850）	咸豐丁巳（1857）	7
100	章洪鈞		道光壬寅（1842）	道光丙午（1846）	4
101	章際治		咸豐乙卯（1855）	咸豐辛酉（1861）	6
102	程利川		同治丁卯（1867）	同治庚午（1870）	3
103	童祥熊		道光甲辰（1844）	咸豐甲寅（1854）	10
104	黃光焯	嘉慶戊午（1798）		嘉慶庚申（1800）	2
105	黃毓恩		道光乙未（1835）	道光庚子（1840）	5
106	黃福楙		咸豐辛亥（1851）	咸豐丙辰（1856）	5
107	楊家驥		同治戊辰（1868）	同治辛未（1871）	3
108	葉如圭		道光己亥（1839）	道光癸卯（1843）	4
109	雷尌	嘉慶庚午（1810）	嘉慶庚午（1810）	嘉慶癸酉（1813）	3
110	熊其光		嘉慶丁丑（1817）	嘉慶庚辰（1820）	3
111	蓋紹曾		道光丁亥（1827）	道光癸巳（1833）	6
112	趙鼎仁		咸豐辛酉（1861）	同治丙寅（1866）	5
113	趙繼元		道光己丑（1829）	道光壬辰（1832）	4
114	劉宗標		道光壬辰（1832）	道光癸巳（1833）	1
115	劉至喜		道光庚子（1840）	道光壬寅（1842）	2
116	劉敦紀		道光己丑（1829）	道光丁酉（1837）	8
117	劉瞻漢		同治乙丑（1865）	同治丙寅（1866）	1
118	樓守愚		同治丙寅（1866）	同治辛未（1871）	5
119	蔡世佐		道光丙午（1846）	道光庚戌（1850）	4
120	蔡汝霖	同治辛未（1871）	同治癸酉（1873）		2
121	鄭言紹		道光甲午（1834）	道光戊戌（1838）	4
122	鄭思贊		道光丁未（1847）	道光戊申（1848）	1
123	錢以同		嘉慶丁卯（1807）	嘉慶庚午（1810）	3
124	錢振常		道光己丑（1829）	道光丙申（1836）	7
125	錢保衡		道光壬辰（1832）	道光丙申（1836）	4
126	錢錫庚		道光庚子（1840）	道光壬寅（1842）	2
127	叢中芷		癸未（1703）	乙酉（1705）	2
128	嚴家讓		道光癸巳（1833）	道光丁酉（1837）	4
129	顧厚焜		道光甲辰（1844）	咸豐甲寅（1854）	10
130	顧夑		乾隆壬子（1792）	乾隆癸丑（1793）	1

表 4：硃卷級別越高，出生年份越早

編 號	姓 名	貢 卷	鄉試卷	會試卷	增 歲
131	王亦曾		道光壬寅（1842）	道光己亥（1839）	3
132	王廷材		咸豐庚申（1860）	咸豐丁巳（1857）	3
133	王繼香		道光己酉（1849）	道光丙午（1846）	3
134	朱江	道光癸卯（1843）	道光己亥（1839）		4
135	何元泰		同治庚午（1870）	同治戊辰（1868）	2
136	何宗遜	同治甲子（1864）	同治壬戌（1862）		2
137	吳大衡		道光己亥（1839）	道光丁酉（1837）	2
138	吳家修	咸豐癸丑（1853）	道光戊申（1848）		5
139	李士瓚		道光丙申（1836）	道光甲午（1834）	2
140	李青蕃	道光庚戌（1850）	道光己酉（1849）		1
141	李慈銘		道光乙未（1835）	道光己丑（1829）	6
142	金星桂	道光丙申（1836）	道光辛丑（1841）	道光丙申（1836）	5
143	俞省三		同治丁卯（1867）	同治丙寅（1866）	1
144	孫紀雲		道光甲午（1834）	道光壬辰（1832）	2
145	徐秉璜	同治甲子（1864）	同治癸亥（1863）		1
146	張聯駿		同治辛未（1871）	同治己巳（1869）	2
147	梁肇晉		道光丁未（1847）	道光甲辰（1844）	3
148	陳聿昌		道光丁亥（1827）	道光乙酉（1825）	2
149	陸潤庠		道光壬寅（1842）	道光辛丑（1841）	1
150	黃傳祁		道光戊申（1848）	道光丙午（1846）	2
151	毓科		嘉慶丙子（1816）	嘉慶甲戌（1814）	2
152	葉爾愷		同治乙丑（1865）	同治甲子（1864）	1
153	蕭立炎		同治丙寅（1866）	同治元年（1862）	4
154	龔顯曾		道光甲辰（1844）	道光辛丑（1841）	3

　　根據表 3、表 4，硃卷級別越高、出生年份越晚者，有 130 例，占 84.42％；硃卷級別越高、出生年份越早者，有 24 例，占 15.58%。由此可以印證一個事實：清代官年現象以「減歲」為主。「減歲」有利於仕進，容易理解，而「增年」又是怎麼回事？這 154 人的「實年」又是怎樣的？還需要其他傳記資料予以參證。

　　《年表》關於上述 154 人的生年著錄情況，可以分為三類：一是以年譜、行狀、墓誌、傳記、詩文、宗譜、家譜等史料為依據，共 39 例，詳見表 5。二是在沒有年譜等史料時，以硃卷履歷和會試同年錄為依據，共 98 例。其中，以會試卷為據者 49 例，以鄉試卷為據者 1 例，以會試同年錄為據者 48 例。需要說明的是，會試同年錄所記生年，一般與會試硃卷所記相同。48 例中有相同者 44 例；朱寶書（編號 19）、陳光宇（編號 87）的會試硃卷不見於《集成》，但會試同年錄所記生年與其鄉試硃卷一致；唯有沈祖燕（編號 34）、姚禮泰（編號 54）的生年，會試同年錄所記早於會試硃卷所記。沈祖燕的會試硃卷記作同治五年（1866），會試同年錄記作咸豐十年（1860）；姚禮泰的會試硃卷記作咸豐元年（1851），會試同年錄記作道光二十八年（1848）。三是未著錄者，共 17 例。

表 5：154 人中，《年表》據年譜等史料著錄 39 例

序號	編號、姓名	貢卷	鄉試卷	會試卷	《年表》		歲差
					生年	出處	
1	1. 仇炳台	1823	1823	1830	1820	墓表	10
2	5. 王同愈		1859	1860	1856	行狀	4
3	7. 王炳燮		1822	1824	1821	墓誌銘	3
4	8. 王頌蔚		1848	1850	1848	事略	2
5	20. 江仁徵	1855		1857	1852	家傳	5
6	23. 吳昌壽	1813		1815	1810	墓誌銘	5
7	30. 李希聖		1866	1867	1864	墓表	3
8	32. 李經世	1852	1852	1856	1851	宗譜	5
9	48. 金兆豐		1874	1876	1870	行狀	6
10	49. 金鉽	1872		1875	1869	別集序	6
11	52. 姚光發	1799	1799	1806	1799	墓誌銘	7
12	63. 徐定超		1848	1852	1845	專書	7
13	65. 徐寶謙		1817	1827	1817	家譜	10
14	68. 秦賡彤		1814	1817	1807	傳略	10
15	74. 張人駿		1846	1849	1846	專書	3
16	76. 張心鏡		1856	1857	1855	事迹	2

17	77. 張景祁	1830	1830	1838	1828	自作詩〔註13〕	10
18	78. 張佩綸		1850	1852	1848	墓表	4
19	82. 曹福元		1855	1859	1853	自作文	6
20	85. 許正綬		1795	1798	1795	家傳	3
21	94. 陳遹聲		1849	1856	1846	詩集序	10
22	95. 陸宗鄭		1824	1832	1824	墓表	8
23	97. 陶方琦		1847	1849	1845	傳	4
24	101. 章際治		1855	1861	1855	墓誌銘	6
25	102. 程利川		1867	1870	1865	傳	5
26	109. 雷尌	1810	1810	1813	1809	傳	4
27	110. 熊其光		1817	1820	1817	哀辭	3
28	113. 趙繼元		1829	1832	1828	其父年譜	4
29	117. 劉瞻漢		1865	1866	1864	家譜	2
30	121. 鄭言紹		1834	1838	1831	專書	7
31	123. 錢以同		1807	1810	1804	墓誌銘	6
32	124. 錢振常		1829	1836	1825	其子年譜	11
33	130. 顧夔		1792	1793	1790	墓表	3
34	132. 王廷材		1860	1857	1857	墓誌銘	3
35	133. 王繼香		1849	1846	1846	自作詩	3
36	141. 李慈銘		1835	1829	1829	家傳	6
37	147. 梁肇晉		1847	1844	1844	家傳	3
38	148. 陳聿昌		1827	1825	1825	傳	2
39	149. 陸潤庠		1842	1841	1841	行狀	1

綜觀以上 39 例，可以發現：顧夔以上 33 人，皆為表 3 中「減歲」之例，《年表》所定生年，或與低級硃卷所記相同（編號 8、52、65、74、85、95、101、110，共 8 例），或比其更早（共 25 例）；王廷材以下 6 人，皆為表 4 中「增歲」之例，《年表》所定生年，皆與高級硃卷所記相同。這說明了什麼呢？多份硃卷，由低級到高級，若為「減歲」，低級者更可靠；若為「增歲」，高級者更可靠。要之，多份硃卷中，所記生年越早者越接近於真實年齡。

〔註13〕有關張景祁生年之辨析，參見本書《〈清代人物生卒年表訂補〉——以書院課藝作者為中心》。

　　這一規律有多大的普適性，還需參考更多人物的生年。在餘下的 115 例中，筆者根據其他資料，查考到 32 例生年，詳見表 6。

表 6：154 人中，新訂生年 32 例

序號	編號、姓名	貢卷	鄉試卷	會試卷	《年表》	新訂	歲差
1	12. 包宗經		1848	1850	1850	1845/1846	5/4
2	16. 敖右賢		1809	1810	1810	1805	5
3	33. 李福簡		1857	1861	1861	1855	6
4	36. 沈巍皆		1784	1787	1787	1782	5
5	55. 柯劭憼		1846	1847	1847	1840	7
6	70. 貢璜	1806	1813	1813	1813	1806	7
7	83. 曹棻		1776	1785	1785	1774 或稍後	約 10
8	100. 章洪鈞		1842	1846	1846	1840	6
9	105. 黃毓恩		1835	1840	1840	1832	8
10	107. 楊家驤		1868	1871	1871	1866	5
11	118. 樓守愚		1866	1871	1871	1867	5
12	139. 李士瓚		1836	1834	1834	1834	2
13	154. 龔顯曾		1844	1841	1841	1841	3
14	15. 田我霖		1846	1848	1848	1843	5
15	17. 朱福詵	1844		1849	1849	1843/1842	6/7
16	24. 吳品珩	1857	1857	1859	1859	1856	3
17	41. 周晉麒	1843		1845	1845	1837	8
18	51. 姚丙然		1854	1859	1859	1851	8
19	56. 柳思誠		1843	1845	1845	1840	5
20	58. 胡履吉		1805	1808	1808	1803	5
21	84. 盛沅		1848	1855	1855	1846	9
22	89. 陳邦瑞		1854	1855	1855	1851	4
23	103. 童祥熊		1844	1854	1854	1844	10
24	114. 劉宗標		1832	1833	1833	1832/1828	1/5
25	137. 吳大衡		1839	1837	1837	1837	2
26	142. 金星桂	1836	1841	1836	1836	1836	5
27	64. 徐琪		1851	1858	1851	1849	9

28	28. 宋文蔚	1854	1856			1854	2
29	75. 張元濟		1869	1873		1867	6
30	91. 陳枬		1862	1864		1856	8
31	104. 黃光焯	1798		1800		1797	3
32	120. 蔡汝霖	1871	1873			1868/1869	5/4

（上表 32 例，《年表》的著錄情況：序號 1～13 據會試硃卷；序號 14～26，據會試同年錄；序號 27，據鄉試硃卷；序號 28～32，未著錄。）

綜觀以上 32 例，可以發現除了樓守愚（編號 118）外，有 31 例的規律與前述 39 例完全一致：「減歲」者，新訂生年或與低級硃卷所記相同（編號 70、103、28，共 3 例；另外編號 15、114，生年有兩說，有一說與低級硃卷相同，另一說更早），或比其更早；「增歲」者（凡 4 例：編號 139、154、137、142），新訂生年與皆高級硃卷相同。其中金星桂（編號 142）既有「減歲」又有「增歲」，同時符合兩條規律。另外，殷李堯（編號 66）的生年，雖暫無其他資料佐證，但其鄉試卷寫明「字寅生」，會試卷無此字，改作「字瀛琛」，似也透露出他實生於道光壬寅年（1842），鄉試卷所記疑爲實年。而樓守愚，蔡元培《樓木安家傳》言其「民國七年（1918）卒，春秋五十有二」，由此推知其生在同治六年（1867），較鄉試卷所記晚一歲，與前述規律不符。但這也不排除蔡所言爲實歲而非虛歲的可能，若此，樓當生於同治五年（1866），亦不屬於例外。

由此可以總結出清人官年現象的一個規律：多份硃卷之間，若所記生年不同，「減歲」是主流；而且不止是朱彭壽所說「循俗例應試時少塡一歲」〔註14〕，或者郁志群所說「至於少塡幾歲，則因人而異，並不固定，一般以一至二歲爲多」〔註15〕，而是往往有數歲乃至十數歲之差；有少數「增歲」的情況，實際上也是緣於之前「減歲」，只是因爲某些原因，在參加會試時，將之前考試所塡「官年」改回了「實年」。〔註16〕也正爲「減歲」是主流，所以低級硃卷所記較爲可靠；而少數「增歲」者，高級硃卷所記就是實年。概言之，同

〔註14〕 朱彭壽《安樂康平室隨筆》卷 1，中華書局 1982 年版，第 161 頁。

〔註15〕 郁志群《封建科舉、職官中的「官年」——從楊守敬的鄉試硃卷談起》，《歷史研究》2003 年第 4 期，第 157 頁。

〔註16〕 由此也可以理解，爲何沈祖燕（編號 34）、姚禮泰（編號 54）的生年，會試同年錄所記早於會試硃卷所記。因爲塡寫硃卷在先，刊行同年錄在後；他們在會試硃卷中仍塡「官年」，直到同年錄中才改回「實年」。

一人的多份硃卷之中，所記出生年份越早者越可靠。因此，關於依據硃卷（以及同年錄、履歷）著錄生年的問題，在「傳記優先」原則的基礎上，我們有必要增加一個原則，即「早歲優先」。而且，在上述諸表中，我們可以看到，這兩個原則沒有矛盾，而且相輔相成。

以上規律和原則的得出，其依據是 154 例多份硃卷（表 3 和表 4）之中，《年表》著錄的 39 例（表 5）和新訂的 32 例（表 6）。餘下的 83 例，是否也符合這一規律呢？例外或許會有，但在沒有其他傳記資料佐證的情況下，以所記出生年份最早之硃卷爲依據，當不失爲比較穩妥的著錄方式。這 83 例中，《年表》著錄了 71 例。其中有 9 例，係表 2 中的「增歲」者（編號 131、135、143、144、146、150、151、152、153），《年表》是以高級硃卷爲據的，符合前述規律。又有 2 例（編號 34、54），係表 1 中的「減歲」者，《年表》以會試同年錄爲據，而同年錄所記爲最早，亦可視作與前述規律相符。另有 60 例，係表 1 中的「減歲」者（編號 2、3、4、6、9、10、11、13、14、18、19、21、22、25、26、27、29、31、35、37、38、39、40、42、43、44、46、50、53、57、60、61、62、66、67、69、73、79、80、81、86、87、88、90、92、93、96、98、99、106、108、112、115、116、119、122、126、127、128、129），《年表》亦以高級硃卷（或與之所記相同的會試同年錄）爲據。如果不並存諸說，根據前述規律，以低級硃卷爲據，或許更爲可靠。

附錄：新訂 32 人生年所據資料。

1、包宗經。民國《鎮海縣志》本傳：「（光緒）十九年（1893）調宣城，甫數月卒，年四十九。」〔註17〕其卒當在光緒十九年（1893）或二十年（1894），上推其生年，當在道光二十五年（1845）或二十六年（1846）。

2、敖右賢。朱彭壽《清代人物大事紀年》（以下簡稱《紀年》）：嘉慶十年（1805）二月初七日生，享年五十。〔註18〕

3、李福簡，字子修。吳品珩《誥授奉直大夫翰林院庶吉士李子修太史行

〔註17〕民國《鎮海縣志》卷 27《人物傳六》，《中國方志叢書‧華中地方》第 478 號，第 1874 頁。

〔註18〕朱彭壽《清代人物大事紀年》，北京圖書館出版社 2005 年版，第 1034 頁。又，本書採用《紀年》，若無其他資料參證，當以其所據可能不是硃卷爲前提。如黃傳祁（編號 150），《紀年》記作道光二十八年（1848）生，未寫月日，而黃傳祁鄉試硃卷也無出生月日，疑爲《紀年》所據，故不用。

傳》：「君體素豐碩，倏於辛丑（1901）之四月間猝中風痰，遽不起，其年只四十有七。」〔註19〕可知其生在咸豐五年（1855）。

4、沈巍皆，字舜卿。祁寯藻《朱履詩，沈舜卿先生爲其弟春湖觀察作也……》注：「舜翁、質翁今年均七十有五。」詩作於丙辰年（1856）。〔註20〕可知其生年爲乾隆四十七年（1782）。

5、柯劭憼，字敬儒。吳汝綸《柯敬儒六十壽序》作於光緒二十五年（1899）〔註21〕。可知其生年爲道光二十年（1840）。

6、貢瑨。民國《湯溪縣志》本傳：「同治丁卯（1867），畿輔旱荒，以賑撫積勞，卒於龐谷莊差次，年六十二。」〔註22〕可知其生在嘉慶十一年（1806）。

7、曹楙。同治《上海縣志》本傳：「年近七十卒於任。」《列女傳》：「王氏，進士曹楙妾，道光二十二年（1842）楙亡，氏年三十。」〔註23〕由其卒年上推，其生當在乾隆三十九年（1774）或稍後。

8、章洪鈞。《安徽歷史名人詞典》記作1840～1887。〔註24〕

9、黃光焯，字槐江。《中國年譜辭典》著錄《黃槐江自訂年譜》，並記作1797～？。〔註25〕

10、黃毓恩。《湖北省志‧人物（下）》記作1832～1897。〔註26〕

11、楊家驤，號德孫。《惲毓鼎澄齋日記》光緒三十一年（1905）十二月十七日：「祝楊德孫四十壽。」〔註27〕以此上推，其生當在同治五年（1866）。又，《江北歷代詩選》據《慈谿赭山楊氏宗譜》選其詩1首，並記其生卒年爲1866～1922。〔註28〕

12、樓守愚，字木安。蔡元培《樓木安家傳》：「民國七年（1918）卒，春

〔註19〕收入《木香李氏宗譜》，承東陽吳立梅先生惠寄影印件，謹致謝忱。

〔註20〕祁寯藻《䜿䜿亭後集》卷7，《續修四庫全書》第1522冊，第138頁。

〔註21〕《吳汝綸全集‧文集箋證》，黃山書社2002年版，第381頁。

〔註22〕民國《湯溪縣志》卷10《人物上》，《中國方志叢書‧華中地方》第210號，第930頁。

〔註23〕同治《上海縣志》卷21《人物四》，同治11年刊本，第43頁；卷24《列女傳》，第120頁。

〔註24〕《安徽歷史名人詞典》，安徽教育出版社2008年版，第408頁。

〔註25〕黃秀文主編《中國年譜辭典》，百家出版社1997年版，第501頁。

〔註26〕《湖北省志‧人物（下）》，湖北人民出版社2000年版，第1544頁。

〔註27〕《惲毓鼎澄齋日記》，浙江古籍出版社2004年版，第289頁。

〔註28〕江北區史志辦公室編《江北歷代詩選》，寧波出版社2008年版，第189頁。

秋五十有二。」〔註29〕以此上推，其生當在同治六年（1867）。

13、李士瓚。龐鴻書《清故禮部郎中建昌府知府李君墓誌銘》：「歲在壬子（1912）十月朔以疾終，年七十有九。」〔註30〕可知其生於道光十四年（1834）。

14、龔顯曾。龔顯曾《短歌行》題下署「戊午（1858），時年十八。」〔註31〕則其生於道光二十一年（1841）。

15、田我霖。田氏後人田禾先生據 1921 年所修家譜函告：田我霖生於道光二十三年（1843）八月二十八日，卒於光緒二十一年（1895）年九月二十五日。〔註32〕

16、朱福詵。已見前文。

17、吳品珩，號佩蔥。吳昌鼎《訃聞》：「佩蔥府君痛於民國十七年（1928）夏正閏二月十九日申時壽終正寢，距生於清咸豐六年丙辰（1856）九月十一日酉時，享壽七十有三歲。」吳士鑒《清故誥授榮祿大夫賞戴花翎安徽布政使吳公墓誌銘》：「戊辰（1928）閏二月十九日卒，距其生咸豐丙辰（1856）九月十一日，春秋七十有三。」〔註33〕

18、周晉麒。光緒《慈谿縣志》列傳附編：「（光緒）六年（1880）五月卒於都，年四十四。」〔註34〕

19、姚丙然，字菊坡。《孔教會追悼姚菊坡先生演說詞（丙辰七月之望）》陳煥章演說詞：「先生於壬子（1912）之歲，年已六十有二。」姚文棟（1852～1829）演說詞：「菊坡先生長於予一歲。」林傳甲《追悼姚菊坡詞》：「（菊坡）六十有六，乃遘閔凶。」〔註35〕皆可推知其生卒年爲 1851～1916。

20、柳思誠。《上栗縣志》記作 1840～1909。〔註36〕

21、胡履吉。光緒《青浦縣志》本傳：「同治壬戌（1862）七月十四日攻

〔註29〕《蔡元培全集》第 6 卷，中華書局 1988 年版，第 616 頁。
〔註30〕《北京圖書館藏中國歷代石刻拓本彙編》第 91 冊，第 64 頁。
〔註31〕龔顯曾《薇花吟館詩存》卷 1，光緒 7 年刻本，第 1 頁。
〔註32〕此承裴元秀教授引介，謹向裴元秀教授和田禾先生致謝。
〔註33〕這兩條資料承東陽吳立梅先生惠寄，謹致謝忱。
〔註34〕光緒《慈谿縣志》列傳附編，《中國方志叢書‧華中地方》第 213 號，第 1240 頁。
〔註35〕《宗聖學報》第 2 卷第 5 期（1916 年），第 3～5 頁。
〔註36〕《上栗縣志》第 42 篇《人物》，方志出版社 2005 年版，第 556 頁。

城，冒暑得霍亂疾回郡，甫聞城復而卒，年六十。」〔註37〕

22、盛沅，字萍旨。王邁常《部畇府君年譜》民國七年（1918）：「盛（沅）七十三。」民國十一年（1922）：「盛萍旨丈七十七。」〔註38〕

23、陳邦瑞，號瑤圃。章梫《陳瑤圃侍郎六旬壽序》作於庚戌年（1910）。〔註39〕可推知其生在咸豐元年（1851）。

24、童祥熊。《紀年》：道光二十四年（1844）九月二十三日生。〔註40〕陳雋如《記清季遺老真率會》引勞乃宣十老圖跋：「（甲寅，1914），趙（爾巽）、童（祥熊）、李（思敬）皆七十一。」〔註41〕可知朱彭壽所記不誤。

25、劉宗標。《紀年》記其道光十二年（1832）生，〔註42〕未寫月日，所據當非鄉試硃卷。又，《八桂四百年詩詞選》記作 1828～1919。〔註43〕

26、吳大衡。吳本齊《吳大衡墓誌銘》：「（光緒）二十二年（1896）十一月二十四日卒，距生道光十七年（1837）十二月二十二日，春秋六十。」〔註44〕

27、金星桂，改名壽松。《紀年》：道光十六年（1836）十一月初二日生，光緒十六年（1890）十□月卒，年五十五。〔註45〕

28、徐琪。《紀年》：道光二十九年（1849）十二月二十九日生，享年七十。〔註46〕又，袁行雲《清人詩集敘錄》：「卒於 1918 年，年七十。」〔註47〕亦可推知其生在道光二十九年（1849）。

29、宋文蔚。《崇仁里宋氏宗譜》：生於咸豐甲寅四年（1854）正月二十六日寅時。〔註48〕

〔註37〕 光緒《青浦縣志》卷 19《文苑傳》，光緒 4 年刊本，第 50 頁。

〔註38〕《北京圖書館藏珍本年譜叢刊》第 181 冊，第 489、492 頁。

〔註39〕 章梫《一山文存》卷 12，1918 年嘉業堂刊本，第 19 頁。

〔註40〕 朱彭壽《清代人物大事紀年》，北京圖書館出版社 2005 年版，第 1340 頁。

〔註41〕《天津文史資料選輯》第 35 輯，天津人民出版社 1986 年，第 128 頁。

〔註42〕 朱彭壽《清代人物大事紀年》，北京圖書館出版社 2005 年版，第 1250 頁。

〔註43〕 鍾家佐主編《八桂四百年詩詞選》，廣西師範大學出版社 2008 年版，第 614 頁。

〔註44〕《蘇州史志資料選輯》，蘇州市方志辦、政協文史委 2003 年印行，第 138 頁。

〔註45〕 朱彭壽《清代人物大事紀年》，北京圖書館出版社 2005 年版，第 1287、1635 頁。

〔註46〕 朱彭壽《清代人物大事紀年》，北京圖書館出版社 2005 年版，第 1374 頁。

〔註47〕 袁行雲《清人詩集敘錄》卷 79，文化藝術出版社 1994 年版，第 2730 頁。

〔註48〕 轉引自宋一洲《俞樾與宋氏一家的交遊》，《第七屆西湖文化研討會論文集》，2007 年 10 月印本，第 203 頁。

30、張元濟。張樹年主編《張元濟年譜》：生於同治六年（1867）九月二十八日。〔註49〕

31、陳栩，字陳巽倩。《耆老攝影・陳巽倩先生像》注云：「年六十二歲。」時爲丁巳年（1917）。〔註50〕沈其光《瓶粟齋詩話初編》：「丁卯（1927）之變，各地耆宿平昔與鄉里異趣者，亂民無不目爲土豪劣紳，加以戮辱。嘉定陳巽倩太史栩之爲地痞張某槍殺，其一也。……遂遇害，年已七十二矣。此丁卯春初事也。」〔註51〕又，鄭逸梅《藝林散葉續編》：「陳巽倩名栩，……年七十二卒。」〔註52〕皆可推知其生在咸豐六年（1856）。

32、蔡汝霖。周天鵬《蔡汝霖傳略》〔註53〕、郭佐唐《蔡汝霖傳》〔註54〕記作 1869～1917；《蔡宅村志》記作 1868～1916。〔註55〕

〔註49〕張樹年主編《張元濟年譜》，商務印書館 1991 年版，第 5 頁。

〔註50〕《廣倉學會雜誌》第 1 期，1917 年 9 月。

〔註51〕沈其光《瓶粟齋詩話初編》卷 6，《民國詩話叢編》第 5 冊，第 547 頁。

〔註52〕《鄭逸梅選集》第 3 卷，黑龍江人民出版社 1991 年版，第 540 頁。

〔註53〕《東陽文史資料選輯》第 3 輯，東陽縣政協文史委 1986 年印行，第 47 頁。

〔註54〕《金華文史資料》第 7 輯，浙江人民出版社 1991 年版，第 110 頁。

〔註55〕《蔡宅村志》，方志出版社 2004 年版，第 559 頁。

若干清代作家生卒年考略

　　錢仲聯先生主編的《中國文學家大辭典・清代卷》（以下簡稱《大辭典》）收錄作家 3100 多人，是目前收錄清代作家最多的一部辭書，具有很高的學術價值。該書出版於 1996 年 10 月，由於當時條件所限，在作家生卒年考訂方面還存在一些疏漏和舛誤。江慶柏先生編著的《清代人物生卒年表》（以下簡稱《年表》）出版於 2005 年 12 月，收錄約 25000 人。該書吸收了許多當代學人的考訂成果，是迄今為止在清人生卒年方面最有價值的辭書。《大辭典》所誤記或注明「不詳」的作家生卒年，多數已在《年表》中得到了糾正和考訂。此外，還有少數作家的生卒年，《年表》考訂亦有誤或未予著錄。茲就筆者孤陋所知，略述如下。

1、王九齡

　　王九齡字子武，號薛澱，華亭人。康熙二十一年（1682）進士。官至左都御史。著有《艾納山房集》五卷。其生卒年，《大辭典》作 1662～1709 年，《年表》據《國朝耆獻類徵初編》記其卒年為康熙四十八年（1709）十二月，並注明公曆為 1710 年，未著錄生年。按，許汝霖《總憲王薛澱墓誌銘》：「（薛澱）以康熙四十八年十二月二十六日卒於官邸，春秋六十有七。」〔註1〕康熙四十八年十二月二十六日，公曆為 1710 年 1 月 25 日。則其生卒年當記為崇禎十六年癸未～康熙四十八年己丑（1643～1710）。

2、王又樸

　　王又樸字從先，號介山，天津人。雍正元年（1723）進士。歷官吏部主

〔註1〕許汝霖《德星堂文集》卷 4，《四庫存目叢書》集部第 253 冊，第 124 頁。

事、河東鹽政、西安府丞、徽州知府等。著有《易翼述信》十二卷、《詩禮堂文集》五卷《詩集》七卷。其生卒年，《大辭典》作 1681～1760 年，《年表》據《清史列傳》本傳亦作康熙二十年～乾隆二十五年（1681～1760）。按，《介山自訂年譜》:「康熙十九年歲次辛酉十一月庚子二十一日庚午，太恭人夢月墮簾而生余。」〔註2〕康熙十九年爲庚申年，辛酉年爲康熙二十年。據《年譜》後文判斷，「康熙十九年」係誤記，王又樸生於康熙二十年辛酉（1681）。又，《年譜》所記止於乾隆二十五年庚辰（1760），卷首自序署「時乾隆二十六年歲次辛巳二月初三日書」〔註3〕。則王又樸乾隆二十六年辛巳（1761）尚在世，得年八十一歲以上。

3、王復

王復字敦初，號秋塍，秀水人，又曾子。援例爲國子監生。官河南商丘、偃師知縣。著有《樹萱堂》、《晚晴軒》二集，畢沅採入《吳會英才集》。又有雜劇《豔禪》，已佚。其生卒年，《大辭典》作 1748～1798 年，《年表》據武億撰行實亦作乾隆十三年～嘉慶三年（1748～1798）。按，武億《偃師縣知縣王君行實輯略》:「乾隆二十六年辛巳（1761），刑部棄世，君年十有四。」刑部即王又曾（嘗官刑部廣西司主事），王復生於乾隆十三年（1748），當係據此推斷。又云「（卒）年五十有一」，據此，王復當卒於嘉慶三年（1798）。然細讀武億此文云:「今歲春，君遘疾。入夏，漸劇，猶幸漸有瘳。七月中，畢公薨問至自湖南，君一痛隕絕。既蘇，家人強慰藉之，益忽忽感喟，遂致不起。其卒蓋以九月二日，年五十有一。」〔註4〕又，史善長《弇山畢公年譜》「（嘉慶）二年丁巳六十八歲」條:「（畢沅）秋七月三日丑刻卒於辰州行館。」〔註5〕王復聞其「薨問」似不至於在一年以後，故此處「七月中」疑指嘉慶二年（1797）。又，《偃師縣知縣王君行實輯略》後有一篇《王明府挽詞》:「維嘉慶二年秋，秋塍明府既卒於官，縣之人士匍匐走弔，重念無以寫哀，屬予爲達其誠。」〔註6〕據此，王復卒於嘉慶二年（1797）即可坐實。得年五十一歲，則其生年爲乾隆十二年（1747）。

〔註2〕 王又樸《介山自訂年譜》，《北京圖書館藏珍本年譜叢刊》第 92 冊，第 24 頁。
〔註3〕 王又樸《介山自訂年譜》，《北京圖書館藏珍本年譜叢刊》第 92 冊，第 14 頁。
〔註4〕 武億《授堂文鈔》卷 8，《續修四庫全書》第 1466 冊，第 154 頁。
〔註5〕 史善長《弇山畢公年譜》，《北京圖書館藏珍本年譜叢刊》第 106 冊，第 252 頁。
〔註6〕 武億《授堂文鈔》卷 8，《續修四庫全書》第 1466 冊，第 156 頁。

4、石文

石文字貞石，錢塘人，上虞籍。諸生。與厲鶚、金農、丁敬、陳章等交遊。卒後同人輯其遺作爲《貞石詩鈔》。其生卒年，《大辭典》曰不詳，《年表》未著錄。按，厲鶚《樊榭山房集》卷五《六月十日同丁敬身石貞石遊龍興寺觀唐開成二年陀羅尼石幢爲處士胡季良書》詩，作於丁未年（1727）。又，本卷《同敬身東扶過雲居寺傷貞石下世》詩，作於戊申年（1728）春。〔註7〕以此知石文卒於雍正五年丁未（1727）六月至六年戊申（1728）春之間。又，《國朝名家詩鈔小傳·貞石詩鈔小傳》謂其「年三十二卒」〔註8〕，則其生卒年可記作康熙三十五年丙子～雍正五年丁未（1696～1727），或康熙三十六年丁丑～雍正六年戊申（1697～1728）。

5、石球

石球字鳴虞，嘉定人。著有《有蘭書屋存稿》四卷。其生卒年，《大辭典》曰不詳，《年表》未著錄。按，《有蘭書屋存稿》石琳跋：「兄形軀頗偉，而時有小疾。壬申年六十有四，花朝前一日忽患腹痛，治之一昔而遽殞。」〔註9〕據此可知其卒於乾隆十七年壬申（1752）二月十五日，得年六十四歲，生年當爲康熙二十八年己巳（1689）。

6、田肇麗

田肇麗字念始，號蒼厓，德州人，雯子。由廕生官至戶部郎中。著有《有懷堂詩文集》一卷。其生卒年，《大辭典》曰不詳，《年表》未著錄。按，田雯自編《蒙齋年譜》：「辛丑二十七歲，正月八日，男肇麗生。」〔註10〕以此知田肇麗生於順治十八年辛丑（1661）。又，據《有懷堂文集·李槐村墓表》，可知雍正九年辛亥（1731）田肇麗尚在世，得年七十一歲以上。據《有懷堂文集》卷末田同之識語，雍正十三年乙卯（1735）秋田肇麗已不在世。〔註11〕

7、朱稻孫

朱稻孫字稼翁，號芋陂，晚號娛村，秀水人，彝尊孫，昆田子。乾隆元年（1736）應博學鴻詞科，報罷。著有《六峰閣詩稿》四卷、《紀行絕句》二

〔註7〕 厲鶚《樊榭山房集》卷5，《四部叢刊》本，第5、10頁。
〔註8〕 鄭方坤《國朝名家詩鈔小傳》卷4，咸豐2年刊本。
〔註9〕 石球《有蘭書屋存稿》石琳跋，《四庫全書存目叢書補編》第79冊，第335頁。
〔註10〕 田雯《蒙齋年譜》，《北京圖書館藏珍本年譜叢刊》第83冊，第343頁。
〔註11〕 田肇麗《有懷堂文集》，《四庫存目叢書》集部第272冊，第801、804頁。

卷。其生卒年，《大辭典》作 1682～1760 年，《年表》據盛百二撰行狀亦作康熙二十一年～乾隆二十五年（1682～1760）。按，盛百二《娛村朱先生行狀》：「先生生於康熙二十一年壬戌某月日，年七十九，與孺人皆以乾隆二十五年庚辰除夕卒。」〔註12〕乾隆二十五年除夕，公曆為 1761 年 2 月 4 日。其生卒年當記為康熙二十一年壬戌～乾隆二十五年庚辰（1682～1761）。

8、華浣芳（女）

華浣芳，長洲人，華亭訓導張榮妾。著有《挹青軒稿》。其生卒年，《大辭典》曰不詳，《年表》據《挹青軒稿》張榮序、四庫全書總目《挹青軒詩稿》提要作康熙三十三年～康熙五十五年（1694～1716）。按，張榮《空明子自敘年譜・續刊年譜》「五十九歲丁酉」條：「十一月，二十一日，葬先室吳氏。二十四日黎明，華妾因產而卒，予於是日傍晚抵家。」〔註13〕《挹青軒稿》卷首張榮《挹青軒小序》：「今五十九，丁酉歲，又奪我能詩之妾（原注：即浣芳）。」〔註14〕則華浣芳卒於康熙五十六年丁酉（1717）十一月二十四日。《挹青軒小序》又謂其得年「僅二十有三」，則其生於康熙三十四年（1695）。與《挹青軒小序》所云「憶己丑歲（1709），予至吳，寓半塘，是時浣芳年一十有五」亦相合。

9、紀炅

紀炅字朏庵，號仲霽，文安人。康熙十八年（1679）舉博學鴻詞科，以疾未與試。著有《桂山堂詩鈔》八卷，收入王企埥編《四家詩鈔》。其生卒年，《大辭典》曰不詳，《年表》未著錄。按，《四家詩鈔・桂山堂詩鈔》卷首陳儀《紀征君傳》：「（紀炅）戊子三月以疾卒於家。」以此知其卒於康熙四十七年戊子（1708）。又，《四家詩鈔・桂山堂詩鈔》卷二《丁巳初度宿彭城旅店》：「五十三次見蟠桃。」卷五《甲寅長至》云：「五十年華駛已過。」卷六《丙子初度阿季太守為余治具詩以誌之》云：「揆余七十二懸弧。」卷七《怡園六老雅會即事》小序云：「……紀山人朏庵諱炅，年七十七。當康熙辛巳三月初六日也。」〔註15〕皆可證其生於明天啟五年（1625）。

〔註12〕盛百二《柚堂文存》卷 4，《北京師範大學圖書館藏稀見清人別集叢刊》第 11 冊，第 50 頁。

〔註13〕張榮《空明子文集》卷下，《四庫存目叢書》集部第 267 冊，第 308 頁。

〔註14〕華浣芳《挹青軒稿》卷首，《四庫存目叢書》集部第 267 冊，第 441 頁。

〔註15〕王企埥輯《四家詩鈔》，《四庫存目叢書》集部第 403 冊，第 547、555、577、590、596 頁。

10、李富孫

李富孫字既汸、薌沚，晚號校經叟，嘉興人。嘉慶六年（1801）拔貢生。著有《鶴徵錄》、《鶴徵後錄》、《校經廎文稿》等。其生卒年，《大辭典》作 1764～1843 年，《年表》據張廷濟《桂馨堂集・感逝詩》作乾隆四十九年～道光二十三年（1784～1844），並注云：卒於道光二十三年除夕，公曆爲 1844 年 2 月 17 日。按，《校經叟自訂年譜》：「乾隆二十九年甲申八月初九日辰時生。」又，卷末徐林衡跋：「同邑張孝廉廷濟約明歲甲辰爲重遊泮宮之舉，詎意於上屆歲除……下午長逝。」〔註 16〕據此，其生卒年當記爲乾隆二十九年甲申～道光二十三年癸卯（1764～1844）。

11、李黼平

李黼平字繡子、貞甫，號貞子、花庵，嘉應人。嘉慶十年（1805）進士。官昭文縣知縣。著有《李繡子全書》。其生卒年，《大辭典》作 1770～1832 年，《年表》據《清史列傳》本傳亦作乾隆三十五年（1770）～道光十二年（1832）。按，梁廷楠《昭文縣知縣李君墓誌銘》：「吾師之主講寶安書院也，及此八易寒暑矣。院左文昌神祠以道光十有二年十有二月二十二日落成。先一日，師率諸生習禮畢，返院，坐未定，汗出不可止。醫至，氣已絕矣。」「距生乾隆庚寅，年六十有三。」〔註 17〕道光十二年（1832）十二月二十一日，公曆爲 1833 年 2 月 10 日。其生卒年當記爲乾隆三十五年庚寅～道光十二年壬辰（1770～1833）。

11、吳堦

吳堦字次升，武進人。諸生。以投效南河大工，敘勞分發山東試用。累官至曹州知府。著有《禮石山房集》五卷。其生卒年，《大辭典》作 1756～1821 年，《年表》未著錄。按，陸繼輅《山東曹州知府吳君墓誌銘》云：「遂終於曹，時今上建元之八月四日也，春秋六十有五。」〔註 18〕故可記爲乾隆二十二年丁丑～道光元年辛巳（1757～1821）。

12、余鵬翀

余鵬翀字少雲，懷寧人。監生。著有《息六齋遺稿》。其生卒年，《大辭

〔註 16〕李富孫《校經叟自訂年譜》，《北京圖書館藏珍本年譜叢刊》第 128 冊，第 407、450 頁。
〔註 17〕《續碑傳集》卷 72，《清代傳記叢刊》第 119 冊，第 212 頁。
〔註 18〕陸繼輅《崇百藥齋續集》卷 4，《續修四庫全書》第 1497 冊，第 96 頁。

典》日不詳，《年表》據《中國美術家人名辭典》作乾隆二十年～乾隆四十
九年（1755～1784）。按，武億《余少雲哀詞》：「少雲生某年，於其卒也，
年蓋二十有八，乾隆四十八年（1783）某月日也。」據題下自注，此文作於
甲辰（1784）正月三日。〔註19〕又，《挽余少雲》題下自注謂作於癸卯（1783）。
〔註20〕據此可知余鵬翀卒於乾隆四十八年癸卯（1783）。得年二十八，則其
生於乾隆二十一年丙子（1756）。

13、汪中

汪中字容甫，江都人。乾隆四十二年（1777）拔貢生。以母老不赴朝考，
絕意仕進。著有《述學》六卷、《容甫遺詩》六卷。其生卒年，《大辭典》作
1744～1794 年，《年表》據王昶撰墓碣亦作乾隆九年～乾隆五十九年（1744
～1794）。按，汪喜孫《容甫先生年譜》：「乾隆九年甲子十二月二十日先君生。」
〔註21〕據此，汪中生於乾隆九年（1744）十二月二十日，公曆為 1745 年 1 月
22 日。又據《年譜》，其卒在乾隆五十九年（1794）十一月十九日至二十日夜
間。

14、汪灝

汪灝字文漪、天泉，臨清人。康熙二十四年（1685）進士。歷官編修、
內閣學士、禮部侍郎、河南巡撫等。著有《倚雲閣詩集》一卷。其生卒年，《大
辭典》日不詳，《年表》據《康熙二十四年乙丑科會試進士履歷便覽》著錄其
生於順治八年（1651），卒年不詳。按，雍正《山東通志》本傳：「丁亥秋，
黃流暴漲，灝親督河工，晝夜巡閱，以此積勞成疾。己丑多，告病歸里，未
幾卒。」〔註22〕則汪灝卒於康熙四十八年己丑（1709）多或稍後。

15、沈炳震

沈炳震字寅馭，號東甫，歸安人。乾隆元年（1736）以貢生應博學鴻詞
科，報罷，逾年卒。著有《新舊唐書合鈔》、《增默齋集》。其生卒年，《大辭
典》作 1679～1737，《年表》據全祖望撰墓誌銘作康熙十七年～乾隆二年（1678
～1738），並注云：卒於乾隆二年十二月初三日，公曆為 1738 年 1 月 22 日。
按，全祖望《沈東甫墓誌銘》：「生於康熙己未正月十四日，卒於乾隆丁巳十

〔註19〕武億《授堂文鈔》卷 5，《續修四庫全書》第 1466 冊，第 120 頁。
〔註20〕武億《授堂詩鈔》卷 7，《續修四庫全書》第 1466 冊，第 205 頁。
〔註21〕汪喜孫《容甫先生年譜》，《北京圖書館藏珍本年譜叢刊》第 111 冊，第 15 頁。
〔註22〕雍正《山東通志》卷 28 之 4，《四庫全書》本，第 67 頁。

二月初三日，享年五十有九。」〔註 23〕據此，沈炳震的生卒年可記爲康熙十八年己未～乾隆二年丁巳（1679～1738）。

16、沈嘉轍

沈嘉轍字欒城，錢塘人，名蓀子。諸生。嘗與吳焯、陳芝光、符曾、趙昱、厲鶚、趙信等同輯《南宋雜事詩》七卷。其生卒年，《大辭典》曰不詳，《年表》未著錄。按，厲鶚《哭沈欒城》詩，作於癸丑年（1733），其自注云：「今年夏，同君及功千、意林早出錢唐門，道逢喪車，衆隨其後，君獨徘徊不前，若畏懼者，孰意其爲先兆也。」〔註 24〕以此知沈嘉轍卒於雍正十一年癸丑（1733）。

17、張梁

張梁字大木、奕山，號幻花，華亭人。康熙五十二年（1713）進士。官行人司行人。著有《澹吟樓詩鈔》十六卷、《幻花庵詞鈔》八卷。其生卒年，《大辭典》曰不詳，《年表》據《澹吟樓詩鈔》卷五《題謝荻灘詩箋後》著錄其生於康熙二十二年（1683），卒年不詳。按，《湖海詩傳·蒲褐山房詩話》：「晚歲專修淨土，至八十三而終。」〔註 25〕《晚晴簃詩彙·詩話》：「年八十三卒。」〔註 26〕若以上所記生年及得年不誤，其卒年應爲乾隆三十年乙酉（1765）。

18、張藻（女）

張藻字于湘，青浦人。著有《培遠堂詩集》四卷。其母顧英，字若憲，號蘭谷，著有《挹翠閣詩鈔》。其子畢沅，字湘衡，號秋帆、弇山，乾隆二十五年（1760）狀元。撫陝甚久，主持風雅，一時稱盛。張藻的生卒年，《大辭典》曰不詳，《年表》未著錄。按，史善長《弇山畢公年譜》「（乾隆）四十四年己亥五十歲」條：「十二月八日，太夫人卒於西安官舍。」〔註 27〕以此知張藻卒於乾隆四十四年（1779）十二月初八日，公曆爲 1780 年 1 月 14 日。又，畢沅《靈巖山人詩集》卷三〇「上章困敦」（1780）僅存詩一首，卷三一「重光赤奮若」（1781）有懷母諸詩，如《重憩華州行館，追憶甲午夏五恭迓太夫

〔註 23〕全祖望《鮚埼亭集》卷 19，《四部叢刊》本，第 6 頁。

〔註 24〕厲鶚《樊榭山房集》卷 7，《四部叢刊》本，第 8 頁。

〔註 25〕王昶《湖海詩傳》卷 1，《續修四庫全書》第 1625 冊，第 540 頁。

〔註 26〕徐世昌編《晚晴簃詩彙》卷 59，中華書局 1990 年版，第 2397 頁。

〔註 27〕史善長《弇山畢公年譜》，《北京圖書館藏珍本年譜叢刊》第 106 冊，第 163 頁。

人於城外，緬想慈徽，渺不可再，感述三章》、《更鼓四下，寢不成寐，念太夫人在時，是夕必焚香拜月，與小兒女團圞笑語。竟夜不倦，追維往事，泫然感述》。〔註28〕

19、阿克敦

阿克敦字沖和，號恒岩，滿洲正藍旗人。康熙四十八年（1709）進士。官至刑部尚書、協辦大學士。著有《德蔭堂集》十六卷。其生卒年，《大辭典》作 1685～1757 年，《年表》據王昶撰行狀亦作康熙二十四年～乾隆二十二年（1685～1757）。按，《碑傳集》卷二十六收錄王昶《太子太保協辦大學士刑部尚書文勤公阿克敦行狀》，云：「二十一年目疾請假，上許之，令太醫院官診視。久之未愈，屢奏請休，上諭以原官致仕。明年正月二十三日病卒。」〔註29〕據此，阿克敦卒於乾隆二十二年（1757）正月二十三日，《大辭典》和《年表》皆不誤。而王昶此文出自《春融堂集》卷六十一，原題爲《太子少保協辦大學士刑部尚書諡文勤阿公行狀》。正文也略有不同：「二十年目疾請假，上許之，令太醫院官診視。久之未愈，屢奏請休，遂以原官致仕。明年正月二十三日病薨。」〔註30〕據此，阿克敦當卒於乾隆二十一年（1756）正月二十三日。導致卒年推斷有異的關鍵處在於「目疾請假」是在二十年還是二十一年。需要參考其他資料。闕名《阿文勤公年譜》「（乾隆）二十年乙亥」條：「公七十一歲。正月，公患目疾，請假，上許之，派太醫院院判施世琦診視。」「六月，奉上諭，令以原官致仕。」又，「（乾隆）二十一年丙子」條：「公七十二歲。正月二十三日戌時病卒。」〔註31〕又，阿桂爲阿克敦子，官至武英殿大學士，諡文成。那彥成等《阿文成公年譜》卷一「（乾隆）二十年乙亥三十九歲」條：「是年正月，文勤公以目疾請假。至六月予告，以原官致仕。」又，「（乾隆）二十一年丙子四十歲」條：「正月二十三日戌時，文勤公薨，春秋七十有二。」〔註32〕據此可知，《碑傳集》轉錄王昶之文，致一年之訛。則阿克敦之生卒年當記爲康熙二十四年乙丑～乾隆二十一年丙子（1685～1756）。

〔註28〕 畢沅《靈巖山人詩集》卷 30，第 289 頁；卷 31，第 292、294 頁。
〔註29〕 《碑傳集》卷 26，《清代傳記叢刊》第 107 冊，第 738 頁。
〔註30〕 王昶《春融堂集》卷 61，《續修四庫全書》第 1438 冊，第 264 頁。
〔註31〕 闕名《阿文勤公年譜》，《北京圖書館藏珍本年譜叢刊》第 92 冊，第 503～504 頁。
〔註32〕 那彥成等《阿文成公年譜》，《北京圖書館藏珍本年譜叢刊》第 99 冊，第 233、234 頁。

20、陳毅

陳毅字直方，號古漁（一作古愚），上元人。布衣。著有《古漁詩概》六卷，輯有《所知集》初編十二卷、二編八卷、三編十二卷。其生卒年，《大辭典》曰不詳，《年表》未著錄。按，何士顒《何南園詩選》卷首袁枚序云：「金陵有二詩人，一爲陳古漁，一爲何南園。陳詩矯健，何詩清婉。三十年來，過從甚歡。今年俱委化去。」序作於「乾隆五十二年三月」。〔註33〕據此可知陳毅卒於乾隆五十二年（1787）春。

21、林其茂

林其茂字培根，侯官人。乾隆元年（1736）進士。官山陰知縣。著有《山陰集》一卷、《歸田遺草》一卷，《四庫全書總目》卷一八五著錄。其生卒年，《大辭典》曰不詳，《年表》據《清代官員履歷檔案全編》著錄其生於康熙五十五年（1716），卒年不詳。按，《四庫全書總目》卷一八五：「蓋其茂沒時，年僅三十有九云。」則其卒年當爲乾隆十九年甲戌（1754）。

22、羅有高

羅有高字臺山，號尊聞居士、吉雲山人，瑞金人。乾隆三十年（1765）舉人。著有《尊聞居士集》八卷。其生卒年，《大辭典》作1733～1779年，《年表》據王昶撰墓誌銘作雍正十一年～乾隆四十三年（1733～1778）。按，王昶《羅臺山墓誌》云：「己亥正月歸家，逾旬而歿。」「距生於雍正癸丑某月日，年四十有六。」〔註34〕生於雍正癸丑（1733），卒於乾隆己亥（1779），其得年當爲四十七歲。王昶推算得年與所記生卒年份不合，以致《大辭典》和《年表》著錄不一。按，彭紹升《羅臺山述》：「四十二年，（羅有高）偕海圖入京。……明年會試報罷，得風疾。……其秋南歸，道予家，居兩日，疾復發，杖而後行。又明年正月六日抵家，甫逾旬而卒，年四十六。」〔註35〕魯仕驥《羅臺山哀辭》：「余友瑞金羅臺山以乾隆四十四年正月卒於家。先一年，有妄傳臺山卒於京邸者。」〔註36〕王、彭、魯皆明言羅有高卒於乾隆四十四年（1779）正月，魯且辨卒於乾隆四十三年之說爲「妄傳」。至於羅有高的生年，魯仕驥《羅臺山哀辭》有云，乾隆十八年（1753），魯因鄉試至南昌，初識羅，「余

〔註33〕何士顒《何南園詩選》，《叢書集成三編》第44冊，第502頁。
〔註34〕王昶《春融堂集》卷58，《續修四庫全書》第1438冊，第241頁。
〔註35〕羅有高《尊聞居士集》附錄，《續修四庫全書》第1453冊，第419頁。
〔註36〕羅有高《尊聞居士集》附錄，《續修四庫全書》第1453冊，第416頁。

時年二十有二，臺山少余二歲」。據姚鼐《夏縣知縣新城魯君墓誌銘》，魯仕驥生於雍正十年壬子（1732）。〔註37〕則羅有高生於雍正十二年甲寅（1734），至乾隆四十四年卒，得年四十六。與彭紹升、王昶所言得年正合。以此知王昶誤記生年。羅有高的生卒年應記爲雍正十二年甲寅～乾隆四十四年己亥（1734～1779）。

23、周宣猷

周宣猷字辰遠，號雪舫，長沙人。雍正十一年（1733）進士。歷官浙江桐廬知縣、海鹽知縣、分司嘉松鹽運判官。著有《雪舫詩鈔》八卷。其生卒年，《大辭典》作1691～1751年，《年表》據《清代官員履歷檔案全編》著錄其生於康熙四十七年（1708），卒年不詳。按，《四庫全書總目》卷一八五：「《雪舫詩鈔》八卷，國朝周宣猷撰。其詩自乾隆辛未迄丁丑，分年編次。」乾隆辛未迄丁丑，即1751～1757年，則《大辭典》所記生卒年顯誤。又，陳兆崙《分司嘉松轉運周君雪舫傳》謂其「卒年六十有一」〔註38〕，若《年表》所記生年不誤，則其卒年當爲乾隆三十三年戊子（1768）。

24、法海

法海字淵若，號陶庵、悔翁，滿洲鑲黃旗人。康熙三十三年（1694）進士。官至左都御史、內務府總管。著有《悔翁集》。其生卒年，《大辭典》作？～1737年。《年表》據《國朝耆獻類徵初編》亦作？～乾隆二年（1737）。按，方苞《兵部尚書法公墓表》謂其「卒年六十有七」〔註39〕，則其生於康熙十年辛亥（1671）。

25、鄭際熙

鄭際熙字大純，侯官人。乾隆二十一年（1756）舉人。嘗主漳州雲陽書院。著有《浩波遺集》三卷。其生卒年，《大辭典》作1733～1768年，《年表》未著錄。按，姚鼐《鄭大純墓表》：「君有弟字日大章，少與君同學，同執家苦，長而同有名。君歿八年，大章登進士。」大章即鄭際唐，爲乾隆三十四年己丑科（1769）進士。據此，鄭際熙卒於乾隆二十六年（1761）前後。《墓表》又云：「今秋余疾請假，大章乃淒然曰：『……今吾兄沒十四年矣……』」

〔註37〕姚鼐《惜抱軒文集》卷13，《四部叢刊》本，第9頁。
〔註38〕陳兆崙《紫竹山房文集》卷13，嘉慶簡刻本，第25頁。
〔註39〕方苞《方苞集》卷12，上海古籍出版社1983年版，第355頁。

《墓表》署「乾隆三十九年（1774）十月刑部郎中桐城姚鼐撰」。據此，鄭際熙卒於乾隆二十五年（1760）前後。《墓表》又云：鄭際熙乾隆丙子科鄉試中式後，「自是三值會試」。丙子科鄉試後三次會試爲丁丑科（1757）、庚辰科（1760）、辛巳恩科（1761），則鄭際熙必卒於乾隆二十六年辛巳（1761）。又據《墓表》所云「年三十六終於舉人」〔註40〕，可知其生於雍正四年丙午（1726）。

26、宗聖垣

宗聖垣字介藩，號芥颿，會稽人。乾隆三十九年（1774）舉人。歷官廣東文昌知縣，廣、惠、潮、雷、瓊五郡同知，權羅定、德慶等州。著有《九曲山房詩鈔》十六卷《續集》一卷。其生卒年，《大辭典》曰不詳，《年表》據宗稷辰撰墓誌銘作雍正十三年～嘉慶二十年（1735～1815）。按，宗稷辰《雷州府君墓誌》：「卒於嘉慶乙亥十月，享年八十。」〔註41〕按古人以虛歲計算年齡的慣例，其生卒年當記爲乾隆元年丙辰～嘉慶二十年乙亥（1736～1815）。

27、胡愼容（女）

胡愼容字觀止，號臥雲、玉亭女史，山陰人。馮坦室，胡天遊女弟子。著有《紅鶴山莊詩》二卷、《二集》一卷、《紅鶴詞》一卷。其生卒年，《大辭典》曰不詳，《年表》據蔣士銓《忠雅堂文集》卷十一《重建臥云詩史馮夫人厝所告詞》著錄其卒於乾隆二十八年（1763），生年不詳。按，蔣士銓《石蘭詩傳》：「庚辰某月，臥雲死，遺三孤一女，石蘭獨經紀其殯殮，撫諸雛如己出。」〔註42〕石蘭即胡愼儀，爲胡愼容從姊。此文明言胡愼容卒於庚辰年，即乾隆二十五年（1760）。又，《重建臥云詩史馮夫人厝所告詞》云：「憶丙子而得萍逢，喜結文章之雁序；閱辛巳而傳凶耗，驚看嶺海之魚書。」〔註43〕蔣士銓聞知胡愼容「凶耗」在辛巳年（1761），亦可證其不可能卒於乾隆二十八年（1763）。

28、盛百二

盛百二字秦川，號柚堂，秀水人。乾隆二十一年（1756）舉人。官山東

〔註40〕姚鼐《惜抱軒文集》卷 11，《四部叢刊》本，第 4～6 頁。
〔註41〕宗稷辰《躬恥齋文鈔》卷 10，咸豐元年刊民國 2 年秋重印本。
〔註42〕蔣士銓《忠雅堂文集》卷 5，《忠雅堂集校箋》，上海古籍出版社 1993 年版，第 2169 頁。
〔註43〕蔣士銓《忠雅堂文集》卷 11，《忠雅堂集校箋》，上海古籍出版社 1993 年版，第 2426 頁。

淄川知縣。旋以憂去，不復出。晚居齊魯間，主講書院十數年。著有《柚堂文存》四卷、《皆山樓吟稿》四卷、《柚堂筆談》四卷等十三種。其生卒年，《大辭典》曰不詳，《年表》未著錄。按，梅花村人《柚堂居士著述序》云：「余與居士並生於康熙五十九年，太歲與日辰支干皆在庚子，月建與太陽加時皆在己卯。」又云：「居士今年五十有九，主任城講席者四載。」序署「乾隆戊戌立春，梅花村人述」。〔註44〕盛百二《己卯四十初度》亦云：「仁皇庚子二月吉，我降明星玉女峰。」〔註45〕據此可知盛百二生於康熙五十九年（1720）二月初三日。（據《辭源》，「月吉」可指每月初一，亦可指好日子。梅花村人所言「庚子」日，為初三日。）又，《皆山樓吟稿》收詩編年排列，卷四《和文麓曾太守廷栻、簡龔司馬孫枝原韻》題下注「乙巳」（1785），此為集中最晚之年份。據此可知盛百二享壽在六十六歲以上。

29、錢東垣

錢東垣字既勤，號亦軒，嘉定人，大昭子。嘉慶三年（1798）舉人。歷官浙江松陽、上虞知縣。著有《孟子解誼》十四卷、《小爾雅校證》二卷、《補經義考》四十卷、《勤有堂集》十二卷。其生卒年，《大辭典》曰不詳，《年表》未著錄。按，瞿中溶《瞿木夫先生自訂年譜》「（道光）四年甲申五十六歲」條：二月，「錢亦軒內兄東垣之喪歸自上虞，往哭之。」〔註46〕據此，錢東垣卒於道光四年甲申（1824）。

30、徐映玉（女）

徐映玉字若冰，崑山人。諸生孔毓艮室，沈大成女弟子。著有《南樓吟稿》二卷。其生卒年，《大辭典》作1738～1762年，《年表》據《續修四庫全書總目》「南樓吟稿」提要作雍正六年～乾隆二十七年（1728～1762）。按，沈大成《徐媛傳》云：「生雍正六年（1728）三月十一日，沒乾隆二十七年（1762）十二月晦。」〔註47〕其卒日公曆為1763年2月12日。

〔註44〕盛百二《柚堂文存》卷首，《北京師範大學圖書館藏稀見清人別集叢刊》第11冊，第6～7頁。

〔註45〕盛百二《皆山樓吟稿》卷2，《北京師範大學圖書館藏稀見清人別集叢刊》第11冊，第69頁。

〔註46〕瞿中溶《瞿木夫先生自訂年譜》，《北京圖書館藏珍本年譜叢刊》第131冊，第316頁。

〔註47〕沈大成《學福齋集》卷19，《續修四庫全書》第1428冊，第234頁。

31、鄂爾泰

鄂爾泰字毅庵，號西林，滿洲鑲藍旗人。康熙三十八年（1699）舉人。官至軍機大臣、翰林院掌院學士。諡文端。著有《西林遺稿》六卷。其生卒年，《大辭典》作 1677～1745 年，《年表》據袁枚《小倉山房文集》卷八行略、雷鋐《經笥堂文鈔》卷下亦作康熙十六年～乾隆十年（1677～1745）。按，鄂容安等《襄勤伯鄂文端公年譜》：「皇清康熙十九年庚申二月初十日，公生於順天府宣武門內甘石橋祖宅。」又，「乾隆十年乙丑公年六十六歲」條云：「四月十二日寅時公薨。」〔註48〕鄂容安為鄂爾泰之子，所記當更為可信。據此，鄂爾泰的生卒年應作康熙十九年庚申～乾隆十年乙丑（1680～1745）。

32、釋成鷲

成鷲俗姓方，名顒愷，字趾麐；法名光鷲，後改為成鷲，別字迹刪，番禺人。著有《咸陟堂詩集》十八卷、《文集》二十五卷。其生卒年，《大辭典》作 1636～1707 以後，《年表》未著錄。按，成鷲自訂《紀夢編年》：「明崇禎丁丑年三月二十一日亥時，不孝子降生。」據此，成鷲生於崇禎十年（1637）。其《紀夢編年》止於康熙五十五年丙申（1716）冬。明年又作《丁酉年後紀夢續編》，卷末署「時丁酉（1717）三月示生日，迹刪老人再述」。〔註49〕此後事迹未詳，得年在八十一歲以上。又，《中國歷代年譜總錄（增訂本）》著錄《紀夢編年》一卷、《丁酉年後紀夢續編》一卷，且謂其卒於康熙六十一年（1722）。〔註50〕

33、釋湛性

湛性一名湛汛，字藥根，又曰藥庵，丹徒人。乾隆間揚州之祇園庵僧。著有《雙樹軒詩鈔》一卷。其生卒年，《大辭典》曰不詳，《年表》未著錄。按，李中簡《藥根上人小傳》：「余初識藥公時，年三十許。……甲申再晤，……丁亥又來，……逾年而藥公死矣。……戊子秋，余典試楚中，過清苑，甚雨，宿逆旅，問藥公成墻處，無知者，作詩哭之。」〔註51〕以此可知其卒於乾隆

〔註48〕鄂容安等《襄勤伯鄂文端公年譜》，《北京圖書館藏珍本年譜叢刊》第 91 冊，第 454、720 頁。

〔註49〕釋成鷲《紀夢編年》，《北京圖書館藏珍本年譜叢刊》第 84 冊，第 99、169 頁。

〔註50〕楊殿珣《中國歷代年譜總錄（增訂本）》，書目文獻出版社 1996 年版，第 234 頁。

〔註51〕僧湛性《雙樹堂詩鈔》卷首，《四庫全書存目叢書補編》第 97 冊，第 692 頁。

三十三年戊子（1768）。又，據此文，李中簡初識釋湛性在甲戌年（1754），湛性時年三十許，則其得年四十餘歲。

34、德宣

德宣本姓蔣，字子濬，號西磵，漢軍旗人。嘉慶十八年（1813）舉人。官江陰知縣。著有《西磵集》。其生卒年，《大辭典》曰不詳，《年表》未著錄。按，蔣彤《武進李先生年譜》「（道光）十二年壬辰」條：「德公宣於去年卒江陰縣任，生甫誌其墓，先生刊其集，有《西磵詩文集序》。」〔註52〕據此，德宣卒於道光十一年辛卯（1731）。

35、魏成憲

魏成憲字寶臣，號春松，又自號仁庵，錢塘人。乾隆四十九年（1784）進士。官至山東道監察御史。著有《清愛堂集》二十三卷。其生卒年，《大辭典》曰不詳。《年表》據《仁庵自記年譜》作乾隆二十一年～道光二十一年（1756～1841）。按，《仁庵自記年譜》云：「乾隆二十一年丙子秋九月二十六日丑時，仁庵生於錢唐北郭米市巷之老屋。」又，卷末其子魏謙晉等識云：「先大夫以道光十一年七月二十九日申時卒於里第，距生乾隆丙子九月二十六日丑時，享壽七十有六。」〔註53〕據此，魏成憲的生卒年應記作乾隆二十一年丙子（1756）～道光十一年辛卯（1831）。

36、鼇圖

鼇圖字伯麟，號滄來、靜夫，漢軍鑲紅旗人。乾隆三十五年（1770）舉人，官至江蘇按察使。著有《習靜軒詩文集》。其生卒年，《大辭典》曰不詳，《年表》未著錄。按，《滄來自記年譜》：「乾隆十五年庚午八月初一日卯時，滄來生。」《年譜》鼇圖自記止於嘉慶三年戊午（1798），其後由其子定保等補記。「（嘉慶）辛未先大夫六十二歲」條：「二月初二日竟溘然長逝，時申正三刻也。」〔註54〕據此，鼇圖的生卒年應記作乾隆十五年庚午～嘉慶十六年辛未（1750～1811）。

〔註52〕蔣彤《武進李先生年譜》，《北京圖書館藏珍本年譜叢刊》第 131 冊，第 137 頁。

〔註53〕魏成憲《仁庵自記年譜》，《北京圖書館藏珍本年譜叢刊》第 120 冊，第 245、297 頁。

〔註54〕鼇圖《滄來自記年譜》，《北京圖書館藏珍本年譜叢刊》第 117 冊，第 629、698 頁。

《國朝貢舉年表》校讀札記

　　《國朝貢舉年表》（以下簡稱《年表》）是著名的清代科舉題名文獻。凡三卷，清末陳國霖、顧錫中同撰。陳國霖字雨人，江蘇泰興人，廩貢，安徽候補縣丞〔註1〕。顧錫中字肖香，江蘇泰州人，光緒十一年（1885）乙酉科府學拔貢〔註2〕。

　　在《年表》之前，黃崇蘭〔註3〕撰有《國朝貢舉考略》（以下簡稱《考略》），專記清代科目故實，起於順治二年乙酉科鄉試，止於乾隆六十年乙卯恩科會試、鄉試。後有趙學曾〔註4〕為之增補，起於嘉慶元年丙辰恩科會試，止於道光二十七年丁未會試〔註5〕。《年表》之作，當有為《考略》訂正補缺之意，其《凡例》即稱：「是表雖因黃崇蘭先生《考略》成書，然體例增刪，正是補

〔註1〕 宣統《泰興縣志續》卷8《選舉表》，《中國地方志集成・江蘇府縣志輯51》，第337頁。

〔註2〕 民國《續纂泰州志》卷14《選舉表上》，《中國地方志集成・江蘇府縣志輯50》，第664頁。

〔註3〕 黃崇蘭（？～1812/1813），號細庭，安徽懷寧人。乾隆三十六年（1771）舉人。嘉慶六年（1801）任涇縣教諭，卒於官。據嘉慶《涇縣志》卷首《涇縣志纂修姓氏》校閱者名單、卷13《職官表》，道光《涇縣續志》卷2《職官表》，民國3年涇縣瞿氏影印本；民國《懷寧縣志》卷15《選舉表》，民國4年鉛印本。

〔註4〕 趙學曾字用檠，號沂門，安徽涇縣人，嘉慶二十一年（1816）舉人。據道光《涇縣續志》卷首《涇縣續志纂修姓氏》、卷2《選舉表》，民國3年涇縣瞿氏影印本。

〔註5〕 《續修四庫全書》第831冊收錄，與黃崇蘭所撰《明貢舉考略》合稱《增補貢舉考略》。《國朝貢舉考略》後又有人為之增補至光緒二年丙子科鄉試或光緒六年庚辰科會試，此不贅述。

缺，則皆獨出心裁，縱不敢謂爲積薪，而要不愧爲《考略》功成。」其體例亦與《考略》相近，主要列示鄉試、會試之試官、試題、解元或會元、鼎甲，又較《考略》更爲簡略明晰，題名不再列表字、科分，試題也未列詩題。試以乾隆二十七年壬午科順天鄉試爲例，摘錄如下，以見二書內容之大概及其區別（《考略》據《續修四庫全書》本，《年表》據《中國近代史料叢刊》本）。

《考略》	《年表》
吏尙梁詩正，養仲，浙江錢唐人，庚戌。兵侍觀保，補亭，滿洲正白人，丁巳。	吏尙梁詩正，錢塘。兵侍觀保，滿洲。
始吾於人（四句）。使天下之（三句）。燔肉不至（三句）。「月中桂樹」得「香」字。	始吾於人（四句）。使天下之（三句）。燔肉不至（三句）。
李步青，任邱。	李步青，任邱。

　　《年表》有兩個版本：一是申江袖海山房石印本，一是上海積山書局石印本，前者因《近代中國史料叢刊》的影印而成爲通行本，但其刊刻質量卻遠遜於後者。《年表》對《考略》有所補正，但總體而論，未能後出轉精，其不足之處更爲明顯。試詳述如下。

一、積山書局本優於袖海山房本

　　《年表》申江袖海山房石印本，不題撰人。起於順治二年乙酉鄉試，止於光緒十八年壬辰會試。臺北文海出版社《近代中國史料叢刊》第十四輯第135 號據以影印，扉頁加署「佚名編」（以下簡稱袖海本）。上海積山書局石印本刊於光緒十四年，各卷卷首皆署「泰興陳國霖雨人、泰州顧錫中肖香全編」。起於順治二年乙酉鄉試，止於光緒十二年丙戌會試。國家圖書館、上海圖書館、南京圖書館藏有此本（以下簡稱積山本）。《清史稿·藝文志》著錄「國朝貢舉年表三卷，陳國霖、顧錫中同撰」，當爲積山本〔註6〕。

　　袖海本雖然刊刻在後，且內容向後延伸了三科鄉試、三科會試，又因《近代中國史料叢刊》的影印而成爲通行本，但其刊刻質量卻遠遜於積山本。袖海本的問題首先是順序錯亂，試以卷一所載數則科名盛事爲例。

〔註 6〕積山本較爲稀見，以《近代中國史料叢刊》本（袖海本）爲據者多未詳此書爲何人所作，如馮爾康先生《清代人物傳記史料研究》即稱：「（《年表》）編者佚名，從《卷首·例言》看，應主要出自黃榮（崇）蘭之手。」（天津教育出版社 2005 年版，第 431 頁）

條　目	袖海本	積山本
典試由鴻博考・由乾隆丙辰詞科典試者自劉文定至朱香南凡九人	劉綸、諸錦、朱荃、陳兆崙、夏之蓉、於振、陳士璠、周長發、汪士鍠	劉綸、諸錦、於振、陳兆崙、夏之蓉、汪士鍠、陳士璠、周長發、朱荃
連典鄉試・德齡	康熙庚子山東，甲辰湖北，雍正癸卯廣西	康熙庚子山東，雍正癸卯廣西，甲辰湖北
連典鄉試・查嗣庭	康熙甲午湖廣，丙午山西，雍正癸卯山西	康熙甲午湖廣，雍正癸卯山西，丙午江西

　　第一例條目中明示「自劉文定至朱香南凡九人」，袖海本仍以汪士鍠墊底，顯誤。第二例、第三例以公元紀年表示，分別為康熙庚子（1720）、雍正癸卯（1723）、甲辰（1724）和康熙甲午（1714）、雍正癸卯（1723）、丙午（1726），孰是孰誤，可以立見。另外「連典鄉試」部分的梁詩正、董誥，袖海本也有類似錯亂，而積山本不誤。

　　其次是條目錯亂。如順治十七年庚子鄉試，「有能一日（一節）。其斯以為舜乎。事孰為大（二句）」當為四川試題，袖海本誤作陝西試題；「劉迪，閬中」當為四川解元，袖海本誤作陝西解元。「子使漆雕（一章）。柔遠人則（二句）。奮乎百世（者乎）」當為陝西試題，袖海本誤作四川試題；「梁聯馨，平涼」當為陝西解元，袖海本誤作四川解元。又如康熙二十年辛酉鄉試，山東、山西，試題、解元互竄；三十二年癸酉鄉試，雲南、貴州解元互竄；四十一年壬午鄉試，雲南、貴州，試題、解元互竄；五十六年丁酉鄉試，山西、陝西第二主考互竄；等等。這類訛誤在袖海本中有十多處，而積山本不誤。

　　又次是文字訛錯。粗略統計，積山本不誤而袖海本有誤者約為二百處。下面就姓名、表字、里貫、試題各舉一例列表如下：

科年（卷次）／條目	袖海本	積山本
康熙二十六年／山西試官	何金蘭	何金蘭
卷一／連典鄉試・王峻	良齋	艮齋
康熙五十九年／江西解元晏斯盛	新瑜	新喻
雍正四年／江西試題	山徑之溪（之矣）	山徑之蹊（之矣）

　　甚至如「康乾」刻作「乾康」、「康熙」刻作「康西」之類簡單訛錯，袖海本中也有不少。

　　當然也存在袖海本是而積山本誤的情況。如康熙十四年河南主考師若

琪，積山本誤作「師若琪」；道光十四年四川試題「百工居肆」，積山本誤作「百工居事」；同治元年湖南主考綿宜，積山本誤作「錦宜」。這類情況有近二十處。所以總體看來，積山本的錯誤率小於袖海本。如果《近代中國史料叢刊》以積山本為底本影印刊行《年表》，其使用價值將會高一些。

二、《年表》對《考略》有所補正〔註7〕

《年表》的主體內容，如卷首《凡例》所言，「鄉試以省分為提綱，前主司，後首二三題，末舉首一人。至會試則略變其例，首列總裁，次列首二三題、會元，又次則鼎甲三人」。其體例與《考略》相近，而時間下限延伸至光緒十八年壬辰科會試。

積山本卷二按語有云：「爰因《考略》諸書，變其例，正其訛，搜遺補缺。」綜觀《年表》全書，確有後來居上之處。如《考略》〔註8〕付諸闕如而《年表》考出的解元有：嘉慶十二年丁卯雲南萬華、貴州黃憲中，嘉慶十八年癸酉雲南楊峻，道光十七年丁酉河南趙諴，咸豐元年辛亥福建孟曾谷、山西張士達，同治元年壬戌福建王彬、廣東鍾覺黎，同治三年甲子浙江張祥椿、福建郭尚品，同治六年丁卯順天劉世駿、湖北亢長青、貴州李嗣槐，同治九年庚午浙江蔣崇禮、山西王慶鏞、貴州顏嗣徽，同治十二年癸酉河南鄭思賓等。

又，《考略》中的一些訛誤，在《年表》中得到了修正，如下表所列數例：

科年／條目	《考略》	《年表》
康熙五十九年／廣東解元謝學聖	揭揚	揭陽
乾隆十七年／山西解元	史傳遠	史傅遠
乾隆二十五年／湖北試題	拱把梓桐	拱把之桐
乾隆二十五年／湖南解元李材	澧州	澧州
乾隆三十九年／浙江解元	翁元昕	翁元圻
乾隆五十一年／順天解元孫鵬越	澧潤	豐潤
嘉慶九年／陝西主考	李宗明	李宗昉

〔註7〕以下所述《年表》的內容，皆為袖海本和積山本相同的部分。
〔註8〕《考略》續修四庫全書本係據國家圖書館藏道光雙桂齋刻本（道光24刊）影印，此本為李慈銘校注本，對原刊本的錯漏多有補正。又，湖北省圖書館藏光緒5年本、光緒8年本皆有後人所作校注。可以確定的是，陳國霖、顧錫中未曾見過李慈銘等人的校注本，故《年表》所作補正雖間有與《考略》的校注相同者，仍可視為原創成果。此處所論《考略》，特指原刊本。

嘉慶十六年／鼎甲王毓吳	改名敏英	改名毓英
嘉慶十八年／廣西解元	陳守鏗	陳守甓
道光十四年／順天試題	徙善不足	徒善不足
道光二十年／廣西主考	林楊祖	林揚祖
同治三年／江南試題	棄公問政	葉公問政
同治三年／湖南主考	祈世長	祁世長
同治十三年／鼎甲	譚宗淩	譚宗浚
光緒元年／雲南主考	王采琯	王榮琯
光緒五年／山東試題	周公未魯公曰	周公謂魯公曰

　　又，《年表》收錄了不少掌故數據，對於《考略》亦有補闕之功。例如雍正二年甲辰補行癸卯正科鄉試，《考略》只云「湖南、湖北鄉試分闈」，此書則對分闈考試的原因有簡要說明：「湖南向無貢院。元年奉上諭，湖南赴湖北必由洞庭，六月七間風浪尤險，著分兩闈。從此湖南多士無秋風涉險之虞。」又如乾隆九年甲子科鄉試：「舒少司馬赫德上廢科目疏，其略云科舉不足得士者四。奉旨飭議。時鄂文端爲首相，力駁其議，科目之不廢，文端公之力也。」嘉慶二十二年丁丑科會試：「上諭：向來朝考以論、詔、疏、詩四項命題，其詔題多係擬古，朕思士子試以論、疏、詩，其優劣已見，著裁去詔一道，以論、疏、詩三項命題，著爲令。」道光十四年甲午科鄉試：「十三年十一月丙申，定湖南苗生鄉試隔別號舍例。」凡此皆爲《考略》所無，《年表》收錄，可資考證。

三、與上述成績相比，《年表》的不足之處更爲明顯

　　即以掌故數據而言，《年表》對一些小說家言津津樂道，這對於一部考證著作顯然是沒有多大意義的。例如康熙二十七年戊辰會試，記查嗣韓「五色雲中第二人」之夢；三十三年甲戌會試，記狀元胡任輿「手弄雙丸天下小」之夢；康熙四十二年癸未會試，有所謂「三元亦前定矣」；康熙四十八年己丑會試，記狀元趙熊詔出生前一夕乃祖之夢；乾隆十八年癸酉鄉試，記陳大經分校鄉闈，夢送天榜；乾隆四十六年辛丑會試，記會元、狀元錢棨夢五色雲中蒼龍；乾隆五十八年癸丑會試，記狀元潘世恩生前一日，其祖夢玉麒麟化爲嬰兒；乾隆五十九年甲寅恩科鄉試，記四川解元黃多益場前夢人示題。這些也許屬於《凡例》所說的「獨出心裁」之筆，但《考略》沒有這些「獨出心裁」，反而顯得嚴謹許多。

　　更爲嚴重的問題在於《年表》中存在不少訛錯。本來，題名性質的科舉文獻由於涉及的人物眾多，有一些訛錯在所難免。但《年表》作爲《考略》的後起之作，沿襲《考略》的訛錯之處，遠遠多於修正之處，這就不能不使它的價值大打折扣。例如康熙十四年乙卯科鄉試，《考略》中出現「趙文照」和「趙文曘」各一次。此實爲同一人，「照」爲「曘」之訛。《年表》不察，亦在相應處各作「趙文照」和「趙文曘」。又如《考略》中「柏俊」（咸豐元年辛亥恩科鄉試、咸豐八年戊午鄉試）和「柏葰」（道光十七年丁酉科鄉試、道光二十六年丙午科鄉試）各出現兩次，實爲同一人，「俊」爲「葰」之訛。《年表》亦未審察，仍在相應處各作「柏俊」和「柏葰」。又如乾隆五十七年壬子鄉試，河南副主考當爲章煦，山西副主考當爲邱庭漋，《考略》誤作河南邱庭漋、山西章煦，《年表》因之。《考略》的有些訛錯，在校注本中得到了修正，而《年表》的作者未見校注本，繼續沿襲《考略》原刊本的錯誤，還可看下表所列各例（《考略》有三種校注本，見本書前注，此處統一用〔〕標示後人所作校注）：

科年／條目	《考略》原刊本	《考略》校注本	《年表》
康熙二十三年／陝西主考	李振玉	李振〔裕〕	李振玉
康熙五十六年／江西主考	泰道然	〔秦〕道然	泰道然
雍正七年／順天解元	楊季	楊〔秀〕	楊季
雍正七年／浙江主考	王俊	王〔峻〕	王俊
雍正七年／福建解元	陸祖與	陸祖〔新〕	陸祖與
雍正十一年／鼎甲	沈文高	沈文〔鎬〕	沈文高
乾隆十八年／山東主考	張玉犖	張〔裕〕犖	張玉犖
乾隆二十一年／山東主考	李中節	李中〔簡〕	李中節
乾隆二十四年／湖南解元	陳本敬	〔宋〕本敬	陳本敬
乾隆二十四年／雲南解元	李嵩齡	李〔松〕齡	李嵩齡
乾隆二十七年／山東主考	衛蕭	衛〔肅〕	衛蕭
乾隆四十五年／浙江主考	溫常綏	溫常〔綬〕	溫常綏
乾隆五十一年／廣西主考	劉環之	劉〔種〕之	劉環之
乾隆五十九年／山西主考	盧蔭蒲	盧蔭〔溥〕	盧蔭蒲
嘉慶六年／陝西主考	勒文銳	〔靳〕文銳	勒文銳
嘉慶九年／山西主考	人公	〔狄夢松〕	人公

嘉慶九年／四川主考	陳國仁	〔程〕國仁	陳國仁
嘉慶十四年／鼎甲張岳崧	安定	〔定安〕	安定
嘉慶二十三年／四川主考	顏伯濤	顏伯〔燾〕	顏伯濤
嘉慶二十四年／貴州主考	吳鎮域	吳〔振棫〕	吳鎮域
道光元年／貴州主考	謬玉銘	〔繆〕玉銘	謬玉銘
道光八年／江南解元	潘德與	潘德〔輿〕	潘德與
道光八年／山東解元	李左賢	李〔佐〕賢	李左賢
道光十四年／雲南主考	李嘉瑞	李嘉〔端〕	李嘉瑞
道光十七年／福建主考張廷選	道州	〔狄〕道州	道州
道光十九年／貴州主考	何貴清	何〔桂〕清	何貴清
道光二十年／山東主考	楊殿光	楊殿〔邦〕	楊殿光
道光二十七年／鼎甲	袁續懋	袁〔績〕懋	袁續懋
咸豐九年／浙江主考	汪承先	汪承〔元〕	汪承先
同治十年／鼎甲	高嶽松	高〔岳崧〕	高嶽松
同治十年／鼎甲	郁昆	郁〔崑〕	郁昆
光緒元年／福建主考	慕容幹	慕〔榮〕幹	慕容幹
光緒元年／山東解元	攸燦章	〔佟〕燦章	攸燦章
光緒元年／廣東解元	彭進儀	彭〔駿〕儀	彭進儀

又，《考略》的三種校注本未予修正而《年表》因襲的訛錯如：

科年／條目	誤：《考略》、《年表》	正
康熙二十六年／山東解元	劉炎	劉琰
康熙三十八年／順天解元	王兆鳳	賈兆鳳
康熙四十四年／福建主考	董屺	董玘
雍正十三年／江西解元黃岡竹	盧陵	廬陵
乾隆九年／河南主考	葉西	葉酉
乾隆十二年／廣西解元	胡德球	胡德琳
乾隆二十一年／四川主考劉湘	通州	涿州
乾隆二十一年／四川解元李藩	綿作	綿竹
乾隆二十四年／山西解元	馮文正	馮文止
乾隆三十年／河南解元	周世勳	周世績
乾隆三十三年／福建主考	郭元隆	郭元灃

乾隆三十三年／廣東解元	王應瑜	王應遇
乾隆三十五年／湖北主考	馮暎榴	馮應榴
乾隆三十五年／雲南主考	沈士煒	沈世煒
乾隆三十六年／廣東主考	平樂	樂平
乾隆三十六年／雲南主考	陳廷學	陳庭學
乾隆五十三年／雲南主考張德懋	滿洲	滿城
道光十一年／四川主考諶厚光	平隸	平遠
道光二十六年／雲南主考	潘會瑩	潘曾瑩
光緒五年／廣西主考李聯芳	本利	平利

此外，《年表》還出現了一些新的訛錯，以乾隆朝為例：十七年廣西解元「洪翊勳」，「洪」為「拱」之訛；十八年湖南試官「李承端」，「端」為「瑞」之訛；二十一年江南解元「柳芳」，「芳」為「蓁」之訛；湖北試官「編修葉觀光」，「光」為「國」之訛；二十五年廣東試官「羅生春」，「生」為「暹」之訛；三十年陝西試官「左衛」，「衛」為「衢」之訛；三十三年福建解元「翁汝霖」，「汝」為「霆」之訛；廣東試官「楊先甲」，「楊」為「湯」之訛；三十六年雲南試官「葉觀光」，「光」為「國」之訛；三十七年「賈策安、治安兄弟同登」，「治安」為「策治」之訛；三十九年福建試官「楊先甲」，「楊」為「湯」之訛；貴州解元「周錫源，雍安」，「雍」為「甕」之訛；四十年鼎甲「汪塘」，「塘」為「鏞」之訛；等等。

綜上所述，《年表》雖然是著名的科舉文獻，但書中的錯誤頗多，尤其是通行的近代中國史料叢刊本（袖海山房本）。其《凡例》宣稱為校訂《考略》而作，卻未能後出轉精。我們在使用這部文獻時需要特別謹慎。

附　錄

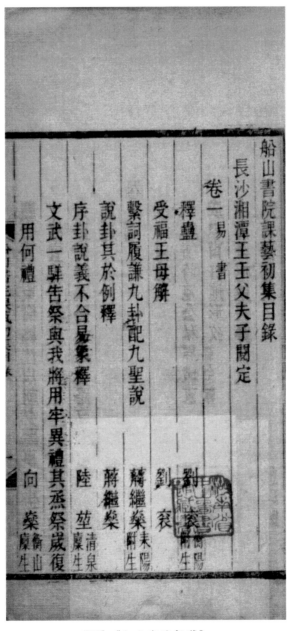

衡陽《船山書院課藝》

同治八年秋今禍建巡撫寶應王公爲廣東布政使請於大府卽
廣州城北應元道觀之前楹改葺應元書院集之各郡邑鄉舉之士
肄業其中月課時藝詩賦明年余歸里不復主講席又明年始彙課
藝選刻之而爲之敍曰詩小雅鹿鳴周盛時君與臣下講道修德
之樂歌其首章曰人之好我示我周行言上以德善求下也其次
章曰我有嘉賓德音孔昭言下語先王道德之教以報其上也所
謂上隆下報君臣盡誠者歟 國家著令京畿及各行省鄉貢士
賜宴於京兆尹及 巡撫署爲歌鹿鳴葢猶戚周遺意由是升之
禮部處之館職所以待士者甚厚士志聖賢之學本踐諸躬者而

廣州《應元書院課藝》

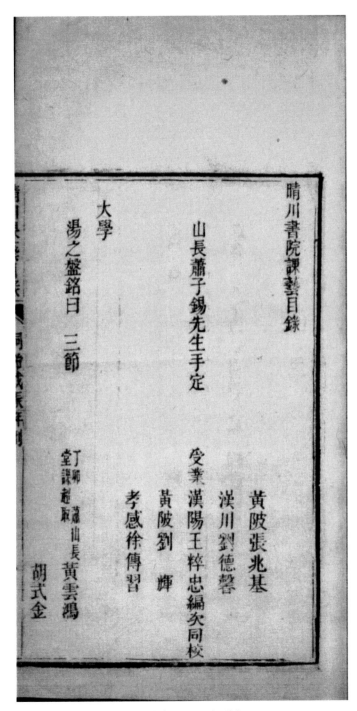

晴川書院課藝目錄

山長蕭子錫先生手定

大學

湯之盤銘曰　三節

黃陂張兆基

漢川劉德馨

受業　漢陽王粹忠編次同校

黃陂劉　輝

孝感徐傳習

丁卯
堂課超取蕭山長黃雲鴻

胡式金

漢陽《晴川書院課藝》

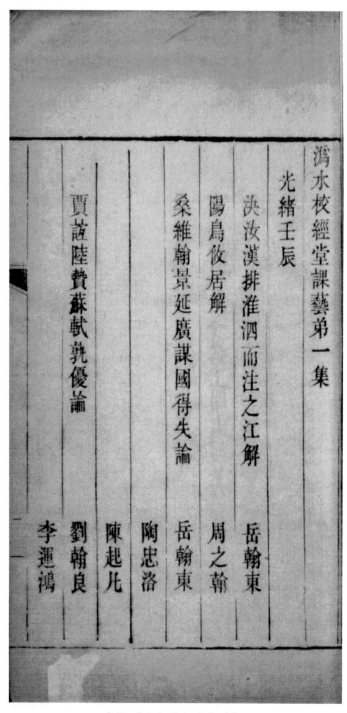

寧鄉《溈水校經堂課藝》

齋長姓氏列后

評閱漢學　定海黃以周宇元同庚午舉人

評閱宋學　鄞縣劉鳳章字藝蘭歲貢生

評閱史學　慈谿何松字崍青歲貢生

評閱算學　餘姚黃炳垕字蘭亭庚午舉人

評閱輿地之學　慈谿馮一梅字夢香丙子舉人

評閱詞章之學　鎮海陳繼聰字駿孫庚午舉人

寧波《辨志文會課藝初集》

浙東課士錄目

卷一

李翼鯤校字

致知在格物　張美翊

其知可及也其愚不可及也　鄭傳綬

居敬而行簡以臨其民不亦可乎　陸祖恩

得見有恆者斯可矣　張美翊

于日麻冕禮也今也純儉吾從眾拜下禮也今拜
乎上泰也雖違眾吾從下子絕四毋意毋必毋
固毋我　戴鴻祺

先有司赦小過舉賢才　鄭德璜

寧波《浙東課士錄》

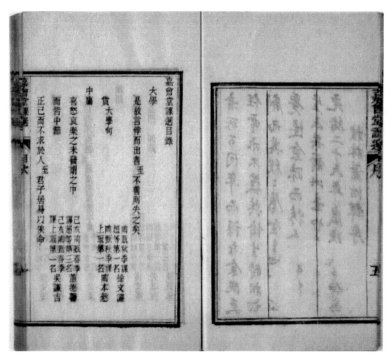

嘉興《嘉會堂課選》

嘉定《當湖書院課藝》

鉛山《鵝湖課士錄》

廈門《玉屏課藝》

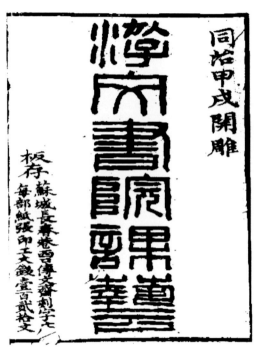

常熟《游文書院課藝》

南昌《豫章書院課藝》

杭州《學海堂課藝六集》

杭州《敷文書院課藝二集》

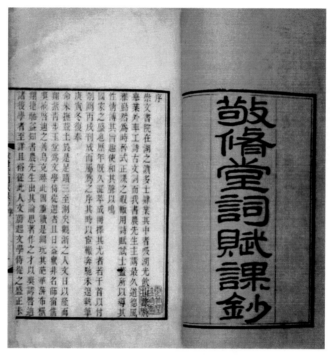

杭州《敬修堂詞賦課鈔》

杭州《詁經精舍七集》

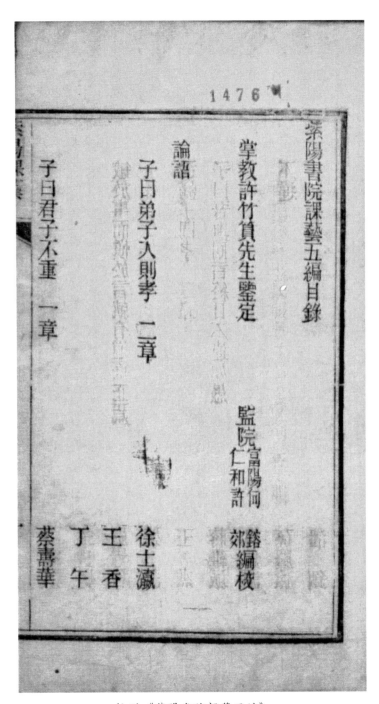

1476

紫陽書院課藝五編目錄

掌教許竹篔先生鑒定

論語

子曰弟子入則孝　一章　　　　　　監院富陽何　　鏐編校

子曰君子不重　一章　　　　　　　仁和詩　　　郟

徐士瀛

王香

丁午

蔡壽華

杭州《紫陽書院課藝五編》

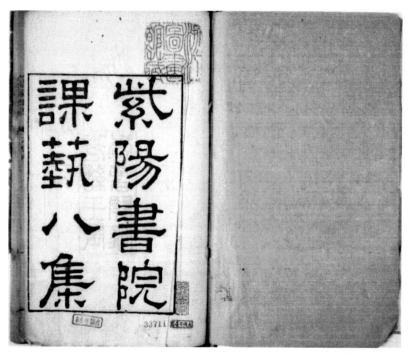

杭州《紫陽書院課藝八集》

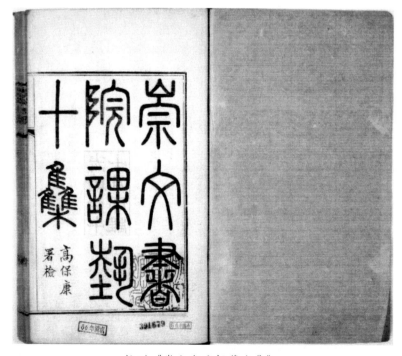

杭州《崇文書院課藝十集》

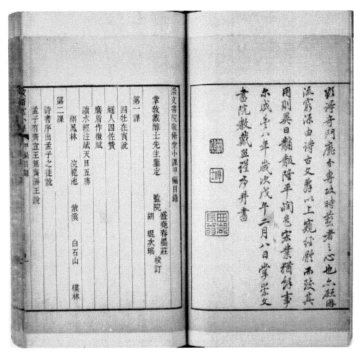

杭州《崇文書院敬修堂小課甲編》

奉新《馮岐課藝合編》

西安《關中書院課藝》

惜陰書院課藝目錄

山長褚伯約先生鑒定　　　　肄業諸生校字

泰否初爻皆取茅爲象說　　　　侯福昌

堯不去四凶說　　　　丁傳靖

召公不說周公說　　　　丁傳靖

詩韓奕篇追國攷　　　　侯巽

詩美仲山甫明哲保身說　　　　侯必昌

春秋書盜釋例　　　　鄒懷沁

　　　　丁傳靖

江寧《惜陰書院課藝》

成都《尊經書院初集》

《黃州課士錄》

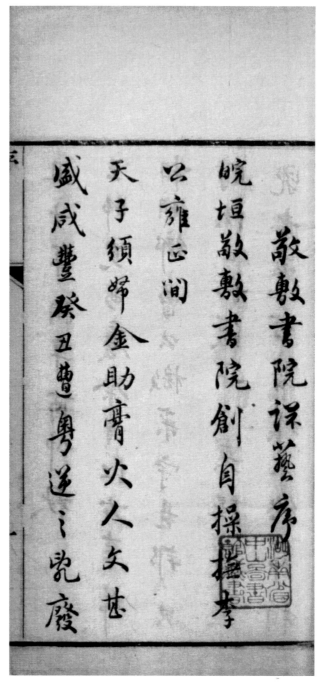

安慶《敬敷書院課藝》

常州《龍城書院課藝》

《金陵奎光書院課藝》

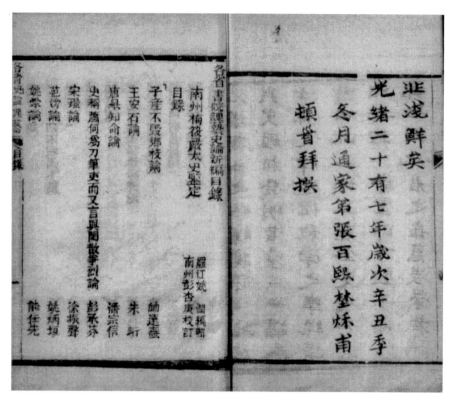

《各省書院課藝史論新編》

後　記

　　我對清代書院的興趣，始於十年前編撰《中國文學編年史·清前中期卷》時。只是面對書院史領域的眾多研究成果，內心難免「影響的焦慮」，很長時間未能找到合適的切入點。一次偶然的機會，翻閱《葴山書院課藝》，目錄中「壽懷鑒」的大名讓我眼前一亮：這不就是魯迅《從百草園到三味書屋》中寫到的那位老先生嗎？我忽然意識到，課藝中存有大量未經深挖的寶藏。2010年，我試以「文學史視野中的清代書院課藝研究」為題，申報教育部人文社科項目並獲得批准（批號 10YJC751059，中期檢查時更名為「清代書院課藝考述」），這給了我很大的鼓舞。之後的三個暑假，我就在北京、上海、南京、杭州、長沙等地的圖書館查閱文獻。到 2013 年夏天，普查過的書院課藝總集達到 200 餘種。未能經眼的總集肯定還有，但我已經感到，200 餘種這一數量，應該不會有太大的增幅了。

　　前輩時賢關於書院課藝的研究，本書代前言部分已有概述。這裏需要再次提到的是徐雁平先生的《清代東南書院課藝提要》，對於本書的撰著具有「指路燈」的意義。另外江慶柏先生的《清代人物生卒年表》，是我在查考書院人物時用得最多的工具書。不少人物的傳記資料，正是循著江先生提供的「出處」而查找的。對於徐先生和江先生，我向他們致以特別的敬意。

　　在查閱文獻、考證人物的過程中，一些地方史、家族史研究者給我提供過幫助。他們是湖州龔肇智先生、慈溪童銀舫先生、東陽吳立梅先生、諸暨楊士安先生、鄞縣方紅女士、嘉興蔣國強先生、上虞朱剛先生、福州葉于敏女士、北京裴元秀教授、開封田禾先生、劉海永先生，謹向他們表示衷心的感謝。

　　多年以來，陳文新老師、曾德安師母，在學業、事業和生活上給了我無微不至的照顧。感激之情，長存於心。坤翁、同舟、光正、來明、樂雲、王煒、舜臣、皓政、克勤、宏偉、衛星、周勇、曾軍、際斌、李華、陳娟、瑞雪、俊偉、金杰、燕玲、方憲、彭娟、海濤諸同門時相過從，陳門問學，其樂融融。

　　遠在江蘇老家的父母，長期默默支持著我的學術研究。二老都已年過六旬，仍然在家鄉學校裏做事，不願意歇下來享清福，爲的是減輕我的負擔。在宜昌的岳父母，也總是給予我關心和愛護。妻子胡瑜芩承擔了家裏的諸多瑣務，兒子魯濱瑞一天天地長大。這一切讓我時時心存感念。

　　本書的部分內容，得到過《文藝研究》、《中國文哲研究通訊》、《圖書館雜誌》、《新世紀圖書館》、《圖書情報研究》、《清史研究》、《學術論壇》、《江海學刊》、《湖南大學學報》、《武漢大學學報》、《人文論叢》、《中國典籍與文化論叢》、《文學遺產》（網絡版）等刊物的支持。花木蘭文化出版社慨然接受拙稿，編校嚴謹，運作高效，印製精良，令人感動，令人歡喜！

　　書院課藝有待深入研究，文獻工作是基礎，本書所做的還僅僅是其中的第一步。接下來我將在內容敘錄和作者考證方面再下功夫，最終形成《清代書院課藝總集敘錄》。敬請期待，敬請賜教！（我的郵箱：luxj2001@163.com）

魯小俊

三十九初度日於武漢萬科城市花園